WuN 5/6

• Werte • Normen •
Weltanschauungen

Lehrbuch

Herausgeberin: Prof. Silke Pfeiffer

Autoren:

Kapitel 1: Silke Pfeiffer, Stefanie Ströhla, Sabine Vetter
Kapitel 2: Silke Pfeiffer, Christine Heyne, Christian Klager
Kapitel 3: Silke Pfeiffer
Kapitel 4: Eveline Luutz
Kapitel 5: Jana Paßler

Das Werk und seine Teile sind urheberrechtlich geschützt. Jede Nutzung in anderen als den gesetzlich zugelassenen Fällen bedarf der vorherigen schriftlichen Einwilligung des Verlages. Hinweis zu § 60 a UrhG: Weder das Werk noch seine Teile dürfen ohne eine solche Einwilli-gung eingescannt und in ein Netzwerk eingestellt werden. Dies gilt auch für Intranets von Schulen und anderen Bildungseinrichtungen.

© Militzke Verlag GmbH, Magdeburg 2020
Umschlag: Kerstin Spohler
Druck und Bindung: Akontext s.r.o., Prag
ISBN: 978-3-86189-870-2

Militzke Verlag GmbH – www.militzke.de

Inhalt

1 Ich in meinen Beziehungen — 6

1.1 Mich gibt es nur ein Mal! — 7
Wer bin ich? — 7
Woran ich mich orientiere — 12
Was macht mich zu der/dem, die/der ich bin? — 16
Andere über mich — 18

1.2 Ich in Gemeinschaft — 22
Freunde braucht jeder — 24

1.3 Familie tut gut — 32
Familie im Wandel — 34
Das Verhältnis von Kindern und Erwachsenen in der Familie — 38
Methode: Befragung/Interview — 40
Zusammenfassung — 41

2 Glück und Lebensgestaltung — 42

2.1 Glücklich sein will jeder — 42
Glück, was ist das? — 44
Glücksvorstellungen — 46
Vorstellungen von einer glücklichen Zukunft — 50
Ein Portfolio gestalten — 54

2.2 Einen Lebensentwurf entwickeln — 56
Was mir wichtig ist — 56
Den eigenen Lebensweg finden — 58

2.3 Der Umgang mit Erfolg und Misserfolg — 60
Was ist Erfolg? Was ist Misserfolg? — 61
Bedingungen für Erfolg und Misserfolg — 70
Wege zum Erfolg — 72
Methode: Rollenspiel — 76
Zusammenfassung — 77

3 Regeln für das Zusammenleben — 78

3.1 Ohne Regeln geht es nicht — 78
Regeln im Miteinander — 79
Rituale begleiten uns durchs Leben — 88

3.2 Von Goldenen und anderen Regeln — 92
Ein Leitfaden für das Zusammenleben: die Goldene Regel — 92
Gebote – Verbote — 94

3.3 Regelverletzungen haben Folgen — 98
Regelverstöße im Alltag und im Sport — 98
Warum man sich an Regeln halten soll — 100
Mobbing in der Schule — 104

3.4 Besondere Regeln und Verfahren des Miteinanders — 106
Streitregeln — 106
Streitschlichtung – ein besonderes Verfahren — 108
Gesprächsregeln — 112
Methode: Gedankenexperimente durchführen — 114
Zusammenfassung — 115

4 Begegnungen mit Fremden — 116

4.1 Was mir fremd ist — 116
Dem Fremden ein Gesicht geben — 116
Wer fürchtet sich vor Fremden? — 124
Sich das Fremde aneignen — 128

4.2 Vorurteilen auf der Spur — 130
Alltägliche Vorurteile — 130
Arten von Vorurteilen — 133

4.3 Vorurteile und Fremdenangst überwinden — 136
Bunte Republik Deutschland? — 136
In Verschiedenheit zusammenleben — 138
Was Toleranz bedeutet — 140
Grenzen für Toleranz? — 142
Tolerieren und Integrieren — 146
Methode: Standbild bauen — 148
Zusammenfassung — 149

5 Religionen unserer Welt – Judentum, Christentum, Islam — 150

5.1 Religion im Leben der Menschen — 152
Was ist Religion? — 152
Ein Gott – viele Götter — 154
Die Schöpfung und der Mensch — 156
Jeruschalajim – Jerusalem – Al Quds — 158

5.2 Höre, Israel – das Judentum — 160
Wer ist Jude bzw. Jüdin? — 160
Die Tora – Weisung für das Leben — 161
Leben und Handeln im jüdischen Glauben — 162
Zu Besuch in der Synagoge — 166

5.3 Kirche, Kreuz und Vaterunser – das Christentum — 168
Die Bibel – Urkunde des Glaubens — 169
Jesus von Nazaret – Jesus Christus — 170
Die Botschaft des Jesu von Nazaret — 172
Die Kirche – Begegnung und Andacht — 174

5.4 Allah ist groß – der Islam — 176
Der Koran – das Wort Gottes — 177
Mohammed – der Gesandte Gottes — 178
Leben und Handeln der Muslime — 180
Zu Besuch in einer Moschee — 182

5.5 Zusammenleben mit Andersgläubigen – Beispiel Islam — 184
Methode: Bilder erschließen — 186
Zusammenfassung — 187

Glossar — 188
Bildverzeichnis — 191

Das bedeuten die Symbole:

| A | Aufgaben | Ü | Übung | P | Projekt |
| Q | Quelle | D | Definition | ↗ | Tipp, Hinweis |

* Diesen Begriff findest du im Glossar

1 Ich in meinen Beziehungen

Wie wichtig sind mir andere Menschen? Und wie wichtig bin ich für sie?

Ich versuche immer wieder zu denken, ich sei ein anderer, und bin doch immer wieder ich.

Habe ich verschiedene „Gesichter", die ich je nach Bedarf vorzeigen kann? Meine Eltern sehen mein ...gesicht, meine Klassenkameraden mein ...gesicht.

A
1. Wählt euch – jeder für sich – einen Spruch aus, der euch zum Nachdenken anregt.
2. Diejenigen, die sich für den gleichen Spruch entschieden haben, bilden Vierergruppen und verständigen sich über den Spruch, indem sie weiterführende Fragen oder erste Überlegungen ableiten. Präsentiert eure Überlegungen anschließend im Plenum.

1.1 Mich gibt es nur ein Mal!

Wer bin ich?
Wer bist du?
Sofie warf die Schultasche in die Ecke und stellte Sherekan eine Schale mit Katzenfutter hin. Dann ließ sie sich mit dem geheimnisvollen Brief in der Hand auf einen Küchenhocker fallen.
Wer bist du?
Wenn sie das wüsste! Sie war natürlich Sofie Amundsen, aber wer war das? Das hatte sie noch nicht richtig herausgefunden. Wenn sie nun anders hieße? Anne Knutsen zum Beispiel. Wäre sie dann auch eine andere?
Plötzlich fiel ihr ein, dass ihr Vater sie zuerst gern Synnove genannt hätte. Sofie versuchte sich auszumalen, wie es wäre, wenn sie die Hand ausstreckte und sich als Synnove Amundsen vorstellte – aber nein, das ging nicht. Dabei stellte Sie sich die ganze Zeit eine andere vor.
Nun sprang sie vom Hocker und ging mit dem seltsamen Brief in der Hand ins Badezimmer. Sie stellte sich vor den Spiegel und starrte sich in die Augen.
„Ich bin Sofie Amundsen", sagte sie.
Das Mädchen im Spiegel schnitt als Antwort nicht einmal die kleinste Grimasse. Egal, was Sofie auch machte, sie machte genau dasselbe. Sofie versuchte, dem Spiegelbild mit einer blitzschnellen Bewegung zuvorzukommen, aber die andere war genauso schnell.
„Wer bist du?", fragte Sofie.
Auch jetzt bekam sie keine Antwort, aber für einen kurzen Moment wusste sie einfach nicht, ob sie oder ihr Spiegelbild diese Frage gestellt hatte.
Sofie drückte den Zeigefinger auf die Nase im Spiegel und sagte:
„Du bist ich."
Als sie keine Antwort bekam, stellte sie den Satz auf den Kopf und sagte:
„Ich bin du." […]
War es nicht ein bisschen komisch, dass sie nicht wusste, wer sie war? Und war es nicht auch eine Zumutung, dass sie nicht über ihr eigenes Aussehen bestimmen konnte? Das war ihr einfach in die Wiege gelegt worden. Ihre Freunde konnte sie vielleicht wählen, sich selber hatte sie aber nicht gewählt. Sie hatte sich nicht einmal dafür entschieden, ein Mensch zu sein.

(Jostein Gaarder: Sofies Welt. Hanser, München/Wien 1993, S. 9 f.)

Lasst euch durch Sofie Amundsen anregen, über folgende Fragen nachzudenken:
1. Wärst du immer noch „du selbst", wenn du einen anderen Namen oder ein anderes Gesicht hättest?
2. Wärst du immer noch „du selbst", wenn du andere Eltern hättest?
3. Wärst du immer noch „du selbst", wenn jeder auf der Welt glauben würde, dass du jemand anderes bist?

Mein Steckbrief

Diese Fragen werden dir immer wieder im Leben begegnen.

Errätst du, wer ich bin?

Name	?
Adresse	Im Fernsehen
Geburtstag	7. März 1971
Eltern	Isolde Schmitt-Menzel, Illustratorin und Friedrich Streich, Zeichentrickfilmer
Geschwister	Der blaue Elefant und die gelbe Ente
Besondere Fähigkeiten	Gute Körperbeherrschung. Ich kann bei Bedarf einen Werkzeugkasten aus meinem Bauch holen.
Lebensmotto	Tak-tak, klack-klack und schnief
Freunde	Käpt'n Blaubär, Lars der Eisbär, der kleine Maulwurf aus Tschechien und Shaun das Schaf
Größte Erfolge	Zusammen mit Käpt'n Blaubär auf einer Briefmarke zu sein.

(http://www.haz.de/Nachrichten/Medien/Uebersicht/Die-Maus-wird-40-Jahre-alt; Zugriff: 21.5.2014)

 1. Erstelle einen eigenen Steckbrief mit Foto und gestalte ihn noch interessanter, indem du einige der folgenden Rubriken mit aufnimmst: Traumberuf, größte Schwäche, Lieblingstier, Lieblingsgericht, Lieblingsfarbe, Lieblingsfach, Hobbys.

 2. Ratespiel: Hier könnt ihr testen, wie gut ihr eure Mitschülerinnen und Mitschüler inzwischen kennt. Erstellt einen Steckbrief, ohne euren Namen einzutragen und ohne Foto.
Variante A: Euer Lehrer sammelt alle Steckbriefe ein, liest jeweils einen vor und ihr erratet, um wen es sich handelt.
Variante B: Eure Lehrerin, Euer Lehrer sammelt alle Steckbriefe ein und verteilt sie danach neu in der Klasse. Nun müsst ihr erraten, wessen Steckbrief vor euch liegt.
Variante C: Alle Schülerinnen und Schüler verteilen sich mit ihren Steckbriefen im Raum. Auf ein Kommando hin sucht jeder einen Mitschüler, der im gleichen Monat wie er selbst geboren ist oder mit gleichem Hobby, Lieblingstier, Lieblingsgericht ...

 3. Überlegt, was ihr mit allen in der Klasse gemeinsam habt und was euch unterscheidet.
4. Diskutiert, ob und warum es einfacher ist, andere zu erkennen als sich selbst.

Ich – unverwechselbar?

Äußere Merkmale sind das erste, was wir an einem Menschen wahrnehmen. Doch nicht sie allein machen seine Einmaligkeit aus. Dafür, dass man nicht mit anderen verwechselt wird, sind auch die Charaktereigenschaften und Gefühle, das Wissen und Können wichtig, also Merkmale, die sich erst auf den zweiten Blick offenbaren.

musikalisch • witzig • hilfsbereit • verträumt • schüchtern • impulsiv • fröhlich • mutig • verspielt • boshaft • tolerant • selbstbewusst • hartnäckig • ängstlich • egoistisch • zufrieden • klug • wortkarg • neidisch • sportlich

1. Beschreibe dich, indem du zu jedem Wort auf den Wortkarten einen Satz notierst. Zum Beispiel: Ich tanze zwar gern, bin aber nicht sonderlich musikalisch.
2. Ergänze drei Merkmale, die dich charakterisieren, aber auf den Wortkarten fehlen.

Meine Stärken – meine Schwächen

Du kannst stolz sein auf deine Stärken. Doch auch deine Schwächen gehören zu dir. Wie Schwächen einerseits liebenswürdige Seiten eines Menschen offenbaren, weisen sie andererseits nicht selten auf Eigenschaften und Verhaltensweisen hin, die zu Konflikten im Zusammenleben mit anderen führen können.

Meine Stärken – deine Stärken

Ich bin sehr tierlieb.

Ich kann gut programmieren.

Ich helfe gern.

Ich kümmere mich um meinen kleinen Bruder.

Ich kann ein Instrument spielen.

Ü 1. Lasst euch durch die Fotos anregen, darüber nachzudenken, worin eure Stärken bestehen. Was gehört alles dazu, damit euch andere von eurer besten Seite kennenlernen? Schreibt zehn Stärken auf, durch die ihr euch auszeichnet.
2. Schreibe von deinem Banknachbarn zehn Stärken auf, die du an ihm festgestellt hast. Auch der Banknachbar schreibt zehn Stärken auf, die er an dir bemerkt hat. Vergleicht anschließend eure Ergebnisse. Was stellt ihr fest?

Um die eigenen Stärken und Schwächen wissen

Bereits der Philosoph* Sokrates* (ca. 469–399 v.u.Z.) erläutert in einem Gespräch mit Euthydemos die Bedeutung der Selbsterkenntnis.

Erkenne dich selbst

Euthydemos: Das leuchtet mir ein, dass der, der seine Stärke nicht kennt, sich selber nicht kennt.

Sokrates: Das Weitere ist dir aber nicht deutlich, dass Selbsterkenntnis größte Vorteile und Selbsttäuschung schlimmste Nachteile mit sich bringt? Die sich selber kennen, wissen, was ihnen frommt*, und vermögen zu unterscheiden, was in ihrer Macht liegt und was nicht. Indem sie das tun, worauf sie sich verstehen, verdienen sie sich ihren Unterhalt und ernten Erfolge; dadurch dass sie Aufgaben, denen sie nicht gewachsen sind, meiden, begehen sie keine Fehler und bleiben vor Unheil bewahrt. Ihr Wissen ermöglicht es ihnen, auch andere richtig einzuschätzen, und im Umgang mit Menschen heimsen sie das Gute ein und gehen dem Nachteiligen aus dem Wege.

Diejenigen dagegen, die ihre eigenen Grenzen nicht kennen, sondern sich darin Täuschungen hingeben, [...] wissen auch nicht, was ihnen selber Not tut, was sie treiben, mit wem sie umgehen, sondern täuschen sich in allen diesen Fragen; jeder Vorteil entgeht ihnen, und sie stürzen ins Unglück.

(Xenophon: Erinnerungen an Sokrates. Reclam, Leipzig 1973, S. 134 f.)

1. Gib mit eigenen Worten wieder, was Sokrates zu den Stärken und was er – indirekt zum Ausdruck gebracht – zu den Schwächen des Menschen sagt.
2. Lege in einer kurzen Standpunktrede dar, warum auch das Wissen um die eigenen Schwächen für jeden Menschen wichtig ist.
3. Ergänze die Liste deiner Stärken (von S. 10) um zehn Schwächen.
4. Sammle in einem Laufdiktat unter deinen Mitschülern typische Stärken und Schwächen von dir.
5. Vergleiche die Ergebnisse der Fremdeinschätzung mit deiner Selbsteinschätzung.

Woran ich mich orientiere
Wegweiser und Vorbilder

Viele Menschen haben Vorbilder, denen sie nacheifern oder die ihnen auf ihrem Weg durchs Leben Mut machen. Manchmal sind das die eigenen Eltern oder Großeltern. Manchmal sind es berühmte Personen der Öffentlichkeit oder aus Film und Fernsehen. Sogar ausgedachte Personen aus Büchern und Geschichten können Vorbilder sein, auch wenn es sie gar nicht gibt.

Mahatma Gandhi

Paula Modersohn-Becker (Selbstporträt)

Nadine Keßler, VfL Wolfsburg

Carl Friedrich Gauß

1. Beschreibt die abgebildeten Personen auf den Bildern und dem Foto. Was vermutet ihr, könnte an jeder von ihnen vorbildhaft sein?
2. Recherchiert in Arbeitsgruppen die Lebensdaten und wodurch die Person vorbildhaft wurde. Präsentiert eure Ergebnisse in ansprechender Form.
3. Entscheidet, ob die abgebildeten Personen auch für euch persönliche Vorbilder sind bzw. sein könnten. Begründet eure Sichtweise.

Ein Gespräch über Vorbilder

Alle hören Laura gespannt zu. Auf dem Schulhof schwärmt sie gerade von ihrem neuen, großen Vorbild. Es ist eine berühmte Sängerin, gerade einmal 18 Jahre alt und schon ganz oben in den Charts angekommen. Laura möchte auch so sein. Mit dem Singen möchte sie ihr Geld verdienen, am besten sehr viel davon. David schaltet sich in das Gespräch ein. Auch er hat ein großes Vorbild. Auch er möchte ihm nacheifern. Aber singen? Nein, Fußball spielen, natürlich in der besten Mannschaft der ersten Liga und im Nationalteam.

Nach und nach erzählen auch die anderen. Nadines Vorbild ist eine mächtige Politikerin. Marcel ist da offener, sein Vorbild ist ein Milliardär. Welcher? Das ist Marcel egal. Hauptsache, er wird einmal so reich wie er. Patrick dagegen möchte ein guter Arzt werden und Menschen helfen. Annika möchte auch helfen, aber als Entwicklungshelferin im Ausland. Darüber hat sie erst kürzlich eine Fernsehreportage gesehen.

Während alle voller Begeisterung von ihren Vorbildern schwärmen, bleibt nur Martha stumm. Sie traut sich einfach nicht mitzureden. Ihr Vorbild ist nämlich nicht berühmt, es ist ihr großer Bruder Chris. Er hat viele Freunde, ist beim Roten Kreuz und hat kürzlich das Abitur in der Abendschule mit einer Zwei vor dem Komma bestanden. Großartig findet Martha das, sie möchte Chris nacheifern. Aber wie soll sie den anderen mit ihren tollen Vorbildern, die so viel Wunderbares leisten, davon berichten? Ihr Bruder ist nur einer von vielen, niemand, der groß heraussticht, niemand, über den alle Welt redet, und auch niemand, der als Vorbild mit den Vorbildern ihrer Freunde mithalten kann. Oder?

(Frei nach Tanja Freeseman: Ist ein Vorbild besser als das andere? http://www.lesen-in-deutschland.de/htlm/concept.php?objekt=journal&lid=864; 07.02.2016)

1. Erklärt, warum der Text mit einem „Oder?" endet. Verwendet für eure Erklärungen die Begriffsbestimmungen zu „Vorbilder", „Idole" und „Star" von Seite 15.
2. Sprecht darüber, warum Martha die einzige ist, die sich ein eher unbekanntes Vorbild gesucht hat.

Wer ist ein Vorbild?

Eine Befragung zu den Vorbildern der 8- bis 21-Jährigen brachte folgende Ergebnisse:

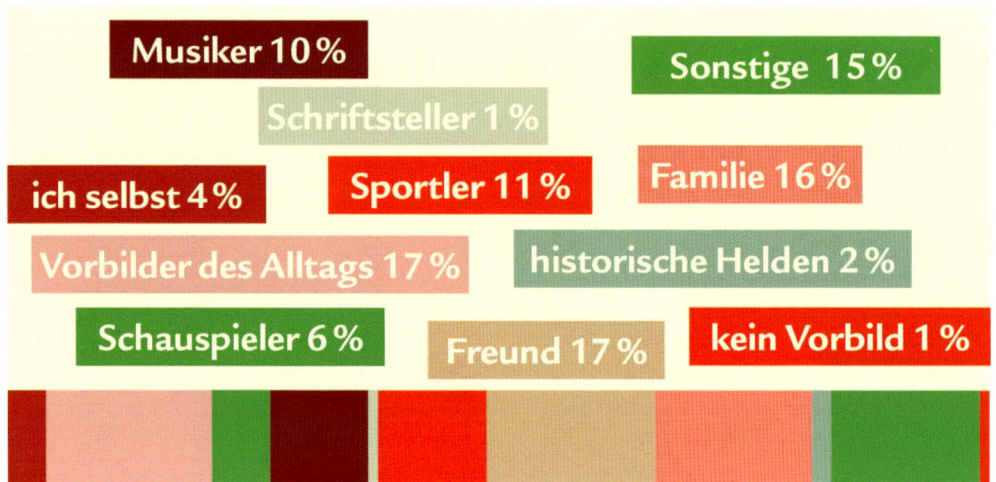

1. Führt die Befragung (siehe S. 40) anonym* in eurer Klasse durch. Diskutiert die Ergebnisse.
2. Erstellt einen Steckbrief für ein Vorbild, das euch beeindruckt. Geht dabei auf die folgenden Inhalte ein, sofern ihr sie ermitteln könnt:
   › Name
   › Geschlecht
   › Lebensdaten
   › Beruf/Tätigkeit
   › Besondere Merkmale und Eigenschaften
   › Warum die Person ein Vorbild für euch ist
   › Weswegen diese Person auch für andere ein Vorbild sein kann
3. Beantwortet die folgenden vier Fragen, indem ihr sie in kleinen Gruppen diskutiert und euer gemeinsames Ergebnis anschließend begründet vor der Klasse präsentiert.
   a) Durch welche Eigenschaften wird jemand zum Vorbild?
   b) Ist die Wahl eines Vorbildes eine Entscheidung jedes Einzelnen oder gibt es allgemeine Vorbilder, die alle anerkennen?
   c) Kann jeder ein Vorbild für jemanden sein?
   d) Gibt es einen Unterschied, ob ein Vorbild eine Figur aus der Literatur oder eine echte Person ist?
4. Erläutert anhand eines Beispiels, ob es auch falsche Vorbilder gibt und woran man diese erkennen kann.
5. Übt die Aufgabe 4 am Beispiel „Barbie". Aus welchen Gründen könnte Barbie ein falsches Vorbild sein?

Vorbild, Star, Held, Idol – wer ist was?

Der Unterschied zwischen Vorbildern, Stars, Idolen und Helden ist gar nicht einfach auszumachen. Alle werden von uns bewundert und vielfach wird ihnen nachgeeifert. Aber haben wir dafür die gleichen Gründe?
Vorbilder sind Menschen, die aufgrund ihres Verhaltens als Beispiel angesehen werden, nach denen man sich richtet.
Idole (auch Abgott genannt) sind Personen, die schwärmerisch und übertrieben aufgrund von Eigenschaften oder ihrer Berühmtheit verehrt werden.
Star (engl. „Stern") ist eine Berühmtheit aus dem TV, der Unterhaltung oder dem Sport.
Held (vom altgerman. Halip = Krieger) ist eine mutige Person, die ungeachtet einer Gefahr agiert.

1. Beschreibt euer Idol oder einen Star, den ihr besonders bewundert, ohne dessen Namen zu nennen. Lasst die anderen raten, um wen es sich handelt.
2. Ordnet, um mehr Klarheit zu erlangen, die Begriffe Vorbild, Star, Idol und Held in einer Mindmap* oder sortiert sie in einer Begriffspyramide*. Beginnt dafür mit einem einfachen Cluster* und notiert wesentliche Eigenschaften und Überschneidungen, bevor ihr die Begriffe anschließend neu sortiert und ordnet.

Stille Helden

Der Begriff „bescheidene" oder „stille Helden" meint keine Retter bei einer Naturkatastrophe oder einen Rebellen im Kampf gegen einen ungerechten Herrscher. Vielmehr sind es die Helden des Alltags, die täglich – ohne Aufsehen zu erregen – dazu beitragen, die Welt zu verbessern und das Leben in ihr angenehmer zu gestalten. Viele von ihnen arbeiten ehrenamtlich* und unterstützen hilfebedürftige Menschen (Kranke, Asylbewerber, Arme u.a.) oder setzen sich für eine bessere Umwelt ein.

3. Heldengalerie: Erstellt in Gruppen je eine Wandzeitung oder ein Plakat über einen „stillen Helden" aus eurem Wohnort. Beschreibt diesen Menschen und seine Taten, fügt ein Foto hinzu und ergänzt, warum diese Person ein Vorbild oder Held für euch ist. Anschließend könnt ihr sogar eine Ausstellung mit den Plakaten eröffnen und Interessierte einladen.
4. Selbst ist der Held: Notiert, welche Menschen, Einrichtungen oder Teile der Natur und Umwelt eure Hilfe dringend brauchen. Stellt euch dafür die Frage: Wie kann man die Welt an dieser Stelle besser machen? Plant anschließend euren Einsatz und setzt ihn in die Tat um. Dokumentiert eure Hilfe mit Fotos und einer Beschreibung und stellt sie anderen Klassen vor, damit sich diese ein Vorbild an euch nehmen können.

Was macht mich zu der/dem, die/der ich bin?

der Vorname · der Nachname · Herkunft · Aussehen · Familie · Erinnerungen · Fähigkeiten · Kleidung · Schulleistungen · mein Besitz · Sprache · Hobbys · … · Interessen · was andere von mir halten · Freunde · mein Glaube

A
1. Jeder von euch nennt die fünf wichtigsten Merkmale, die ihn charakterisieren.
2. Diskutiert in Projektgruppen. Geht wie folgt vor:
   Phase 1: Jeder wählt ein Merkmal und führt dazu ein Gedankenexperiment (siehe S. 114) durch: Gehe davon aus, dass dieses Merkmal fehlt. (Angenommen, ich hätte einen anderen Namen oder meine Erinnerungen wären plötzlich weg …)
   Phase 2: Präsentiert in der Projektgruppe eure Überlegungen.

Ü
3. Beschäftigt euch in eurer Gruppe mit einer der folgenden Fragen. Führt dazu ein sokratisches Gespräch (siehe S. 17) und präsentiert das Ergebnis eurer Überlegungen.
   › Wenn man sich im Laufe des Lebens verändert, ist man trotzdem immer der-/dieselbe?
   › Soll man versuchen, wie die anderen zu sein oder wie man selbst?
   › Kann man anderen ähnlich sein, wenn doch alle verschieden sind?

Mit Sokrates im Gespräch

Vivi: Hallo Sokrates*! Kannst du mir die Frage beantworten, was mich zu der macht, die ich bin?

Sokrates*: Lass uns gemeinsam suchen. Hast du eine Idee?

Vivi: Ich heiße Vivi, bin 12 Jahre alt und wohne mit meinem Papa in Cloppenburg. Mama ist fortgegangen, das macht mich traurig. Sie wohnt in Tuttlingen. In den Ferien besuche ich sie.
Meine Haare sind braun und meine Augen auch. Ich singe und lache gern. Und ich bin furchtbar neugierig.

Sokrates: Da haben wir doch schon einiges zusammengetragen, was zu dir gehört: dein Name, äußerliche Merkmale, aber auch dein Charakter. Doch reicht das aus, um dich von anderen zu unterscheiden?

Vivi: Naja, von meiner Freundin Lena schon, denn die hat blondes Haar und blaue Augen, auch von Artiola mit ihrem schwarzen Haar und erst recht von Lukas, weil er ein Junge ist. Aber Janine hat auch braune Haare und Augen. Trotzdem würde uns niemand verwechseln, allein schon, weil sie keine Radrennen fährt. Überhaupt ist Janine total unsportlich.

Sokrates: Lass uns zusammenfassen, was wir wissen.

Vivi: Ich bin 12 Jahre alt, ein Mädchen mit einem bestimmten Aussehen, besonderen Interessen und Eigenschaften. Kann es sein, Sokrates, dass die Summe all dessen mich zu etwas Besonderem macht?

Sokrates: Das ist eine sehr gute Frage. Sie wird uns weiterhelfen.

1. Versuche – angeregt durch Vivis Gespräch mit Sokrates – zu ergründen, was dich zu dem bzw. der macht, der bzw. die du bist. Fertige dazu einen Steckbrief an, der nicht nur deinen Namen und Äußerlichkeiten verrät. Lass dich durch die Wortkarten anregen:

Andere über mich

Ihr habt bisher einiges über euch erfahren. Nicht immer stimmt es aber mit dem überein, wie andere euch sehen. Deshalb ist es wichtig, um sich selbst noch besser kennenzulernen, die Meinung anderer über die eigene Person zu kennen. Dabei werdet ihr merken, dass euer Aussehen und Verhalten von anderen (Eltern, Lehrern oder Mitschülern) unterschiedlich beurteilt wird. Wie ihr selbst andere beurteilt, beurteilen andere euch.

Vor dem Spiegel
Ich bin ich. Klar. Manchmal sehen mich die anderen aber anders, als ich mich sehe. Davon bleibe ich nicht unberührt. Mit der Zeit werde ich ein bisschen so, wie mich die anderen sehen. Ich verändere mich.

Ü **Ich bin du**
1. Alle erhalten durch ein Los einen Zettel mit dem Namen eines Mitschülers oder einer Mitschülerin. Schüler A versetzt sich in die Lage der Schülerin B und beginnt mit dem Text: „Ich heiße …" (er schreibt den Namen der Schülerin auf, in die er sich hineinversetzt). Dann schreibt er im Namen dieser Person weiter und schildert eine Begebenheit, z.B. so: „Heute war ein richtig blöder Tag. Zuerst macht mich dieser Nico an, den ich überhaupt nicht ausstehen kann. Als sich dann noch Sven einmischte, war meine Geduld zu Ende …"
2. Anschließend erhält B den Text, beurteilt, ob sich A richtig eingefühlt hat, und teilt ihren Kommentar mit.

Die Geschichte vom grünen Fahrrad

Einmal wollte ein Mädchen sein Fahrrad anstreichen. Es hatte grüne Farbe dazu genommen. Grün hat dem Mädchen gut gefallen. Aber der große Bruder hat gesagt: „So ein grasgrünes Fahrrad habe ich noch nie gesehen. Du musst es rot anstreichen, dann wird es schön." Rot hat dem Mädchen auch gut gefallen. Also hat es rote Farbe geholt und das Fahrrad rot angestrichen. Aber ein anderes Mädchen hat gesagt: „Rote Fahrräder haben doch alle! Warum streichst du es nicht blau an?" Das Mädchen hat sich das überlegt, und dann hat es sein Fahrrad blau gestrichen. Aber der Nachbarjunge hat gesagt: „Blau? Das ist doch so dunkel. Gelb ist viel lustiger!" Und das Mädchen hat auch gleich gelb viel lustiger gefunden und gelbe Farbe geholt. Aber eine Frau aus dem Haus hat gesagt: „Das ist ein scheußliches Gelb! Nimm himmelblaue Farbe, das finde ich schön." Und das Mädchen hat sein Fahrrad himmelblau gestrichen. Aber da ist der große Bruder wieder gekommen. Er hat gerufen: „Du wolltest es doch rot anstreichen! Himmelblau, das ist eine blöde Farbe. Rot musst du nehmen, Rot!" Da hat das Mädchen gelacht und wieder den grünen Farbtopf geholt und das Fahrrad grün angestrichen, grasgrün. Und es war ihm ganz egal, was die anderen gesagt haben.

(Ursula Wölfel: Die Geschichte vom grünen Fahrrad. In: Dies.: 28 Lachgeschichten. Hoch Verlag, Düsseldorf o. J.)

1. Schreibt eine kleine Geschichte, zeichnet ein Bild oder erstellt eine Collage*, mit der ihr den Sinn der „Geschichte vom grünen Fahrrad" wiedergebt und euch dazu in Beziehung setzt.

2. Steckbriefe
   Verfasst einen Steckbrief über einen Mitschüler bzw. eine Mitschülerin. Der erste Schüler im Alphabet schreibt einen Steckbrief über den letzten und umgekehrt. Der zweite Schüler im Alphabet über den vorletzten usw. Interviewt euch zu diesem Zweck gegenseitig. Der Steckbrief sollte Auskunft geben über Verhaltensweisen und Eigenarten des betreffenden Schülers. Namen und Äußerlichkeiten dürfen darin aber nicht vorkommen. Es darf in diesem Steckbrief auch höchstens eine negative Bewertung enthalten sein. Der Interviewpartner muss damit einverstanden sein. Anschließend werden die Steckbriefe vom Lehrer vorgelesen und es gilt herauszufinden, wer gemeint ist.

Gefühle in meinem Leben

Gefühle entstehen einerseits in unserem Inneren aus natürlicher Veranlagung, und sie haben andererseits einen äußeren Anlass. Beide Faktoren sind von uns selbst nicht zu beeinflussen.

Wichtig ist aber, wie wir mit unseren Gefühlen umgehen. Nicht die Furcht oder der Zorn sind gut oder schlecht, wohl aber die Art und Weise, wie ich mich zu ihnen verhalte. Die negative oder positive Beurteilung meines Verhaltens ist davon abhängig, ob ich beispielsweise aus Wut gewalttätig werde oder mich diesem Gefühl nicht ausliefere.

Emotionen und Gefühle

Eins …	LIEBE für meine Eltern und Familie, wenn sie mich in den Arm nehmen und mir einen Kuss geben.
Zwei …	EGOISMUS, als ich meinem Bruder meinen Hüpfball nicht geben wollte.
Drei …	Gemein, als ich die Wände bemalte, die meine Mutter gerade frisch tapeziert hatte!
Vier …	LANGEWEILE, als ich in den Kindergarten kam, und ÄNGSTLICH, wenn ich in meinem Zimmer alleine im Dunkeln war.
Fünf …	GLÜCKLICH, weil ich jetzt in einen anderen Kindergarten ging, und LIEBE zu meinem Hund Bello, den ich geschenkt bekommen hatte, weil ich so brav war.
Sechs …	GROSSZÜGIGKEIT, als ich in den Laden ging und ein paar Süßigkeiten für meinen Bruder kaufte!
Sieben …	UNGLÜCKLICH, als ich mich mit meiner besten Freundin gestritten hatte, und neugierig, weil die Leute über mich redeten und ich nicht wusste, was sie sagten.
Acht …	ÜBERRASCHT, als es an meinem Geburtstag eine Überraschungsparty gab!
Neun …	TRAUER, als mein kleiner Cousin Tom bei der Geburt starb, aber AUFGEREGT, als meine Oma in Rente ging und es deshalb eine besondere Feier gab.
Zehn …	HEIMWEH, als ich ohne meine Eltern in die Ferien fuhr, aber ENTSPANNT beim Faulenzen an den Sommernachmittagen.
Elf …	HASS gegenüber meiner anderen Oma, als ich herausfand, dass sie früher meinen Vater und ihre anderen Kinder geschlagen hat. EINSAMKEIT, als alle meine Freunde und Freundinnen gemeinsam übernachten durften und ich nicht dabei sein konnte, und ERLEICHTERUNG, als meine Cousine Kathrin gesund geboren wurde.

(Lisa, 11 Jahre, In: Ideas Bank: Ich … werde erwachsen, Verlag an der Ruhr, Mülheim 1998, S. 11)

A

1. Versucht euch zu erinnern, wann ihr ein bestimmtes Gefühl zum ersten Mal erlebt habt, und ordnet diese Gefühle – so wie Lisa es gemacht hat – bestimmten Situationen zu. Ihr könnt auch Gefühle erklären, die hier nicht aufgeführt sind.

Gemischte Gefühle

1. Wählt zwei Gefühle aus, mit denen ihr eine kleine Geschichte erzählt. Das könnte beispielsweise so erfolgen, dass ein weniger positives Gefühl in ein positives Gefühl umschlägt. Ihr könnt die Geschichte in Form eines Märchens oder eines ausgedachten bzw. selbst erlebten Erlebnisses aufschreiben.

Einige Sätze, die fortgesetzt werden sollen

> Am meisten freue ich mich ...
> Ganz wütend macht mich ...
> Ich könnte vor Glück in die Luft springen ...
> Vor Wut platzen könnte ich ...
> Richtig gut tut mir ...
> Total fertig macht mich ...
> Leid tun mir ...
> Die Welt umarmen möchte ich ...
> Die meisten Menschen sind ...
> Jungen sind (fast) alle (sowieso) ...
> Mädchen sind (fast) alle (sowieso) ...

2. Setzt die Sätze so fort, wie es euch gerade in den Sinn kommt.
3. Tauscht eure Sätze mit dem Banknachbarn oder der Banknachbarin aus: Äußert euch in der Klasse zu den Sätzen eures Partners:
    › Was passt zu meinem Partner und warum?
    › Worüber wundere ich mich und warum?
    › Welche Gefühle habe ich insgesamt bei dem, was mein Partner geschrieben hat?
    › Was hat mich neugierig gemacht, was möchte ich näher von ihm/ihr erläutert haben?

1.2 Ich in Gemeinschaft

Der Philosoph* Aristoteles (384–322 v.u.Z.) meinte bereits, dass der Mensch von seinem Wesen her ein *zoon politikon*, ein Gemeinschaftstier sei. Von seinen biologischen Anlagen her ist der Mensch so angelegt, dass er allein nicht überleben könnte. Jeder Mensch braucht also die Gemeinschaft. Jeder ist mit vielen unsichtbaren Fäden in soziale Beziehungen und Gemeinschaften eingebunden. Dadurch ergibt sich ein Geflecht wechselseitiger Erwartungen und Verpflichtungen, die man auch als soziale Rolle* bezeichnet.

Der Wunsch, einmal allein zu sein

Ich heiße Paul und gehe in die fünfte Klasse. Seit Längerem beschäftigt mich die Frage: Kann der Mensch auch alleine leben? Immer bin ich in Gesellschaft und wäre so gern mal allein! „Guten Morgen, Paul!", ruft meine Mutti schon beim Aufstehen. In der Schule immer dasselbe: „Hallo, Paul! Kommst du mit raus in der Pause?" „Kannst du mir die Aufgabe erklären?" Am Nachmittag zu Hause geht es so weiter: „Wie war es in der Schule?" „Hast du deine Hausaufgaben schon gemacht?" Später beim Zeichenzirkel: „Hi, Paul, ich kann jetzt die Simpsons zeichnen – und du?" ... Ich kann es nicht mehr hören! Es hört nicht auf.
Selbst abends, wenn ich im Bett „Robinson Crusoe" lesen und von vielen Abenteuern auf meiner Insel träumen will, kommt mein Bruder noch vorbei, um mit mir zu quatschen. Wie beneide ich Robinson*! Ich wünschte, ich könnte auch alleine leben.

1. Filtert schriftlich aus dem Text heraus, welche Rollen Paul spielt und welche Erwartungen an sein Verhalten daraus resultieren.
2. Erstellt analog zu Paul eine Mindmap* zu euren eigenen Rollen.
3. Erläutert, warum Paul davon träumt, alleine zu leben. Was stört ihn?
4. Führt ein Gedankenexperiment (siehe S. 114) durch. Nehmt an, ihr müsstet für eine Woche ganz allein leben. Schreibt eine Geschichte: „Endlich allein!" Schildert eure Erlebnisse, Gedanken und Gefühle während des Alleinlebens.
5. Lest euch die Geschichten gegenseitig vor. Vergleicht eure Vorstellungen vom Alleinleben.
6. Informiert euch, wer Robinson ist, und erklärt, warum er sich freut, mit Freitag endlich einen Gefährten zu bekommen.

Der kirgisische* Schriftsteller Tschingis Aitmatow (1928–2008) erzählt von Kirisk, einem Junge von elf Jahren, der zusammen mit seinem Großvater, Vater und Onkel in einem Kajak auf das Ochotskische Meer hinaus paddelt, um nach altem Brauch das Handwerk der Robbenjagd zu erlernen. Auf offener See geraten die vier Männer in undurchdringlichen Nebel und verlieren die Orientierung. Der Nebel dauert Tag um Tag an. Das Boot treibt inzwischen steuerlos auf dem Meer. Bald erkennen die Erwachsenen, dass das Trinkwasser nicht für alle reichen wird. Eines Nachts stürzt sich zuerst der Großvater lautlos ins Meer, damit seine Söhne und sein Enkel überleben können. Doch der Nebel bleibt undurchdringlich, so- dass auch der Onkel und zuletzt der Vater heimlich ins Meer gleiten, damit der Junge eine Überlebenschance hat.

Mutterseelenallein

Als Kirisk erwachte, wunderte er sich, dass er wärmer lag als in den vergangenen Nächten. Er war mit dem Fellhemd des Vaters zugedeckt. Der Junge schlug die Augen auf, hob den Kopf – der Vater war nicht im Boot. Er fuhr hoch, tastete das Boot ab und schrie auf vor Entsetzen, erfüllte mit seinem Klageruf die lautlose Öde des nebelverhangenen Meeres. Lange gellte sein einsamer Schrei der Verzweiflung und des Schmerzes. Er weinte bitterlich, bis zur Erschöpfung, sank dann auf den Boden des Bootes, röchelnd und mit zuckendem Kopf. Alles schwang darin mit – sein Dank an die Väter, von denen er stammte, seine Liebe, sein Leid, seine Wehklage um sie.

(Tschingis Aitmatow: Der Junge und das Meer. Bertelsmann, Gütersloh 1978, S. 146)

1. Beschreibt Kirisks Situation.
2. Vergleicht Pauls Wunsch, einmal allein zu sein (siehe S. 22) mit Kirisks Alleinsein. Erstellt dafür eine Tabelle, in der ihr Gemeinsamkeiten und Unterschiede erfasst.
3. Führt ein Gedankenexperiment (siehe S. 114) durch. Stellt euch vor, Paul wäre an Kirisks Stelle. Schildert seine Gedanken und Gefühle und begründet, ob er froh ist, auf diese Art allein zu sein.
4. Recherchiert, wie das Abenteuer für Kirisk ausgeht.

Freunde braucht jeder

Seit es Menschen gibt, zählt Freundschaft zu den höchsten Werten. Menschen, die nicht wenigstens einen guten Freund haben, halten wir für bedauernswert.

Sprüche

- Ein Freund ist mehr wert als Gold und Silber.
- Wer einen Freund hat, braucht keinen Spiegel.
- Ein alter Freund ist besser als zwei neue.
- Glück macht Freunde, Not bewährt sie.

Aristoteles (384–322 v.u.Z.) unterscheidet die Nutzensfreundschaft von der vollkommenen Freundschaft.

Arten der Freundschaft

 Wo Nutzen das Motiv der Befreundung bildet, da lieben sich die Menschen nicht um ihrer willen, sondern nur soweit sie etwas voneinander haben können, weil sie für sich einen Vorteil erstreben. Der Partner wird nicht geschätzt, weil er der ist, der er ist, sondern insofern er irgendein Gut verschafft. Hat man das Gut erlangt, dann geht diese Freundschaft auseinander.
Davon abgehoben ist die vollkommene Freundschaft. Es handelt sich bei ihr um eine solche, bei der die Partner einander an Charakter und Trefflichkeit gleichen. Bei dieser Freundschaft wünschen sie einer dem anderen in gleicher Weise stets das Gute. Jeder von ihnen liebt des anderen Freundes Wesensart. Es ist der Partner an sich, der in dieser Verbindung geschätzt wird. Er ist ein Wert an sich und zugleich dem anderen nützlich und angenehm.

(Aristoteles: Formen der Freundschaft und Glückseligkeit. In: Klaus-Dieter Eichler (Hg.): Philosophie der Freundschaft. Reclam, Leipzig 2000, S. 29 f.)

1. Wählt jeder eine Spruchweisheit aus und erläutert die Aussage.
2. Findet je ein Beispiel für eine Nutzens- und eine vollkommene Freundschaft.
3. Begründet, warum eine Freundschaft etwas sehr Wertvolles ist. Nutzt dazu auch die Aussagen von Aristoteles.
4. Entwerft einen kleinen Ratgeber (für die Hosentasche) mit dem Titel: „So bleiben wir Freunde."
5. Diskutiert, ob es genügt, Freunde bei Facebook zu haben.

Freundschaft ist ein hoher Wert

Niemand kann hundert Freunde haben, schon deshalb nicht, weil jede Freundschaft gepflegt werden will. Zudem ist Freundschaft eine enge und intime Beziehung zwischen wenigen Menschen, die von Sympathie und gegenseitigem Wohlwollen getragen wird.
Der römische Philosoph* und Staatsmann Marcus Tullius Cicero (106–43 v.u.Z.) steuert eigene Überlegungen zum Wesen einer Freundschaft bei, die er Laelius im „Dialog über Freundschaft" in den Mund legt.

Ein zweites Ich

Der Freundschaft würdig sind aber nur die, welche das, was die Liebe zu ihnen auslöst, in ihrem Inneren haben. Eine seltene Menschenklasse! Es ist ja alles Vortreffliche selten, und nichts ist schwieriger als etwas zu finden, das in seiner Art in jeder Beziehung vollkommen wäre. Aber die meisten kennen im irdischen Bereich nur das als ein Gut, was Gewinn einbringt; dementsprechend taxieren sie wie beim Viehhandel in erster Linie solche als Freunde, von denen sie sich einen großen Gewinn erhoffen.
So bleibt ihnen die schönste, dem menschlichen Wesen im höchsten Sinne gemäße Freundschaft, die ohne alle Nebenvorteile und sonstige Rücksichten erstrebt wird, versagt, und sie können den hohen Wert dieser Freundschaft nicht an sich beispielhaft erfahren; jeder liebt ja sich selbst, nicht etwa weil er von sich irgendeinen Lohn für seine Liebe herausschlagen wollte, sondern weil eben die Selbstliebe ein Naturgesetz ist. Wendet man nicht die gleiche Voraussetzungslosigkeit auf die Freundschaft an, dann wird man nie einen wahren Freund finden können. Denn der wahre Freund ist gleichsam ein zweites Ich.
(Marcus Tullius Cicero: Laelius. Über die Freundschaft. Heimeran, München 1980, S. 90 ff.)

1. Welche unterschiedlichen Arten von Freundschaft benennt Cicero?
2. Vergleiche Ciceros Auffassung mit der von Aristoteles auf S. 24.
3. Gib mit eigenen Worten wieder, warum ein wahrer Freund wie ein zweites Ich ist.
4. Manche haben eine Menge Freunde bei Facebook. Begründet, inwiefern Facebook-Freunde Freunde im Sinne von Cicero sein können.

Fremde werden Freunde

Wenn zwei Fremde sich begegnen, dann muss daraus nicht zwangsläufig eine Freundschaft entstehen. Manchmal verläuft die erste Begegnung anders als gewollt, täuscht der erste Eindruck. Jede Freundschaft braucht Zeit, um zu wachsen. So erging es auch Pia, die ihren ersten Eindruck von Lotte schildert, als diese neu in ihre Klasse kommt.

Die coole Neue

Ganz am Anfang, als Lotte noch die „Neue" in der Schule war, fand ich sie schon ziemlich interessant. Aber sie stand nur mit ihrem „Ich-bin-aber-was-Besseres-Blick" auf dem Schulhof herum und war hauptberuflich cool. Und wenn sie mal die Zähne auseinander bekam, musste jedes zweite Wort unbedingt Englisch sein: „Sorry Baby, heute geht nicht, ich hab ein total wichtiges Date fast vercheckt!" SUPERBLÖD! Ich dachte, die mag mich überhaupt nicht [...]. Aber dass sie nicht halb so cool war, wie sie immer tat, habe ich dann doch ziemlich schnell gemerkt.

(Franziska Biermann; Antje von Stemm: Zwei Freundinnen packen aus. Beltz, Weinheim 2002)

 1. Lies den Text. Beschreibe den ersten Eindruck, den Pia von Lotte hatte, in eigenen Worten.
2. Schreibe die Geschichte weiter. Schildere, wie sich Pia und Lotte näher kommen. Erzähle deinem Banknachbarn, wie du deinen besten Freund/deine beste Freundin kennengelernt hast.
3. Versetze dich in die Lage anderer Schülerinnen und Schüler in der Klasse und notiere in Gedankenblasen ihren ersten Eindruck von Lotte. In der Klasse sind:
   › Per, der beste Sportler der Klasse
   › Lea, die von einer Model-Karriere träumt
   › Cornelius, Mathe- und Computerfreak und „leicht zerstreuter Professor"
   › Paul, der eine Schülerband gründen will
   › Lisa, eine stille und mittelmäßige Schülerin, die niemand recht beachtet
   › Lily, die später einmal Autos tunen will
   › Carsten, der Oberrüpel der Klasse
   › Kati, die von allen Jungs umschwärmt wird

Wollen wir Freunde sein?

„Ich kann nicht mit dir spielen", sagte der Fuchs. „Ich bin noch nicht gezähmt!"
„Ah, Verzeihung!", sagte der kleine Prinz.
Aber nach einiger Überlegung fügte er hinzu: „Was bedeutet das: *zähmen*?" [...]
„Das ist eine in Vergessenheit geratene Sache", sagte der Fuchs. „Es bedeutet: *sich vertraut machen.*"
„Vertraut machen?"
„Gewiss", sagte der Fuchs. „Du bist für mich noch nichts als ein kleiner Knabe, der hunderttausend kleinen Knaben völlig gleicht. Aber wenn du mich zähmst, werden wir einander brauchen. Du wirst für mich einzig sein in der Welt. Ich werde für dich einzig sein in der Welt. [... W]enn du mich zähmst, wird mein Leben wie durchsonnt sein. Ich werde den Klang deines Schrittes kennen, der sich von allen andern unterscheidet. Die anderen Schritte jagen mich unter die Erde. Der deine wird mich wie Musik aus dem Bau locken. Und dann schau! Du siehst da drüben die Weizenfelder? Ich esse kein Brot. Für mich ist der Weizen zwecklos. Die Weizenfelder erinnern mich an nichts. Und das ist traurig. Aber du hast weizenblondes Haar. Oh, es wird wunderbar sein, wenn du mich einmal gezähmt hast! Das Gold der Weizenfelder wird mich an dich erinnern. Und ich werde das Rauschen des Windes im Getreide lieb gewinnen [...]. Bitte ... zähme mich!", sagte er.
„Ich möchte wohl", antwortete der kleine Prinz, aber ich habe nicht viel Zeit. Ich muss Freunde finden und viele Dinge kennenlernen."
„Man kennt nur die Dinge, die man zähmt [...]. Wenn du einen Freund willst, so zähme mich! [...] Du musst sehr geduldig sein", antwortete der Fuchs. „Du setzt dich zuerst ein wenig abseits von mir ins Gras. Ich werde dich so verstohlen, so aus dem Augenwinkel anschauen, und du wirst nichts sagen. Die Sprache ist die Quelle der Missverständnisse. Aber jeden Tag wirst du dich ein bisschen näher setzen können [...]."

(Antoine de Saint-Exupéry: Der kleine Prinz. Volk und Welt, Berlin, 1981, S. 64 ff.)

1. Positioniere dich zu der Frage, warum es für Freunde wichtig ist, sich miteinander vertraut zu machen.
2. Unterbreite Vorschläge, wie das Miteinander-vertraut-Machen geschehen kann.
3. Übertragt diese Szene auf Beispiele in eurem Leben und führt diese als Hörspiel, Schauspiel oder ... auf.

Was eine gute Freundschaft ausmacht

Freundschaft hält nicht von allein. Sie braucht einen speziellen Kitt, der sie zusammenhält.

Zutaten für eine Freundschaft

1 Schüssel voll gemeinsamer Zeit
250 g Vertrauen
150 ml Ehrlichkeit
3 Teelöffel gemeinsame Hobbys
2 Prisen Humor
1 Tropfen Streit

1. Welche Merkmale gehören noch zu einer guten Freundschaft? Notiere mindestens acht Merkmale und begründe sie anhand eines Beispiels.
2. Sammelt in Gruppenarbeit mithilfe der Platzdeckchenmethode eigene Zutaten für ein Freundschaftsrezept. Gestaltet anschließend gemeinsam ein Plakat und präsentiert es.

Was eine gute Freundschaft ausmacht: andere Meinungen

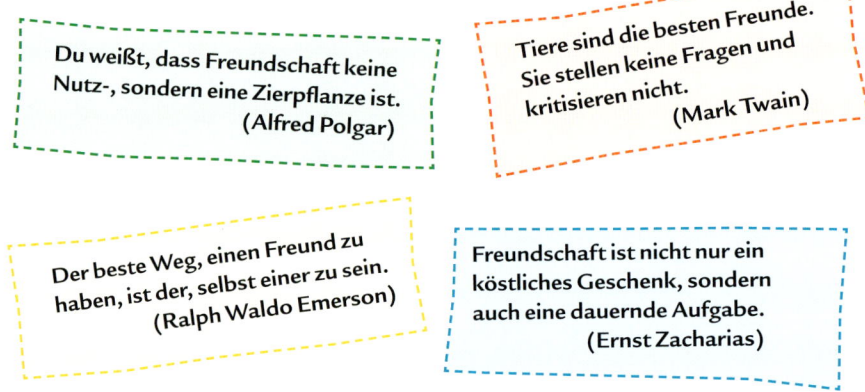

Du weißt, dass Freundschaft keine Nutz-, sondern eine Zierpflanze ist.
(Alfred Polgar)

Tiere sind die besten Freunde. Sie stellen keine Fragen und kritisieren nicht.
(Mark Twain)

Der beste Weg, einen Freund zu haben, ist der, selbst einer zu sein.
(Ralph Waldo Emerson)

Freundschaft ist nicht nur ein köstliches Geschenk, sondern auch eine dauernde Aufgabe.
(Ernst Zacharias)

3. Lies die Zitate. Begründe, welche Meinung deiner Auffassung von Freundschaft am nächsten kommt, und finde ein Beispiel, bei dem das Zitat zutrifft.
4. Denke dir einen eigenen Spruch zum Thema Freundschaft aus.

Was erwarte ich von meinen Freunden?

ZUVERLÄSSIGKEIT
Aufrichtigkeit Vertrauen
Ehrlichkeit
Zuneigung
Freizeitideen
Gerechtigkeit
Unterstützung
Verschwiegenheit
NUTZEN ANERKENNUNG
Interessenübereinstimmung

1. Setzt euch in kleinen Gruppen zusammen und sprecht über die Merkmale einer guten Freundschaft. Ergänzt die Aufzählung, wenn Merkmale fehlen.
2. Einigt euch in der Gruppe auf drei Merkmale, die einen guten Freund auszeichnen. Diskutiert die Ergebnisse der Gruppenarbeit in der Klasse und einigt euch im Plenum auf drei Merkmale einer guten Freundschaft.
3. Lassen sich auch Merkmale für „falsche Freunde" zusammenstellen? Welche wären das? Jeder schreibt für sich auf, was seiner Meinung nach einen „falschen Freund" ausmacht.

Rollenspiel
4. Jeweils zwei Schülerinnen und Schüler wählen sich eines der Gegensatzpaare aus. Im Rollenspiel erläutern sie ihre Variante des Gegensatzes. Jedes Gegensatzpaar wird jeweils von zwei Schülerpaaren vorgespielt. Welches Paar hat die beste Variante gefunden?
   Mut zusprechen – dem anderen keine Unterstützung geben
   sich mögen – sich nicht ausstehen können
   eifersüchtig sein – gleichgültig gegenüber dem anderen sein
   Vertrauen haben – den anderen verraten
   aufrichtig sein – jemanden ausnutzen

Bewährungsproben für eine Freundschaft

Lina und Zoé sind Freundinnen seit sie laufen können. Sie wohnen Tür an Tür. Morgens gehen sie zusammen zur Schule, im Unterricht sitzen sie nebeneinander und sogar einen Teil der Freizeit verbringen sie zusammen. Zoé kann nicht fassen, dass diese Gemeinsamkeit nun enden soll. Lina wird zum Jahresende mit ihren Eltern umziehen. Ihr Vater wird in Brüssel arbeiten und er möchte seine Familie bei sich haben.

Arthur und Mathis sind im Schwimmbad verabredet. Eine halbe Stunde ist vergangen und noch immer lässt Mathis sich nicht sehen. Arthur ist sauer. Erst in der Vorwoche hat Mathis ihn beinahe eine Stunde lang vor dem Kino warten lassen. Der Film, den sie zusammen anschauen wollten, hatte ohne sie begonnen. Arthur fragt sich, ob Mathis überhaupt etwas an der Freundschaft mit ihm liegt.

Inés und Jules sind beim Turniertanz ein Paar. Sie harmonieren gut und haben in ihrer Altersklasse bereits mehrere Preise gewonnen. Seit einiger Zeit ist Inés richtig zickig, wenn Jules nach dem Training mit anderen Mädchen aus dem Team herumalbert. Für Jules ist Inés eine gute Freundin, aber in sie verliebt ist er nicht.

Jean und Enzo trainieren im gleichen Radsportverein. Beide gehören zu den besten. Doch nur einer darf den Verein bei der Meisterschaft vertreten.

Ü
1. Arbeitet heraus,
   › worin die Probe für die jeweilige Freundschaft besteht,
   › welche Handlungsmöglichkeiten die beteiligten Personen haben,
   › wie wahrscheinlich es jeweils ist, dass die Freundschaft scheitert.
2. Habt ihr ähnliche Erfahrungen mit Freundschaft gemacht? Tauscht eure Erfahrungen aus.

Das Ende einer Freundschaft?

Meine beste Freundin Luisa hat mich hintergangen und ich bin außer mir vor Wut. Solch eine hundsgemeine Ziege ...! Der habe ich vertraut. Alles habe ich ihr erzählt, kein Geheimnis vor ihr gehabt. Ein Zufall erst hat mir die Augen geöffnet: Also Ole aus der Parallelklasse ist mein Freund. Heute waren wir zusammen mit anderen am Badesee. Auch Luisa war dabei und wir alle haben einen total gechillten Nachmittag verbracht, geredet, faul in der Sonne gelegen, gebadet und wieder geredet ...

Zu Hause, als ich meine Badesachen auspacken wollte, merkte ich, dass Ole sein Handy in meinem Rucksack vergessen hatte. Ich war neugierig. Hätte ich das doch nur gelassen!

Eine SMS sprang mir in die Augen, eine SMS von Ole abgeschickt, aber nicht an mich! Die Nummer, an die die Nachricht ging, kenne ich in- und auswendig. Es ist die Nummer meiner allerbesten Freundin Luisa. Zuerst glaubte ich an einen Tippfehler, aber nein, das kann nicht sein. Meine Handy-Nummer unterscheidet sich – abgesehen von der Vorwahl – in exakt sechs Positionen von der meiner Freundin. Handys sind doch nicht bösartig, sie versenden Nachrichten nicht an die falschen Personen. Es gibt nur eine logische Erklärung für das Ganze und die die tut weh.

Ich bin gleich zweifach verraten worden, von Ole und von Luisa. Als ich das realisiere, kommen mir die Tränen. Ich starre auf Oles Handy und heule Rotz und Wasser, bis ich keine Tränen mehr habe. Ole wird toben, wenn er mitkriegt, dass ich auf seinem Handy gekramt habe. Das ist mir egal, soll er doch. Mit Ole bin ich fertig!

Aber Luisa, die dämliche Gans, mit der habe ich ein Hühnchen zu rupfen. Ich werde ihr gleich einmal einen Besuch abstatten und sie zur Rede stellen. Das wars dann wohl mit der Freundschaft, oder?!

(Frei nach einer Idee von Britta Keil: Zwei Sommer. Ravensburger, Ravensburg 2007, S. 9 ff.)

1. Was bedeutet es, einen Freund bzw. eine Freundin zu hintergehen? Findet Beispiele.
2. Stellt euch vor, euer bester Freund bzw. eure beste Freundin hat euch hintergangen. Schildert, wie ihr vermutlich reagieren würdet.
3. Spielt in kleinen Szenen (siehe auch S. 76) nach, wie die Unterredung der Mädchen verlaufen könnte.
4. Unterbreitet Vorschläge, wie die Freundschaft der beiden gerettet werden kann.

1.3 Familie tut gut

Ü 1. Gestaltet ein Poster oder eine Text-Bild-Collage* und zeigt, warum euch Familie gut oder auch nicht gut tut.

Fünftklässler über ihre Familie

Jule: Für mich ist die Familie das Wichtigste. Sie steht zu mir, wenn es mir nicht gut geht, und sie bleibt bei einem das ganze Leben.

Jacob: Klar ist Familie wichtig, aber nicht alles im Leben. Meine Freunde sind mir auch sehr wichtig.

Mira: Zu meiner Familie gehören meine Eltern und Großeltern. Geschwister habe ich leider nicht. Gern hätte ich eine große Schwester, mit der ich shoppen oder einmal ins Kino gehen könnte. Ich finde es toll, wenn die ganze Familie sich zu den Geburtstagen oder zu Weihnachten trifft. Dann haben sich immer alle viel zu erzählen und keiner sitzt allein zu Hause.

Carl: Seit meine Mutter vor drei Jahren gestorben ist, sind wir gar keine richtige Familie mehr. Mein Vater kümmert sich um mich und meine kleine Schwester. Wir unternehmen viel und haben Spaß miteinander. Oft denke ich dann: Wie schade, dass Mama das nicht miterlebt. Ich vermisse sie.

Lina: Meine Eltern lassen sich gerade scheiden. Sie haben sich immer viel gestritten. Wenn sie sich angeschrien haben, hat mir das Angst gemacht, und ich habe mir gewünscht, dass sie aufhören mögen. Bald wird mein Vater ausziehen, dann werde ich ihn nicht mehr so oft sehen. Das tut mir leid, denn ich habe ihn gern und mit mir hat er auch nicht gestritten. Wenn ich die Schule beendet habe, ziehe ich sowieso aus. Ich werde nie heiraten. Aber mit einem Mann nur so zusammenzuleben und Kinder zu haben, kann ich mir auch nicht vorstellen.

Hilal: Ich habe eine sehr große Familie: Meine Eltern, vier Großeltern, sechs Geschwister und jede Menge Tanten und Onkel, Cousins und Cousinen. Am Wochenende ist immer viel los bei uns, vor allem, wenn jeder von uns noch Freunde mitbringt. Aber ich mag es, in einer so großen Familie zu sein. Es wird nie langweilig. Der Großvater meines Vaters und sein Sohn Ismail leben auch heute noch bei Izmir, das ist in der Türkei, direkt am Meer. Jedes Jahr besuchen wir sie. Urgroßpapa kann nicht mehr vereisen, aber er möchte uns alle einmal im Jahr sehen.

1. Arbeitet heraus, was die befragten Schülerinnen und Schüler an ihrer Familie schätzen und was sie kritisch sehen.
2. Notiert, was euch Familie bedeutet.
3. Schreibt in einem fiktiven* Tagebucheintrag auf, wie ihr euch euer zukünftiges Leben vorstellt.
4. Stellt euren Text einer Person eures Vertrauens vor und tauscht euch darüber aus.

Familie im Wandel

Familienformen

Im Laufe der Zeit haben sich verschiedene Familienformen herausgebildet.

Alleinerziehende

Ein Kind wollte Isabelle unbedingt haben, auch wenn sie sich schon vor Niklas' (11) Geburt von dessen Vater getrennt hatte. Auch wenn es für sie schwierig ist, den Alltag allein bewältigen zu müssen, auf eine neue Partnerschaft verspürt sie derzeit keine Lust.

Mehrgenerationenfamilie

Niklas lebt in einer Mehrgenerationenfamilie. Seine Großeltern, seine Eltern und Geschwister sowie die Schwester seiner Mutter wohnen in einem großen Haus zusammen. Dort gibt es drei Wohnzimmer, ein Zimmer für jeden und eine gemeinsame Küche, in der sich alle zum Essen und Reden treffen. Wenn Niklas aus der Schule kommt, ist immer jemand für ihn da. Er kann den Großeltern erzählen, was er in der Schule erlebt hat. Abends sitzen alle um den großen Familientisch in der Küche. Gemeinsam essen sie und sprechen über dies oder das. Jeder hat feste Aufgaben zu erfüllen, sonst würde das Zusammenleben nicht funktionieren. Niemand aus der Familie ist mit seiner Freude oder seinem Kummer allein. Alle helfen einander.

Normalfamilie

Jens und Katrin Müller sind miteinander verheiratet und haben zwei Kinder, Annika (16) und Jonas (12). Da beide Eltern ganztags berufstätig sind, haben die Kinder im Haushalt feste Pflichten zu erledigen. Sie finden das in Ordnung, schließlich sollen die Eltern auch Zeit für sie und gemeinsame Erlebnisse haben.

Adoptivfamilie

Noras leibliche Mutter hat ihr Kind gleich nach der Geburt zur Adoption freigegeben. Als sie drei Wochen alt war, kam sie zu Jule und Georg, die sie als ihren „Augenstern" aufzogen, liebten und verwöhnten. Als Nora sechs Jahre alt war, sagten ihr die Adoptiveltern, dass eine andere Frau Nora geboren hat und sie Nora an Kindes statt angenommen haben. Nora kann sich keine besseren Eltern als Jule und Georg vorstellen.

Patchworkfamilie

Holger Geider und seine Frau Lissy haben ihr Glück erst im zweiten Anlauf gefunden. Bereits als Kinder wünschten sie sich eine große, heile Familie. Mit Tina (14), die aus Holgers erster Ehe stammt, Marie-Louise (12) aus Lissys erster Ehe sowie den gemeinsamen Kindern Leon (6) und Robert (4) haben sie sich ihren Traum erfüllt.

A
1. Recherchiert weitere Familienformen und stellt diese vor.
2. Stellt euch vor, ihr würdet als Kind in den verschiedenen Familienformen aufwachsen. Welche Vorzüge und welche Nachteile erwartet ihr von den einzelnen Formen? Haltet zu jeder Form drei Vorzüge und drei Nachteile schriftlich fest.

Probleme Alleinerziehender und ihrer Kinder

Die Zahl von Kindern, die mit einem Elternteil allein aufwachsen, ist in den letzten Jahrzehnten kontinuierlich gewachsen. Jede fünfte Familie ist eine solche. Obwohl die gesellschaftliche Akzeptanz dieser Familienform groß ist, sind gerade Familien, in denen Frauen ihre Kinder allein erziehen, mit einer Vielzahl von Schwierigkeiten konfrontiert. In keiner anderen Familienform ist das Risiko, von Armut betroffen zu sein, so groß wie bei alleinerziehenden Müttern und ihren Kindern. Gründe hierfür sind:
› In Frauenberufen wird die Arbeit schlechter bezahlt als in Männerberufen.
› Alleinerziehende Mütter sind häufig gezwungen, in Teilzeit zu arbeiten, weil sie sonst Berufstätigkeit und Familie nicht vereinbaren können.
› Alleinerziehende Mütter mit kleinen Kindern finden häufig keinen Arbeits- bzw. keinen Kita-Platz und müssen von staatlichen Unterhaltszahlungen leben.
› Alleinerziehende Mütter sind auf Unterhaltszahlungen des Kindsvaters angewiesen …

Auch Kinder, die in dieser Familienform aufwachsen, erleben andere Herausforderungen als ihre Altersgefährten.

Das fehlende Bein

Meinen Vater habe ich nie kennengelernt und meine Mutter hat mir nichts von ihm erzählt. Diesen Mann, so betont sie nimmermüde, will sie ganz und gar aus ihrem Leben streichen. Ich kenne weder seinen Namen, noch weiß ich, wie er aussah oder was er gern mochte. Ich stelle ihn mir manchmal vor oder suche beim Blick in den Spiegel Gesichtszüge, die ich von ihm geerbt haben könnte. Manchmal träume ich, ein Zufall würde meinen Vater und mich zueinander führen. Mir ist, als fehle mir ein Bein.

Der Taugenichts

Meine Eltern sind geschieden und wenn sie sich zufällig treffen, dann streiten sie wie früher. Ich bin gern bei Papa, aber ich mag es nicht, wenn er mich über das neue Leben meiner Mutter auszufragen versucht. Komme ich nach einem Papa-Wochenende nach Hause, versucht Mama dasselbe: „Na, was macht dieser Taugenichts?" Ich fühle mich total bescheuert, denn ich habe beide gern und möchte mich deshalb nicht schämen müssen.

1. Recherchiert weitere Schwierigkeiten (physische, psychische, organisatorische …), mit denen Alleinerziehende und deren Kinder im Alltag konfrontiert sein können.

Regenbogenfamilien

Es gibt Familien, die sich anders als üblich zusammensetzen: Wenn Kinder zwei Papas oder zwei Mamas haben, dann spricht man von einer Regenbogenfamilie. Frauen, die eine andere Frau lieben, sind *lesbisch*. Männer, die einen anderen Mann lieben, sind *schwul*. Der Regenbogen ist das Zeichen von *Lesben* und *Schwulen* auf der ganzen Welt – daher die Bezeichnung Regenbogenfamilie.

Zwei Mamas

Interviewer: Wann ist euch klar geworden, dass in euren Familien etwas anders ist als bei anderen?
Nell: In der Grundschule. Wenn beim Weihnachtsbasar meine Mutter nicht mit meinem Vater gekommen ist, sondern mit Freundin. Dann wurde gefragt: Wer ist das denn? Also hab ich erklärt: Meine Eltern sind ein lesbisches Paar.
Interviewer: Wie haben andere Kinder in der Schule reagiert?
Mia: Kinder nehmen alles total normal auf. Wenn, dann waren es die Eltern, die damit ein Problem hatten. Es gab ein Mädchen, das durfte ich deswegen nicht mehr treffen.
Malte: Ich habe schon ab und zu doofe Sprüche gehört, weil ich der Sohn von zwei Frauen bin. Aber in der Schule hört man sich alles Mögliche an, egal ob man zwei Mütter hat oder eine komische Frisur.
Interviewer: Wie nennt ihr eure Eltern?
Malte: Wichtig ist die Tonlage: Wenn ich „Mama" ins Haus rufe, dann wissen die, je nachdem, wie ich es betone, wer gemeint ist. Wenn ich eine Erlaubnis brauche oder mit Freunden wegfahren will, dann rufe ich halt so „Mamaaa …". Die Richtige hört schon hin – und ich weiß ja, bei wem ich schneller durchkomme.
Interviewer: In euren Familien werden die Rollen* neu erfunden. Wer kümmert sich um das Essen? Wer kümmert sich um das Geldverdienen?
Mia: Alles total flexibel. Alle gehen arbeiten, alle kochen mal.
Felix: Die Frage höre ich oft: Wer nimmt den männlichen Teil ein, wer den weiblichen? Ich verstehe die Frage ehrlich gesagt nicht. Ich finde sie relativ sinnlos.

(Nach Max Fellmann, Kerstin Greiner, Claudio Musotto: „Ich fände es seltsam, wenn mein Vater eine Freundin hätte". http://sz-magazin.sueddeutsche.de/texte/anzeigen/39323/Ich-faende-es-seltsam-wenn-…; 25.02.2016)

1. Erklärt, warum Felix die Frage nach der Rollenverteilung in seiner Familie als relativ sinnlos empfindet.
2. Es gibt unterschiedliche Meinungen zu Regenbogenfamilien. Manche Menschen lehnen solche Familienkonstellationen grundsätzlich ab. Ihrer Auffassung nach hätten Kinder ein Recht auf Vater und Mutter. Andere meinen, dass Kinder in Regenbogenfamilien einen besonders hohen Stellenwert haben. Sie sind in diesen Familien absolute Wunschkinder. Diskutiert die unterschiedlichen Auffassungen. Bezieht in eure Überlegungen auch die Meinungen der Kinder aus dem Interview mit ein.

Meine Wunschfamilie

Das Zusammenleben in einer Familie verlangt unabhängig von der Familienform von jedem Familienmitglied ein bestimmtes Maß an Rücksichtnahme und Verlässlichkeit. Dazu gehört, dass alle am Familienleben teilnehmen, es aktiv mitgestalten, Pflichten übernehmen und Absprachen einhalten.

Erfolgsrezept für ein starkes Familien-Team

Ein Auto fährt nur, wenn es vier funktionstüchtige Räder hat. Auch ein „Familien-Auto" benötigt vier gute Räder.

Familien-Rad: Gegenseitige Unterstützung
› „Ratschläge" für Eltern (z.B. gute Seiten des Kindes hervorheben).
› „Ratschläge" für Kinder (z.B. versuchen, sich in die Eltern hineinzuversetzen).

Familien-Rad: Gemeinsame Rituale
› Rituale entwickeln, die die Familienmitglieder miteinander verbinden.
› Familienrituale: Geburtstage, Tischrituale, Verabschiedung, Weihnachten u.a.

Familien-Rad: Umgang miteinander
› Absprache über die Organisation der Rechte und Pflichten treffen (z.B. Hausarbeit).
› Konflikte rechtzeitig lösen (Kompromisse finden, fair streiten).

Familien-Rad: Zeit füreinander
› Zeit füreinander schweißt die Familie zusammen (nicht nur Fernsehen).
› Zeit füreinander haben (freie Zeit für gemeinsame Vorhaben planen).

(Nach Familie – ein starkes Team. In: Wochenschau Nr. 1/2001, S. 40 f.)

2. Erarbeitet in Kleingruppen Vorschläge, wie die Familie ein starkes Team werden kann. Wählt einen der vier Punkte aus und gestaltet dazu ein Plakat, mit dem ihr eure Vorstellungen zur Diskussion stellt. Folgende Fragen und Aufgaben können als Anregung dienen:
   › Findet zu eurem Rad entsprechende Fotos.
   › Notiert zu eurem Rad Beispiele.
   › Was bedroht die „Funktionstüchtigkeit" eures Rades?
   › Wäre noch ein weiteres Rad hilfreich („Ersatzrad")?

Das Verhältnis von Kindern und Erwachsenen in der Familie

Wenn Eltern ihre Kinder nicht verstehen

Zwischen Anna und ihren Eltern, Paul und Nele, kommt es häufig zu Streit. Paul und Nele möchten nicht, dass Anna erst spät in der Nacht nach Hause kommt. Sie fragen sich: „Warum versteht Anna nicht, dass wir nicht möchten, dass ihr etwas passiert, wenn sie sich so spät allein auf den Heimweg macht? Sie ist doch noch ein Kind, nicht mal dreizehn und wir sind für sie verantwortlich. Außerdem gibt es wirklich wichtigere Dinge als feiern zu gehen. Die Schule kommt bei Anna viel zu kurz! Und stimmt es wirklich, dass ihre Freundinnen, wie Anna behauptet, so viel länger wegbleiben dürfen?"

Sie können nicht verstehen, warum es Anna so wichtig ist, so lange mit den anderen zu feiern.
Anna argumentiert: „Ich bin doch kein Baby mehr, weshalb wollt ihr mir immer alles verbieten. Warum seid ihr so streng? Die anderen dürfen viel mehr."
Nele entgegnet. „Als ich so alt war wie du jetzt, hatte ich viel weniger Freiheiten, du kannst froh sein, dass wir dich überhaupt feiern gehen lassen. Meine Eltern hätten mir das nicht erlaubt! Wir sind deine Eltern, du hast auf uns zu hören!"
Anna erwidert: „Weshalb mischt ihr euch so in mein Leben ein? Kümmert euch doch um euren eigenen Kram! Was ist so schlimm daran, wenn ich erst spät nach Hause komme?"
Paul schüttelt über so viel Unverständnis seiner Tochter den Kopf: „Denk doch nur daran, was alles passieren könnte! Und außerdem, wenn du bis spätnachts feiern bist, verschläfst du den nächsten Tag und kommst zu nichts. Dabei solltest du wirklich mehr für die Schule machen, auch deine Hausaufgaben kommen oft zu kurz! Du kannst doch nicht immer nur an deinen Spaß denken! Solange du deine Füße unter unseren Tisch steckst, musst du dich an unsere Regeln halten!"
Anna schreit: „Alle anderen dürfen länger bleiben! Ihr könnt mich mal!" und denkt bei sich: „Diese Diskussionen habe ich satt! Ganz sicher werde ich nicht am Wochenende zu Hause rumsitzen, während meine Freundinnen feiern gehen, egal was meine Eltern sagen!"
„Sollten wir Anna eine Zeit lang verbieten auszugehen, bis sie vernünftig mit sich reden lässt. Und überhaupt, in welchem Ton sie mit uns spricht?! Das ist wirklich unverschämt." überlegt Nele.

1. Versetzt euch in die Lage der Eltern und vollzieht nach, warum es ihnen wichtig ist, dass Anna nachts nicht zu lange unterwegs ist.
2. Versetzt euch in Annas Lage und schildert, wie sie sich nach dem Streit fühlt.
3. Schreibt die Argumente von Anna und von Annas Eltern aus dem Text heraus. Setzt euch dann mit jedem Argument auseinander und erläutert, ob ihr es nachvollziehen könnt.
4. Sucht mögliche Erklärungen dafür, warum Annas Eltern ihr Kind nicht verstehen können.

Wenn Kinder ihre Eltern nicht verstehen

„Ihr behandelt mich wie ein Baby", schreit Anna ihren Eltern entgegen. „Die anderen aus meiner Klasse dürfen am Wochenende viel länger wegbleiben. Ihr verderbt mir den ganzen Spaß und macht mich vor meinen Freunden lächerlich."

Paul und Nele versuchen ihre Tochter zu beruhigen: „Wir haben verabredet, dass du spätestens um 22 Uhr zu Hause bist. Wir machen uns einfach Sorgen, wenn du nachts allein unterwegs bist."

In letzter Zeit kommt es häufig zu Streit zwischen Anna und den Eltern. Anna kann nicht verstehen, dass sie weniger darf als ihre Freunde. Die gehen manchmal erst nach Mitternacht nach Hause und die Eltern sagen nichts. Diese ständige Sorge regt Anna auf. Was soll schon passieren?

Paul und Nele suchen immer wieder das Gespräch mit Anna und versuchen ihr zu erklären, warum es ihnen wichtig ist, dass Anna ihre Beweggründe versteht.

„Du bist noch nicht mal dreizehn. Wir verstehen, dass du gern mit deinen Freunden zusammen sein willst. Vielleicht ist es abends auch besonders nett, aber wir sehen auch die Gefahren. Wir sind für dich verantwortlich und möchten nicht, dass du schlechte Erfahrungen machst."

Paul macht Anna ein Kompromissangebot: „Du darfst ausnahmsweise bis 23 Uhr unterwegs sein, aber nur, wenn wir wissen, wo du bist, und nur, wenn ich dich von dort abholen komme."

Anna antwortet darauf, dass sie sich dann total unfrei und beobachtet fühle und vor ihren Freunden in den Boden schämen würde. Schließlich brauche sie keinen Babysitter.

Anna hat diese Diskussionen satt. Sie will nicht mehr reden und sie wird sich auch nicht mehr an die Ansage der Eltern halten. Nur weil für die hinter jedem Baum eine Gefahr lauert, wird sie am Wochenende nicht zu Hause rumsitzen, während die anderen Party machen. Ihre Eltern sind selber schuld, wenn sie ihr immer alles verbieten.

1. Versetzt euch in die Rolle* von Anna und arbeitet heraus, warum sie so verärgert über ihre Eltern ist.
2. Spielt in einem Rollenspiel (S. 76) die Situation so nach, wie sie eurer Meinung nach hätte verlaufen sollen.
3. Erfindet verschiedene Fortsetzungsvarianten für diese Geschichte.
4. Konflikte zwischen Eltern und Kindern gehören zum Leben. Schildert Beispiele aus eigenem Erleben.

Befragung/Interview

Eine Befragung ist kein normales Alltagsgespräch, bei dem man sich wechselseitig zuhört und abwechselnd erzählt. Mithilfe einer Befragung will man von der befragten Person etwas wissen. Deshalb ist es notwendig, sich zurückzunehmen und die eigene Meinung nicht zu äußern. Sie könnte das Ergebnis verzerren.

Mit einer Befragung kann man Einstellungen zu bestimmten Themen erkunden oder wichtige Informationen einholen. Das wichtigste Mittel hierzu ist die Frage.
Die Fragen sollten leicht zu verstehen und zu beantworten sein.
Stelle offene Fragen, also möglichst keine Fragen, auf die man nur mit Ja oder Nein antworten kann oder welche die Antwort bereits enthalten (z.B. Sie meinen doch wohl auch …).

Überlege vorab:
› Was genau will ich erfahren?
› Wen will ich dazu befragen? Was kann diese Person mir bringen?
› Wo und wann will ich die Befragung durchführen? Wie viel Zeit brauche ich vermutlich?
› Welche Fragen sind sinnvoll?
› In welcher Reihenfolge will ich vorgehen?

Beachte! Die wichtigste Frage sollte nicht gleich zu Beginn gestellt werden. Besser sind einige Startfragen zum „Warmwerden".

› Wie halte ich die Antworten fest (Aufnahmegerät, Notizen)?

Nach der Befragung überprüfe:
› Was habe ich erfahren? Haben meine Fragen funktioniert?
› Wie verarbeite ich die Ergebnisse?
› Wie stelle ich meine Ergebnisse anderen vor?

[P] Führt eine Befragung von Personen unterschiedlichen Alters und Geschlechts durch, bei der ihr erkundet, welche Lebensträume diese Personen in ihrer Jugend hatten.

Ankerbegriffe des 1. Kapitels

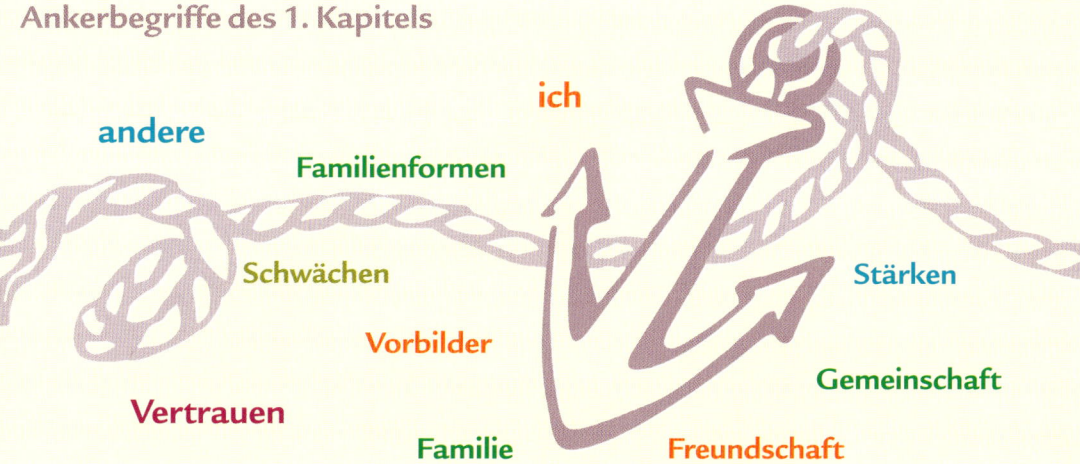

Rekonstruiert mithilfe der Ankerbegriffe, was Kinder brauchen, damit sie ein starkes Ich entwickeln können.

Wichtige Gedanken aus dem 1. Kapitel

1. Jeder Mensch ist einmalig und unverwechselbar. Um sich seiner Besonderheit bewusst zu werden, braucht jedes Individuum andere, in denen es sich gleichsam spiegelt, durch die es bestärkt oder zum Überdenken eigener Positionen angeregt wird.
2. Sich selbst zu erkennen ist nicht einfach. Zur Selbsterkenntnis gehört nicht nur das Wissen um äußere Merkmale wie Körpergröße, Augenfarbe ... Dazu gehört auch das Wissen um die persönlichen Stärken und Schwächen.
3. Vorbilder können dem Einzelnen helfen, herauszufinden, was er im Leben erreichen möchte.
4. Kein Mensch kann auf Dauer ganz allein leben. Jeder ist eingebunden in eine Vielzahl sozialer Beziehungen, die ihn halten und schützen. In ihren sozialen Beziehungen nehmen Menschen bestimmte Rollen wahr. Sie sind darin zum Beispiel Sohn oder Tochter, Freund oder Freundin.
5. Freundschaft gehört seit der Antike zu den höchsten Werten, nach denen jeder Mensch strebt. Freundschaft ist eine Beziehung, die von gegenseitigem Wohlwollen und Sympathie getragen wird. Sie ist lebenswichtig. Freunde helfen dir, Freude zu teilen und schwierige Situationen zu bewältigen.
6. In jeder Freundschaft gibt es Bewährungsproben und auch einmal Streit. Eine richtige Freundschaft zerbricht nicht daran, sondern wird dadurch gefestigt und noch bedeutsamer.
7. Die Familie, das Zusammenleben von Eltern und Kindern, ist aufgrund der emotionalen Nähe der Familienmitglieder eine besonders wichtige Lebensform. Neben der sogenannten Normalfamilie haben sich eine Reihe unterschiedlicher Familienformen herausgebildet.

Welche Gedanken aus diesem Kapitel findest du wichtig? Schreibe sie auf und begründe, warum gerade diese für dich wichtig sind.

2 Glück und Lebensgestaltung

2.1 Glücklich sein will jeder

Wem das Glück aufspielt, dem tanzt das Bein.

Glück und Glas – wie leicht bricht das.

Dem Glücklichen schlägt keine Stunde.

A 1. Beschreibt, worin das Glück besteht, das auf dem jeweiligen Foto zu sehen ist.
2. Legt dar, wie ein Foto aussehen könnte, das euch in einem Glücksmoment zeigt.
3. Erläutert die Sprüche und findet weitere zum Thema Glück.

Glücksbringer und Unglücksboten

1. Findet weitere Glückssymbole* und Unglücksboten und sprecht darüber, warum die Gegenstände mit Glück bzw. Unglück in Verbindung gebracht werden.
2. Erzählt euch, ob ihr einen Glücksbringer oder Talisman habt. Tauscht euch darüber aus, ob er dir tatsächlich Glück bringen kann.

Glück, was ist das?

In der römischen Antike* wurde das Glück in Gestalt einer Frau, der Fortuna, dargestellt. Sie teilt den Menschen das Glück zu. In der einen Hand hält Fortuna ein Steuerrad, mit dem sie das Schicksal lenkt. Daraus wurde später das Glücksrad. In der anderen Hand trägt sie ein Füllhorn, aus dem sie kostbare Gaben ausschüttet. Sie steht dabei auf einem Rad oder einem Globus, um zu zeigen, wie schwankend das Glück ist.

Eine Begegnung mit der Glücksgöttin

Tadeuz Kuntze „Fortuna", 1754

Nachdenken über das Wort Glück

Ebenso vieldeutig wie die bildhafte Darstellung des Glücks ist der Glücksbegriff selbst.

Herkunft

Seit zirka 850 Jahren gibt es im Mittelhochdeutschen das Wort *g(e)lücke*. Es bedeutete zunächst „Schicksal" und „zufälliges, überraschendes Zusammentreffen günstiger Umstände". Gemeint war der „Ausgang eines Geschehens oder einer Angelegenheit". Später wurde das Wort im Sinne von günstigem und erfolgreichem Gelingen verwendet und bezeichnete das, was vorteilhaft ist bzw. sich gut trifft.

(Nach Etymologisches Wörterbuch der Deutschen. Bd. A – G. Akademie, Berlin 1989, S. 581 f.)

1. Schaut euch die Darstellung der Göttin Fortuna genau an. Welche Aussagen über das Glück werden mithilfe der Darstellung über das Glück noch getroffen?
2. Erkläre, warum sie eine Augenbinde trägt und die Menschen ihr zu Füßen liegen.

Übersetzungen

Das deutsche Wort „Glück" fasst vieles zusammen, was in anderen Sprachen eigene Bezeichnungen hat. Zum Beispiel im Englischen:
Felicity, happiness = Hochstimmung; Zustände des Glücklichseins; nicht gemeint: Zufriedenheit!
Fortune = Glück als gutes Gelingen; z.B. „eine glückliche Hand haben"; was jemand anfasst, gelingt!
Auspiciousness = Glück als günstige Aussicht, Verheißung.
Luck = entspricht in etwa dem deutschen Wort Glück; meint aber auch: vom Zufall begünstigt sein, z. B. Lottogewinn.
Flow = Gefühl vom glücklichen Gelingen; eine Lösung finden, etwas fertig bekommen, Durchblick gewinnen.

(Peter Brokemper: Glück – ein Projektbuch. Verlag an der Ruhr, Mühlheim 2009, S. 13)

Bedeutung

Das Wort „Glück" kann im Deutschen sowohl den günstigen Zufall als auch einen Zustand des Wohlergehens meinen; wir können *Glück haben oder glücklich sein*. […] Gerade deswegen ist es wichtig, den Begriff „Glück" für die Bezeichnung von Zuständen des menschlichen Wohlergehens zu reservieren und vom glücklichen Zufall zu unterscheiden, der dieses Wohlergehen mehr oder weniger stark beeinflussen kann.

(Martin Seel: Glück. In: Heiner Hastedt/Ekkehard Martens (Hg.): Ethik. Ein Grundkurs. Rowohlt, Reinbek 1994, S. 146 f.)

1. Formuliert mit eigenen Worten, worin im Deutschen die Bedeutung des Wortes „Glück" besteht.
2. Untersucht in Gruppenarbeit, welche Bezeichnungen es für „Glück" in anderen Sprachen gibt und was genau jeweils gemeint ist.

    Nutzt die Kompetenz eurer Mitschülerinnen und Mitschüler, die Wurzeln in anderen Kulturen und Sprachen haben.

3. Recherchiert, wo die Grußformeln „Glück auf", „Glück zu" und „Glück ab" zur Anwendung kommen und was sie bedeuten.

Glücksvorstellungen

Vorstellungen, was Glück ist, kommen auch in den Volksmärchen zum Ausdruck. Ein bekanntes erzählt von Hans.

Hans im Glück

Hans erhielt für sieben Jahre Dienst einen Klumpen Gold.

Das Gold tauschte er gegen ein Pferd ...

... das Pferd gegen eine Kuh ...

... die Kuh gegen ein Schwein ...

... das Schwein gegen eine Gans ...

... die Gans gegen einen Wetzstein.

Der Wetzstein fiel in einen Brunnen ...

... und Hans ... ist glücklich.

1. Tauscht euch darüber aus, warum das Märchen „Hans im Glück" heißt.
2. Versetzt euch in Hans' Lage und begründet, warum Hans glücklich sein könnte. Beachtet dabei auch die Unterscheidung von Glück haben und glücklich sein (S. 45 und S. 47).
3. Stellt euch vor, ihr sollt eine moderne Version des Märchens erfinden. Vorgaben dafür gibt es keine. Schreibt oder zeichnet eure Version und stellt sie der Klasse vor.

Glück haben und glücklich sein

„Glück haben" und „glücklich sein" sind zwei verschiedene Sachen. „Glück haben" bezeichnet eher einen günstigen Zufall: Zum Beispiel, wenn man sich bei einem Sturz mit dem Fahrrad nicht verletzt, oder im Vokabeltest eine Zwei schreibt, ohne dafür gelernt zu haben. „Glücklich sein" dagegen beschreibt einen Zustand der Zufriedenheit, des Wohlergehens, z. B., wenn man eine schwierige Aufgabe bewältigt hat, oder Zeit mit seinen Freunden verbringt.

Ich bin glücklich

Manchmal
darf ich länger aufbleiben
und im Fernsehen
den Krimi angucken.
Manchmal
bleibt der Kasten dunkel.
Und wir reden zusammen,
meine Eltern und ich.
Manchmal
schreibe ich eine Sechs
oder Fünf
in Mathematik.

„Junge, Junge!",
sagt mein Vater.
Und meine Mutter fragt:
„Was soll ich bloß machen?"
„Du?", sage ich. „Gar nichts!
Ich muss ja rechnen."
„Schlau bist du",
sagt meine Mutter und lacht.
Und ich überlege,
ob ich mich anstrengen soll.
Beim nächsten Mal.
Vielleicht eine Vier schreiben,
oder Drei? Mal sehen!
Ich bin glücklich.

(Lisa-Marie Blum. In: Brigitte. H. 7/1997, S. 119)

1. Überlegt euch für „Glück haben" und „glücklich sein" jeweils ein Beispiel aus dem eigenen Erfahrungsbereich. Begründet die jeweilige Zuordnung.
2. Erörtert, welche Gründe ausschlaggebend dafür sein könnten, dass der Junge sich glücklich fühlt. Lassen sich seine Gründe des Glücklichseins für andere verallgemeinern? Was müsste eurer Meinung nach noch ergänzt werden?
3. Betätigt euch als „Künstler" zum Thema Glück: Schreibt ein eigenes Gedicht oder ein Akrostichon*, überlegt euch einen selbst verfassten Spruch, oder fertigt eine Collage* an.

Dem Glück auf die Sprünge helfen

 1. Wählt Artikel aus, die für das Glück der Menschen sehr wichtig sind, und begründet eure Wahl.
2. Tauscht euch darüber aus, ob man viele Dinge besitzen muss, um glücklich zu sein.

Was Glücksforscher meinen

Menschen sind dann glücklich, wenn sie

- … keine finanziellen Nöte haben
- … schöne/angenehme/positive Erlebnisse haben.
- … das tun, was sie gut können.
- … selbst über ihr Leben entscheiden können.
- … beachtet werden.
- … darauf achten, sich nach Anstrengung wieder zu erholen.
- … in einer Gemeinschaft sind und dort gebraucht werden.

 3. Erstellt eine Tabelle mit zwei Spalten, in der ihr den verschiedenen Wegen zum Glück Möglichkeiten zuordnet.

Wege zum Glück	Möglichkeiten
sich erholen	in der Sonne liegen

4. Überprüft, welche Aussage der Glücksforscher für euch große Bedeutung hat.

Die Glücksvorstellungen der Menschen sind verschieden und wechselnd. Ebenso unterschiedlich wie die Vorstellungen über das Glück selbst sind die über die Wege, es zu finden. Eine Vielzahl von Ratgebern sind in den letzten Jahren erschienen, die den richtigen Weg zum Glück garantieren sollen.

Genieße den Augenblick! Lebe nicht nur in der Vergangenheit oder für das Morgen; gestern ist vergangen und morgen noch weit. Du lebst jetzt.

Nimm dir Zeit für deine Freunde! Ausgiebig quatschen und lachen, sich trösten und gemeinsame Erlebnisse wirken wie Glücksperlen.

Jeden Tag eine gute Tat! Wer andere Menschen glücklich macht, freut sich auch selbst.

Reg dich nicht unnötig auf! Wer bei jeder Kritik ausrastet, verdirbt sich und anderen die Laune.

Schiele nicht nach dem, was du nicht hast, freue dich an Dingen, die du hast!

Lerne Neues! Wer knifflige Aufgaben löst und dabei Freude empfindet, aktiviert das Belohnungssystem im Gehirn.

Fernseher und Handy aus! Gönne dir und deinen Gedanken Ruhe, du wirst sehen, wie das entspannt.

Führe ein Glückstagebuch! Halte für dich selbst fest, worüber du dich gefreut hast. Das können auch Kleinigkeiten sein.

Treibe Sport! Bei körperlicher Anstrengung werden Serotonin und Endorphine freigesetzt, die Glücksgefühle auslösen.

Anleitung zum Glücklichsein
(Frei nach Vigo. Jugendmagazin der AOK. H. 2007, 11)

1. Tauscht euch in Partnerarbeit darüber aus, ob und warum bzw. warum nicht die Ratschläge funktionieren.
2. Stell dir vor, du sollst jemandem einen Tipp geben, wie er glücklich werden kann. Notiere drei Ratschläge, die du ihm gibst.

Vorstellungen von einer glücklichen Zukunft

Wenn ich 25 Jahre bin, möchte ich wie mein Vater Schlossermeister mit einer eigenen Werkstatt sein. Ich möchte in der Nähe von meinen Eltern wohnen und eine eigene Familie haben. Ob ich Kinder haben will, weiß ich noch nicht. Auf jeden Fall möchte ich gern ein eigenes Auto haben, an dem ich in meiner Freizeit rumschrauben kann. (Emilie, 12 Jahre)

Ich möchte studieren und Lehrerin für die Grundschule werden. Ich möchte den Kindern Lesen, Schreiben und Rechnen beibringen. Wenn das nicht klappt, könnte ich mir auch vorstellen, als Dolmetscherin zu arbeiten, weil Englisch mein Lieblingsfach ist. In der Freizeit möchte ich Reisen nach Afrika und Amerika unternehmen. Später will ich auch eine eigene Familie mit zwei Kindern haben. (Julia, 11 Jahre)

So richtig kann ich mir meine Zukunft noch nicht vorstellen. Erst mal möchte ich die Schule beenden und dann etwas mit Comics lernen, vielleicht Zeichner. Ich habe eine große Comicsammlung und habe schon mehrere Zeichenkurse belegt. In meiner Freizeit will ich weiter Fußball spielen und bei Spielen von Hannover 96 ins Stadion gehen. (Ben, 12 Jahre)

Ich möchte in einem Zirkus leben, als Artistin und Tierdompteurin auftreten und von Stadt zu Stadt ziehen mit einem großen Zirkuszelt. Ich liebe Zirkus. (Maria, 11 Jahre)

1. Filtert heraus, wie Emilie, Julia, Ben und Maria ihre Vorstellungen von der Zukunft begründen.
2. Tauscht euch darüber aus, ob ihr ihre Zukunftsvorstellungen verstehen könnt und wie ihr Leben in Zukunft wohl aussieht.
3. Legt dar, ob ihr ähnliche oder ganz andere Vorstellungen habt.

Glück und Lebensgestaltung

Über die eigene Zukunft nachdenken

Über die eigene Zukunft nachzudenken bedeutet, sich klar darüber zu werden, wie man sich aus heutiger Sicht sein weiteres Leben vorstellt.

Zukunftsfragen

In welchen Berufen könnte ich mir vorstellen zu arbeiten?
Verkäufer, Maurer, Polizistin, Feuerwehrmann, Computerspezialistin …

Wo und wie möchte ich wohnen?
Großstadt, Kleinstadt, Dorf, Haus, Mietwohnung …

Was wird mir sonst noch besonders wichtig sein?
Ehrlichkeit, Freunde …

Wie stelle ich mir meine Familie vor?
Großfamilie, Kinder …

Wie möchte ich meine Freizeit verbringen?
Lesen, Reisen, Basteln, Garten …

Was möchte ich gern besitzen?
Geld, Haus, Haustier, tolle Kleider …

1. Notiert, wie eure Zukunftsideen aussehen, und tauscht euch in kleinen Gruppen über eure Antworten aus.

2. Gedankenexperiment (siehe S. 114): Stellt euch vor, ihr steigt in eine Zeitmaschine, mit der ihr in die Zukunft reisen könnt. In welche Zeit würdet ihr reisen? Wie würde sich euer Leben in dieser Zeit gestalten? Tauscht euch darüber aus.

Erfüllte und unerfüllte Wünsche

Wünsche
- materielle*
  - erfüllbare
  - nicht erfüllbare
- ideelle*
  - erfüllbare
  - nicht erfüllbare

1. Findet für jede Art von Wünschen mindestens ein Beispiel.
2. Wünsche können auch anders geordnet werden. Zum Beispiel nach dem Adressaten (Wünsche an mich – Wünsche von mir an andere), der Zeit (Wünsche für das Heute – Wünsche für die Zukunft), dem Umfang (große – kleine). Findet auch dafür Beispiele.
3. Erzählt euch in Tandems von eurem jeweils größten Wunsch. Erläutert, warum er für euch so bedeutsam ist.

Der Wunsch aller Wünsche

Der Schriftsteller Michael Ende erzählt in seinem Buch „Die Zauberschule" von drei Zauberern: Herrn Borstenbinder, Herrn Siebenzylinder und Herrn Wasdunichtmeinst. Die drei versprechen den Kindern einer kleinen Stadt, ihnen einen Wunsch zu erfüllen, gleichgültig, was sie sich wünschen. Die Kinder sind ganz mutig und kess und so wünschen sie sich, jeder Wunsch, den sie äußern, solle sich erfüllen. So geschah es.

1. Stellt euch vor, alle Schüler eurer Klasse sollen sich auf einen Wunsch einigen. Dies geh mit der **1-2-ALLE-Methode**.
   1: Stell dir vor, die Zauberer fragen dich. Was würdest *du* dir wünschen?
   2: Vergleiche deinen Wunsch mit einem Partner. Tauscht euch beide leise aus und einigt euch.
   ALLE: Stellt euren Vorschlag der Gruppe vor. Versucht euch auf einen Wunsch zu einigen.
2. Manches Kind in der Stadt fragte sich: Sind die drei Zauberer gut oder böse? Begründe.

> Da war schon ein Jahr so gegangen
> Und der Zauber hielt immer noch an!
> Die Kinder begannen zu bangen,
> denn kann man stets alles erlangen, verliert man die Freude daran.
> Und sie wünschten sich weniger Tag für Tag:
> Alles kriegen ist unausstehlich!
> Und wenn einer sich gar nichts mehr wünschen mag,
> dann macht ihn auch gar nichts mehr fröhlich.
> Die Kinder saßen mit traurigem Blick
> unter all ihren Schätzen – im Missgeschick.

(Michael Ende: Die Zauberschule. Thienemann, Stuttgart 2008, S. 88 f.)

3. Erkläre, warum die Kinder traurig sind, obwohl alle ihre Wünsche in Erfüllung gehen.
4. Hilf den Kindern: unterbreite einen Vorschlag, wie sie von ihrem einstigen Wunsch loskommen können.

Ein Portfolio gestalten

Thema: „Ich und meine Zukunft"

Der Begriff Portfolio ist aus dem Kunstunterricht bekannt als eine Mappe mit ausgewählten Arbeiten. Ein Portfolio kann aber viel mehr sein als eine bloße Sammlung. Mit einer Portfoliomappe kannst du zeigen und für dich besser nachvollziehen, wie du arbeitest und lernst. Deshalb sollen auch nicht nur fertige Arbeitsergebnisse in deine Mappe, sondern auch Zwischenschritte wie beispielsweise Ideensammlungen, Skizzen und Überlegungen. Somit können alle (du, deine Mitschüler, deine Eltern und Lehrer) besser überblicken, wie deine Ergebnisse zustande kommen und was du während der Portfolioarbeit gelernt hast. Es gibt verschiedene Arten von Portfolios. Hier lernst du ein Beispiel für ein Prozessportfolio kennen, bei dem (wie der Name es schon sagt) der Lernprozess im Vordergrund steht.

Ziele unserer Portfolioarbeit

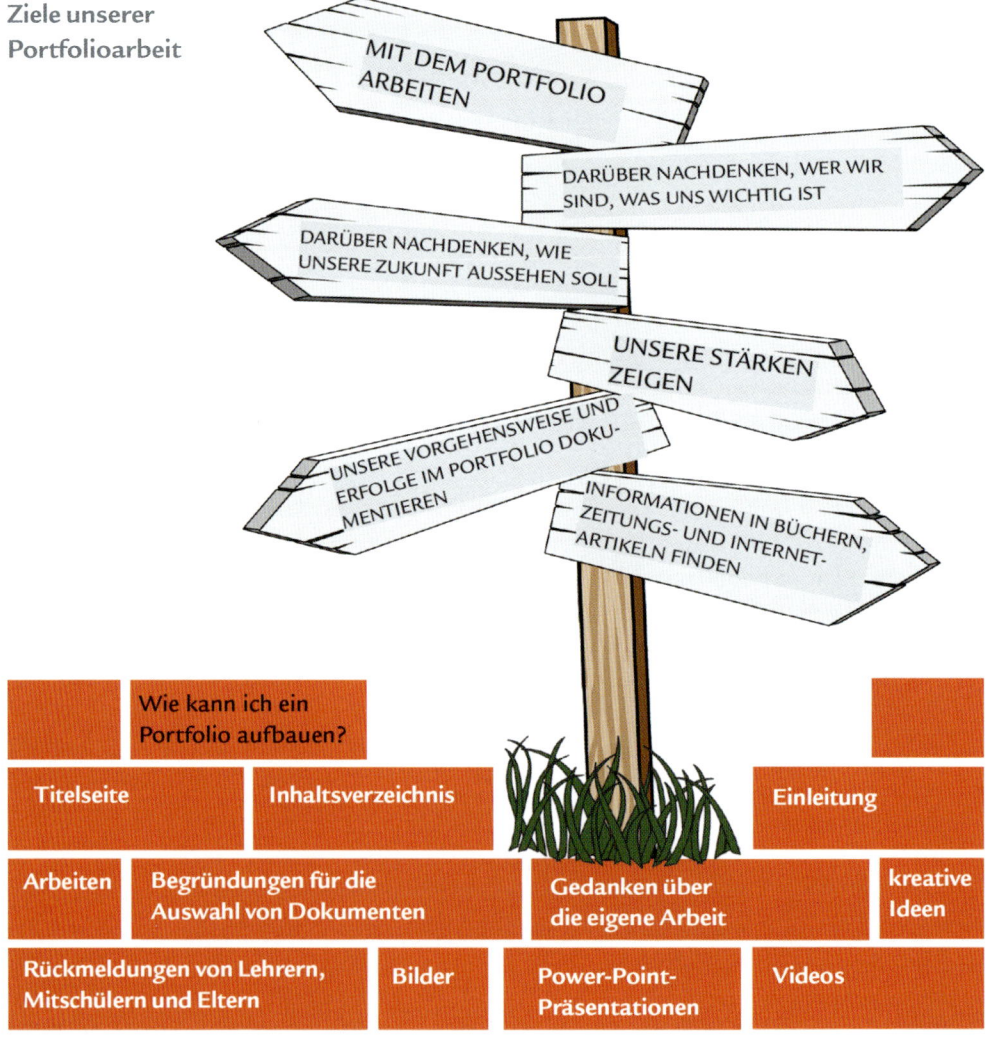

Glück und Lebensgestaltung 55

1. Habt ihr schon einmal ein Portfolio erstellt? Berichtet davon.
2. Besprecht miteinander, welche „Bausteine" für eure Portfolioarbeit wichtig sind.

Ihr könnt in eure Portfolioarbeit auch die Fächer Deutsch und Kunst miteinbeziehen.

3. Aufgaben für unser Portfolio – Bearbeitet diese Aufgaben der Reihe nach.
   a) Sammelt vier Texte, in denen eine Person (z. B. Musikstar, Fußballer, …) und deren Lebensgeschichte vorgestellt wird. Das können zum Beispiel Buchtexte, Zeitungs- und Internetartikel sein.
   b) Wählt zwei Texte davon aus, die euch besonders gut gefallen. Begründet die Auswahl schriftlich.
   c) Fertigt zwei verschiedene Werkstücke zu den eigenen Zukunftsvorstellungen an. Wie und wo seht ihr euch in zehn Jahren? Wie die Werkstücke aussehen sollen, ist euch überlassen (kreatives Schreiben, Plakat, Collage*, Fotogeschichte, Tagebucheinträge, …). Kennt ihr die Gestaltungsmerkmale eurer Werkstücke? Wenn nicht, dann informiert euch zuerst im Internet oder mithilfe von Büchern.
   d) Schreibt zu beiden Werkstücken einen kurzen Text, in dem ihr euer Werkstück erklärt, und sagt, warum ihr es so gestaltet habt.

Ihr könnt auch euren Steckbrief und euer „Aquarium" (siehe S. 57) in das Portfolio geben.

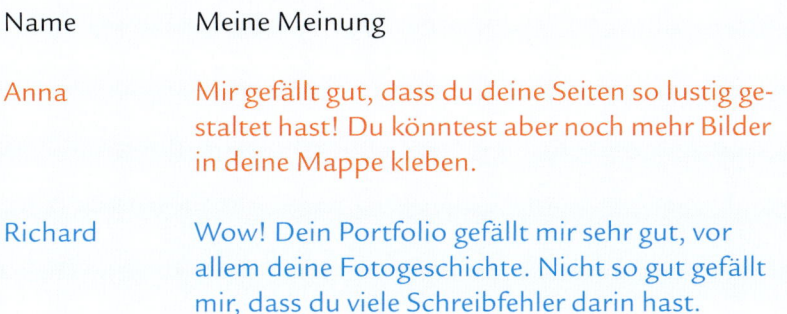

Das ist das Portfolio von Lars! Bitte sag mir ehrlich, was du davon hältst!

Ich und meine Zukunft

Name	Meine Meinung
Anna	Mir gefällt gut, dass du deine Seiten so lustig gestaltet hast! Du könntest aber noch mehr Bilder in deine Mappe kleben.
Richard	Wow! Dein Portfolio gefällt mir sehr gut, vor allem deine Fotogeschichte. Nicht so gut gefällt mir, dass du viele Schreibfehler darin hast.

4. Möchtet ihr zu euren Portfolios auch eine Rückmeldung von euren Mitschülern? Dann fertigt nach dem Muster einen ebensolchen Bogen an.
5. Beantwortet nach Beendigung eurer Portfolioarbeit folgende Fragen:
   › Was hat mir gut an der Arbeit mit dem Portfolio gefallen und was nicht?
   › Wo gab es Probleme?
   › Was kann ich bei meiner nächsten Portfolioarbeit besser machen?

2.2 Einen Lebensentwurf entwickeln

Was mir wichtig ist

Wenn alles, was künftig geschieht, nur Möglichkeiten sind, ist es dann überhaupt sinnvoll, die Zukunft zu planen? Der Philosoph* Epikur (341–270 v. u. Z.) meint dazu:

 Es ist […] zu bedenken, dass die Zukunft weder vollständig in unserer Gewalt ist, noch vollständig unserer Gewalt entzogen. Wir werden also niemals erwarten, dass das Künftige sicher eintreten wird, noch daran verzweifeln, dass es jemals eintreten werde.

(Epikur: Brief an Menoikeus. In: Epikur: Philosophie der Freude. Insel, Leipzig 1988, S. 56)

 1. Erörtert, was es bedeutet, dass die „Zukunft weder vollständig in unserer Gewalt noch vollständig unserer Gewalt entzogen ist".

Wenn ich drei Wünsche frei hätte

Stell dir vor, du findest nach einer stürmischen Nacht am Strand einen goldenen Ring. Du hebst ihn auf und steckst ihn in die Hosentasche, um ihn später zu Hause genauer anzusehen.
Dort angekommen, reibst du den Sand ab und plötzlich sitzt eine blaue Nixe in deinem Zimmer. Sie verkündet, dass du drei Wünsche frei hast, weil du den Ring der Meerjungfrau gefunden hast. Du willst gerade anfangen, dir das neuste Smartphone bringen zu lassen, da ergänzt sie: „Es sind jedoch nur Wünsche erlaubt, die nicht mit Geld zu bezahlen sind, ich bin schließlich kein Versandhaus!"

 Ebene 1
2. Überlegt, welche drei Wünsche ihr am liebsten erfüllt haben möchtet. Notiert diese anonym* auf einem Zettel. Sammelt die Zettel ein.
3. Lest die gemischten Wünsche laut vor und vergleicht sie.
4. Überprüft, ob die Wünsche der Vorgabe „Ich bin schließlich kein Versandhaus" entsprechen.
Ebene 2
5. Sortiert eure Wünsche nun der Wichtigkeit nach und wertet aus, welche Wünsche am häufigsten in eurer Klasse vorkamen. Was bedeutet das?
6. Sortiert die Wünsche erneut, diesmal nach ihren Inhalten. Arbeitet heraus, ob sich bestimmte Arten von Wünschen in eurer Klasse häufen.
7. Besprecht in Auswertung der Aufgaben 5 und 6, was ein Wunsch über denjenigen aussagt, der ihn hat.
8. Viele Menschen haben ganz kleine Wünsche und schaffen es trotzdem nicht immer, diese zu verwirklichen. Oft hängen diese nicht vom Geld ab, sondern sie erfordern Zeit und Mühe.
    › Überlegt, wem ihr einen solchen Wunsch erfüllen könntet und was ihr dafür tun müsst. Setzt euer Vorhaben in die Tat um.
    › Besprecht hinterher, wie derjenige oder diejenige auf eure „Aktion" reagiert hat und wie ihr euch gefühlt habt.

Was Äpfel, Murmeln und Cola mit dem eigenen Leben zu tun haben

Ein Lehrer hat verschiedene Gegenstände vor sich liegen. Wortlos füllt er ein Aquarium bis zum Rand mit Äpfeln. Dann fragt er, ob das Aquarium voll sei. Alle meinen: „Ja!" Daraufhin schüttet er Murmeln in das Aquarium und bewegt es sachte hin und her. Die Murmeln rollen in die Zwischenräume. Wieder fragt er, ob das Aquarium voll sei. Die Schüler stimmen zu. Er jedoch schüttet Sand hinein. Der Sand füllt auch die kleinsten Zwischenräume aus. Die Frage, ob das Aquarium nun voll sei, erübrigt sich. Jetzt holt der Lehrer zwei große Flaschen Cola aus der Tasche und schüttet den Inhalt in das Aquarium. Die Schüler sind irritiert, dann lachen sie laut.

„Betrachtet dieses Aquarium als Sinnbild eures Lebens", erklärt er. „Die Äpfel stellen die wichtigen Dinge im Leben dar – Familie, Gesundheit, Freunde ... Wenn ihr einmal alles verliert und nur noch diese Dinge bleiben, dann wäre euer Leben dennoch erfüllt. Die Murmeln verkörpern andere Dinge wie Handy, Schule, eure Lieblingssneaker. Der Sand symbolisiert* Kleinigkeiten. Wenn ihr den Sand zuerst in das Aquarium gebt, bleibt weder Platz für die Murmeln noch für die Äpfel. Dasselbe gilt für euer Leben: Wenn ihr alle Zeit und Kraft in Kleinigkeiten investiert, dann werdet ihr nie Platz für die wichtigen Dinge haben. Vergesst die Äpfel in eurem Leben nicht!" Eine Schülerin will wissen, was mit der Cola sei. Der Lehrer schmunzelt: „Gut, dass du das fragst. Ich wollte euch nur zeigen, dass für etwas Genuss im Leben, z. B. eine Cola im Freibad, immer noch Platz ist."

(Frei nach http://www.gesundheit.de/medizin/psychologie/gesunde-seele/die-geschichte-vom-blumentopf-und-dem-bier; 05.03.2018)

1. Erläutert, welche Dinge die Cola symbolisiert*?
2. Zeichnet euer eigenes Aquarium. Schreibt in die Äpfel und zu den Murmeln, Sandkörnern und Colatropfen die Dinge, die euch wichtig sind. Überlegt genau, welches wirklich wichtige Dinge und was nur Kleinigkeiten sind.
3. Vielen Menschen ist es wichtig, teure Dinge zu besitzen: ein schnelles Auto, schicke Kleidung ... Letztlich ist das alles Geld. Diskutiert darüber, wie wichtig für euch Geld ist.

Den eigenen Lebensweg finden

Leben wird häufig als Unterwegssein verstanden. Dabei zeigt sich, dass – anders als im Lebensentwurf, der meist von einem einzigen Ziel und einem Weg dahin ausgeht – das Leben viele Wege und Wegkreuzungen bereithält. Der Maler Paul Klee (1879–1940) hat dies in einem bekannten Gemälde festgehalten, das der 17-jährigen Schülerin als Vorlage diente.

1. Analysiert das Bild „Hauptweg und Nebenwege" mithilfe der Bildanalyse (siehe S. 186).
2. Was bedeutet es, „seinen Weg zu gehen"?

3. Gestaltet mit künstlerischen Mitteln (Essay, Gedicht, Rap, Collage, Bild o. Ä.) eure Vorstellung vom eigenen Lebensweg.

Ob man glücklich und mit seinem Leben zufrieden ist, hängt auch davon ab, ob man Träume und Hoffnungen für das eigene Leben hat. Sie treiben einen vorwärts, sie motivieren uns, nicht gleich aufzugeben, wenn man auf Schwierigkeiten stößt.

> Dreams
>
> Hold fast to dreams
> For when dreams die
> Life is a broken-winged bird
> That cannot fly.
>
> Hold fast to dreams
> For when dreams go
> Life is a barren field
> Frozen with snow.
>
> (Langston Hughes: Dreams. In: http://www.poets.org/viewmedia.php/prmMID/16075; 03.08.2017))

1. Übersetzt in Partnerarbeit das Gedicht von Langston Hughes (1902–1967) und tragt eure Übersetzung vor.
2. Setzt euch im Ping-Pong* mit der Aussage des Gedichts auseinander.
3. Befragt Erwachsene (Großeltern, Eltern, Bekannte) nach Lebensträumen, die sie in ihrer Jugend hatten, und was daraus geworden ist. Erkundet, wovon sie heute träumen.
4. Gestaltet eine Mindmap* zu eurem Lebenstraum. Welche Faktoren nehmen Einfluss auf seine Verwirklichung?

2.3 Der Umgang mit Erfolg und Misserfolg

1. Betrachtet das Bild und diskutiert, was es mit Erfolg und Misserfolg zu tun hat.
2. Überlegt, wann ihr einmal in einer Situation wart, in der es um Erfolg oder Misserfolg ging.
3. Tauscht euch über solche Situationen aus.
4. Prüft, ob folgender Ausspruch auf eure Beispiele zutrifft: „Misserfolge bereiten Erfolge oft vor."

Glück und Lebensgestaltung | 61

Was ist Erfolg? Was ist Misserfolg?

> *Erfolg* bedeutet, ein selbst gesetztes Ziel zu erreichen. Bedeutungsähnliche Begriffe sind z.B. Gelingen, Gewinn, Sieg, Durchbruch.
> *Misserfolg* bedeutet, ein selbst gesetztes Ziel nicht zu erreichen. Bedeutungsähnliche Begriffe sind Fehlschlag, Niederlage, Versagen, Enttäuschung.

D

1. Lest die Definitionen zu den Begriffen „Erfolg" und „Misserfolg" und tauscht euch anhand von eigenen Beispielen darüber aus.
2. Gebt für jedes der bedeutungsähnlichen Worte ein Beispiel und arbeitet das Besondere gegenüber den Wörtern „Erfolg" oder „Misserfolg" heraus.
3. Stellt die Bedeutung eines Begriffs bildlich dar.
4. Fertigt mit euren Bildern eine Ausstellung an und sprecht über eure Gedanken zu den Darstellungen.

A

Folgende Beispiele können euch als Anregung dienen:

5. Fragen zur Bildbetrachtung:
   a) Welcher Begriff ist dargestellt?
   b) Was soll die Darstellung hervorheben?
   c) Welche Gedanken und Gefühle löst das Bild bei euch aus?
   d) Welche Fragen zum Bild stellen sich euch?
   e) Wenn es sich bei dem Bild nur um einen Ausschnitt handelt: Wie würdet ihr das Bild weiterzeichnen?

A

Erfolg hat viele Gesichter

A
1. Seht euch die Bilder an und tauscht euch darüber aus, welche Facetten von Erfolg sie zum Ausdruck bringen.
2. Schneidet aus Zeitungen und Illustrierten Fotos und Überschriften zum Thema „Erfolg" aus und fertigt mit ihnen Collagen* an.
3. Diskutiert über folgenden Ausspruch des Philosophen* Arthur Schopenhauer (1788–1860):

Q
> Der Mensch für sich allein vermag gar wenig und ist ein verlassener Robinson, nur in der Gemeinschaft mit den anderen ist und vermag er viel.

Ulrikes Vier

Erfolg bemisst sich nicht für jeden gleich. Was der eine als Erfolg ansieht, das wertet ein anderer vielleicht als einen Misserfolg.

Ulrike kommt strahlend aus der Schule. Sie kann es noch gar nicht fassen: Endlich hat sie eine Vier im Diktat geschrieben, eine glatte, runde, richtige Vier! Endlich hat das viele Üben Sinn gehabt und Erfolg gebracht! Ulrike ist so stolz! Nur schnell nach Hause! Sie muss es gleich Mutter sagen, ganz schnell, damit die sich mitfreuen kann. Ulrike […] hastet nach Hause. Mutter steht im Garten und unterhält sich mit einer Nachbarin. Da kann es Ulrike nicht mehr für sich behalten.

„Mutti", ruft sie schon an der Gartentür, „Mutti, ich habe eine Vier im Diktat, eine richtige Vier!" Die Mutter wirft einen unsicheren Blick zur Nachbarin, verabschiedet sich schnell, und dann sagt sie. „Ja, ja, Ulrike, komm mit rein." Sie geht in die Küche. Ulrike folgt ihr enttäuscht. „Freust du dich denn nicht über meine Vier?" „Doch, doch, sicher", sagt Mutter. „Natürlich freue ich mich. Aber muss denn gleich jeder hören, wie schlecht du in der Schule bist? Du hast uns eben ganz schön blamiert."

(Gisela Schütz: Ulrikes Vier. In: Rolf Krenzer/Richard Rogge (Hg.): Kurze Geschichten zum Vorlesen und Nacherzählen. Bd. 2. Kösel, München 1981, S. 68)

1. Was denkt ihr, war Ulrike erfolgreich oder nicht? Erläutert, woran ihr das merkt.
2. Stellt euch vor, ihr seid Ulrikes Mutter. Wie sollte sie reagieren? Schreibt einen kleinen Dialog und spielt (siehe S. 76) ihn mit einem Partner vor.
3. Erzählt, ob auch ihr schon einmal etwas Ähnliches wie Ulrike erlebt habt.

Wie komme ich zum Erfolg?

4. Welche Worte haben am meisten mit Erfolg zu tun? Ergänzt weitere Begriffe, die euch einfallen. Stellt eine Rangordnung der Begriffe her.

Auch Misserfolge gehören zum Leben

"Ina, leider ist das wieder nur eine Vier."

1. Seht euch die Bilder an und tauscht euch darüber aus, welche Facetten von Misserfolg sie zum Ausdruck bringen.
2. Führt ein Texttheater zum Begriff „Misserfolg" auf. So geht es:
   a) Jeder notiert ein Wort oder einen Satz, den er mit dem Begriff „Misserfolg" verbindet, auf einem Stück Papier. Stellt euch wie ein Chor auf. Eine Person wird als Dirigent bzw. Dirigentin bestimmt.
   b) Der Dirigent zeigt nacheinander auf die Personen, die dann ihre Aussage vorlesen. Dabei kann der Dirigent Akzente setzen, indem er einzelne Personen mehrmals auffordert und die Reihenfolge der Textbeiträge bestimmt.
   c) Tauscht euch über die Wirkung des Texttheaters aus. Stellt dem ein Texttheater zum Begriff „Erfolg" gegenüber.

Misserfolge als Denkanstöße

Misserfolge können uns zum Nachdenken anregen und so eine Chance für Veränderungen und neue Entwicklungen sein.

Jule hat sich zum Geburtstag ein Smartphone gewünscht. Leider hat sie es nicht bekommen.

Peter kommt morgens schlecht aus dem Bett. Daher verspätet er sich oft zum Unterricht und wird dafür getadelt.

Beim Langstreckenlauf kommt Nele immer als Letzte ins Ziel, obwohl sie sich wirklich anstrengt.

Tina will einen Kuchen für ihren Geburtstag backen, vergisst aber, ihn rechtzeitig aus dem Ofen zu nehmen, sodass ein Teil verbrennt.

Lucas hat für das Diktat so geübt und es ist doch wieder eine schlechte Note geworden.

Ben möchte mit Anna befreundet sein. Deshalb lädt er sie ins Kino ein. Aber Anna lehnt ab.

Ole hat sich bei einem Talentwettbewerb im Fernsehen beworben. Leider hat er eine Absage bekommen.

Greta will ihrer Mutti eine Freude machen, indem sie den Frühstückstisch mit ihrem Lieblingsgeschirr deckt. Dabei fällt ihr eine Tasse herunter und zerbricht.

Timo ist begeisterter Tennisspieler. Aber die letzten fünf Spiele hat er haushoch verloren.

1. Lest die Fälle und tauscht euch über ähnliche Erfahrungen aus.
2. Erfindet weitere Situationen und schreibt sie auf kleine Kärtchen.
3. Schneidet die Kärtchen aus und legt sie mit der Schrift nach unten auf den Tisch.
4. Wählt zu zweit abwechselnd eine Karte, deckt sie auf und diskutiert: Was kann man aus einer solchen Situation lernen, um aus einem Misserfolg einen Erfolg zu machen?

Auswirkungen von Erfolg und Misserfolg

Erfolg und Misserfolg können unterschiedliche Auswirkungen auf das eigene Handeln haben. Erfolg in der Schule, etwa eine gute Note oder ein Sieg der eigenen Mannschaft im Sportunterricht, kann Ansporn sein. Wer aber immer nur Erfolg hat, fühlt sich durch ihn vielleicht gar nicht mehr besonders motiviert. Ein Misserfolg kann enttäuschen, entmutigen, aber auch zu mehr Anstrengungsbereitschaft herausfordern. Welche Möglichkeiten gibt es, mit Erfolg und Misserfolg umzugehen?

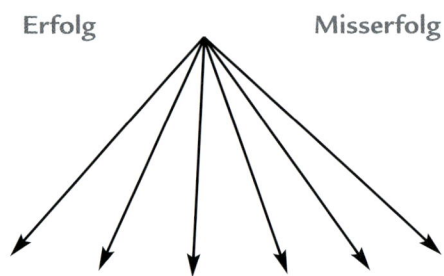

Fallbeispiele

> **Peter** ist kein guter Schüler. Vor allem in Mathematik fällt ihm das Lernen schwer. Auch die letzte Mathematikarbeit hat er gerade noch so bestanden. In der nächsten Woche ist wieder eine Arbeit angekündigt. Wenn Peter daran denkt, treten ihm Schweißperlen auf die Stirn. Am liebsten würde er gleich zu Hause bleiben …

> **Theresa** ist eine begeisterte Schlittschuhläuferin. Seit ihrem fünften Lebensjahr trainiert sie regelmäßig und hat auch schon viele Wettkämpfe erfolgreich bestanden. Am liebsten würde sie ihr Hobby später einmal zu ihrem Beruf machen. Demnächst wird sich entscheiden, ob sie in den Nachwuchskader ihres Sportclubs aufgenommen wird. Täglich trainiert Theresa daher mehrere Stunden …

> **Paul** ist mit seinen Eltern erst vor kurzer Zeit in die Stadt gezogen. In seiner Klasse fühlt er sich noch fremd. Auch Freunde hat er noch nicht gefunden. Da sein 11. Geburtstag in der kommenden Woche ansteht, haben seine Eltern ihm vorgeschlagen, einige Klassenkameraden dazu einzuladen …

1. Versetzt euch nacheinander in die Situation von Peter, Theresa und Paul und überlegt eine Fortsetzung, die mit großer Wahrscheinlichkeit zum Erfolg führt, und eine, die Misserfolg wahrscheinlich macht. Spielt euch (siehe S. 76) die Fortsetzungen gegenseitig vor.
2. Erläutert, was in den Beispielen den Erfolg, bzw. den Misserfolg ausmacht.
3. Schließt aus euren Fortsetzungen auf Faktoren, die Erfolg oder Misserfolg begünstigen. Fertigt dazu ein Schaubild an.

Misserfolge können ausgrenzen

Sara ist ein kleines, molliges Mädchen. Weil ihr das Rechnen schwerfällt, hat sie schon zwei Mal eine Klasse wiederholt. Sie hätte gern eine Freundin in der Klasse, aber niemand möchte mit ihr befreundet sein. Neulich hat sie Lisa zu ihrem Geburtstag eingeladen, aber die hat mit den Worten „Tut mir leid. Da habe ich einen Zahnarzttermin." abgelehnt. „Das war bestimmt eine Ausrede", denkt Sara.

In den Pausen ist Sara meist allein. Sie schämt sich, weil die anderen manchmal über sie tuscheln.

Einmal hat Sara all ihren Mut zusammengenommen. Zu Hause hat sie sich überlegt, womit sie Lisa imponieren könnte. Dabei ist ihr eingefallen, dass Lisa bei einem Kurzvortrag über ihr Hobby gesprochen hat. Lisa sammelt leidenschaftlich Briefmarken. Sara hat ihr ganzes Taschengeld für Briefmarken mit bunten Schmetterlingen ausgegeben und sie Lisa in der großen Pause auf dem Schulhof geschenkt. Die hat sie verwundert angesehen und sich für die Marken bedankt. Dann hat sie sich umgedreht und ist zu ihrer Freundin Mareike gegangen. Sara wäre am liebsten im Erdboden versunken, so jämmerlich hat sie sich gefühlt.

Eigentlich will sie gar nicht mehr zur Schule gehen, weil sowieso keiner etwas mit ihr zu tun haben will. Die Lehrerin, Frau Schulte, denkt bestimmt, dass sie dumm ist. In der letzten Mathearbeit hat es nicht einmal für eine Vier gereicht. Dabei bekommt Sara zwei Mal in der Woche Nachhilfeunterricht. Wenn sie mit Maria, einer jungen Studentin, die Aufgaben übt, macht sie kaum Fehler. Vor der Klassenarbeit verlässt Sara aber regelmäßig der Mut. Ihre Hände werden feucht und ihr Herz beginnt zu rasen. „Ich kann das nicht", hämmert es in ihrem Kopf. „Ich bin ein Versager. Ich bin dumm und keiner mag mich. Ich habe alles versucht, aber nichts gelingt mir."

1. Lest den Text und arbeitet heraus, was Sara versucht hat, um aus ihrer Außenseiterposition herauszukommen.
2. Diskutiert in Gruppen darüber, warum ihre Versuche scheitern, und erarbeitet Lösungsvorschläge.
3. Studiert zu diesem Text ein Rollenspiel (siehe S. 76) in drei Teilen ein, in denen ihr die jeweilige Situation zu einem positiven Ende führt.
4. Spielt euch die Szenen gegenseitig vor und diskutiert über eure Lösungsvorschläge.

Erfolg um jeden Preis?

„Erfolg um jeden Preis" ist ein US-amerikanischer Film von Douglas Barr. Erzählt wird die Geschichte der Turnerin Andie Bradley, deren Traum es ist, an den Olympischen Spielen teilzunehmen. Als ihr angeboten wird, mit dem besten Trainer der USA zu trainieren und sich auf die Wettkämpfe vorzubereiten, stimmt sie zu. Sie zieht mit ihren Eltern in eine für sie fremde Stadt, weit weg von ihrem gewohnten Umfeld und ihren besten Freunden.

Als sie von ihrem Trainer auf ihr Gewicht angesprochen wird, beginnt sie zu hungern. In einem Umfeld der Dünnen und Sportlichen fühlt sie sich auch dann noch zu dick, als sie mehr und mehr Gewicht verliert. Andies Eltern und ihre Freunde bemerken, wie sehr sie sich verändert, wissen aber nicht, wie sie ihr helfen können. Auch Andie bemerkt diese Veränderungen. Das Hungern ist für sie zum Zwang geworden. Sie kann sich nicht dagegen wehren.

Nach einigen Monaten ist Andie so geschwächt, dass sie sich bei einem Wettbewerb am Stufenbarren verletzt und ins Krankenhaus gebracht wird. Dort besucht sie ihr Trainer und versichert ihr, dass er immer nur das Beste für sie gewollt habe.

Obwohl die Eltern entscheiden, wieder zurück nach Hause zu ziehen, will Andie nach der Entlassung aus dem Krankenhaus ganz normal weitertrainieren. Als sie aber mitbekommt, dass ihr Trainer inzwischen eine neue Turnerin trainiert, die er auch auf ihr Gewicht anspricht, entscheidet sie sich für einen anderen Weg. Sie kehrt mit ihren Eltern in die alte Heimat zurück und schließt sich einer Selbsthilfegruppe an.

In der letzten Szene des Filmes betritt Andie ihre alte Turnhalle und beginnt mit einem leichten Training an den Turngeräten.

Ⓐ 1. Legt dar, wie Andie versucht, Erfolg zu erreichen, und welchen Preis sie dafür bezahlt.
   2. Arbeitet heraus, wie ihr Trainer, ihre Familie und Freunde darauf reagieren.
   3. Was würdet ihr an Andies Stelle dem Trainer sagen?
   4. Erzählt eine Fortsetzung der Geschichte.

Ü 5. Gruppenarbeit: Erarbeitet einen Kurzvortrag.
   › Gruppe A: Informiert euch im Internet über Essstörungen*, z. B. Magersucht.
   › Gruppe B: Informiert euch im Internet über Selbsthilfegruppen für Magersüchtige.

Erfolg hat seinen Preis

Hey Leute,

ich bin Daniel. Ich bin 14 Jahre, 1,70 m groß und wiege 68 Kilo. Das war nicht immer so. Noch vor zwei Jahren wog ich 15 Kilo mehr und war einige Zentimeter kleiner als heute. Nach der Schule saß ich die meiste Zeit vor dem Computer.
Dazu gab es die eine oder andere Pizza, Cola und Chips. So ging das Tag für Tag, meist auch an den Wochenenden. Freunde hatte ich nicht, brauchte ich auch nicht. Ich hatte ja sowieso anderes zu tun. Meine Eltern arbeiteten viel und in Schichten, sodass sie wenig davon mitbekamen, wie ich meine Freizeit verbrachte. Bewegt habe ich mich so gut wie gar nicht. Es war nicht so, dass ich unter der Situation besonders gelitten hätte. Daher wollte ich auch nichts ändern, bis ich Christoph in einem Feriencamp kennenlernte.
Christoph ist Pfadfinder. In seiner Freizeit ist er viel mit seiner Jugendgruppe unterwegs. Sie unternehmen gemeinsam Fahrten, campen in der Natur, machen viel Sport, führen Erkundungen durch und betätigen sich ehrenamtlich* bei Hilfsaktionen oder Altpapiersammlungen. Er hat mich ein paar Mal mitgenommen und es hat mir gefallen. Mit Christoph und den anderen konnte ich mich gut unterhalten. Mir gefiel, wofür sie sich alles interessierten und was sie zusammen unternahmen. Ich wollte dabei sein. Dadurch saß ich viel weniger vor dem Rechner, habe ich mich mehr bewegt und war viel in der Natur.
Ich habe mich nach und nach immer besser gefühlt, körperlich und geistig. Dann habe ich mich mit Christoph zweimal in der Woche zum Laufen verabredet und ohne viel darüber nachzudenken, habe ich weniger und anderes gegessen. Bei den Pfadfindern legt man Wert auf gesunde Ernährung, die schmeckt. Das hat mich überzeugt.
Wenn ihr mich fragt, wie ich mich heute fühle, kann ich nur sagen, viel besser als früher. Klar musste ich mich manchmal auch überwinden, aber hinterher habe ich mich immer gut gefühlt.
Ja, mein Erfolg hat seinen Preis, aber einen, der es mir wert ist.

Euer Daniel

1. Diskutiert, worin der Erfolg von Daniel besteht und welchen Preis er dafür zahlt.
2. Antwortet Daniel in einem Brief.
3. Arbeitet die Gemeinsamkeiten und Unterschiede zwischen den Geschichten von Andie Bradley (siehe S. 68) und Daniel heraus.
4. Informiert euch über die Pfadfinderbewegung und erarbeitet mit den Informationen ein Poster.
5. Was gehört eurer Meinung nach zu einer gesunden und glücklichen Lebensweise? Fertigt dazu ein Cluster* an.

Bedingungen für Erfolg und Misserfolg

Ein Gleichnis deuten

Als ich ein kleiner Junge war, war ich vollkommen vom Zirkus fasziniert, und am meisten gefielen mir die Tiere. Vor allem der Elefant hatte es mir angetan. Wie ich später erfuhr, ist er das Lieblingstier vieler Kinder. Während der Zirkusvorstellung stellte das riesige Tier sein ungeheures Gewicht, seine eindrucksvolle Größe und seine Kraft zur Schau. Nach der Vorstellung und auch in der Zeit bis kurz vor seinem Auftritt blieb der Elefant immer am Fuß an einem kleinen Pflock angekettet. Der Pflock war allerdings nichts weiter als ein winziges Stück Holz, das kaum ein paar Zentimeter tief in der Erde steckte. Und obwohl die Kette mächtig und schwer war, stand für mich ganz außer Zweifel, dass ein Tier, das die Kraft hatte, einen Baum mitsamt der Wurzel auszureißen, sich mit Leichtigkeit von einem solchen Pflock befreien und fliehen konnte. Dieses Rätsel beschäftigt mich bis heute. Was hält ihn zurück? Warum macht er sich nicht auf und davon? ... Vor einigen Jahren fand ich heraus, dass zu meinem Glück doch schon jemand weise genug war, die Antwort auf die Frage zu finden: *Der Elefant flieht nicht, weil er schon seit frühester Kindheit an einen solchen Pflock gekettet ist.* Ich schloss die Augen und stellte mir den wehrlosen neugeborenen Elefanten am Pflock vor. Ich war mir sicher, dass er in diesem Moment schubst, zieht und schwitzt und sich zu befreien versucht. Und trotz aller Anstrengung gelingt es ihm nicht, weil dieser Pflock zu fest in der Erde steckt. Ich stelle mir vor, dass er erschöpft einschläft und es am nächsten Tag gleich wieder probiert, und am nächsten Tag wieder, und am nächsten ... Bis eines Tages, eines für seine Zukunft verhängnisvollen Tages, das Tier seine Ohnmacht akzeptiert und sich in sein Schicksal fügt. Dieser riesige, mächtige Elefant, den wir aus dem Zirkus kennen, flieht nicht, weil der Ärmste glaubt, dass er es nicht *kann*. Allzu tief hat sich die Erinnerung daran, wie ohnmächtig er sich kurz nach seiner Geburt gefühlt

hat, in sein Gedächtnis eingebrannt. Und das Schlimmste dabei ist, dass er diese Erinnerung nie wieder ernsthaft hinterfragt hat. Nie wieder hat er versucht, seine Kraft auf die Probe zu stellen.

(Jorge Bucay: Komm, ich erzähl dir eine Geschichte. Amman, Zürich 2005, S. 7f.)

1. Lest die Geschichte laut vor.
2. Legt dar, welche Erklärung die Geschichte dafür liefert, dass der Elefant sich nicht auf und davon macht. Könnte es noch andere Erklärungen geben?
3. Erörtert, wofür der Pflock, an den der Elefant seit frühester Kindheit gekettet ist, ein Beispiel sein könnte.
4. Tauscht euch darüber aus, ob auch ihr glaubt, etwas nicht zu können, obwohl ihr es noch nie oder lange nicht ausprobiert habt.
5. Zieht Schlussfolgerungen aus dem Nachdenken über diese Geschichte für euer Handeln.

Eine Alternativgeschichte schreiben

Eine Alternativgeschichte ist eine erdachte Geschichte, die ab einem bestimmten Zeitpunkt von der ursprünglichen abweicht. Der Beginn bleibt also gleich:

Als ich ein kleiner Junge war, war ich vollkommen vom Zirkus fasziniert, und am meisten gefielen mir die Tiere. Vor allem der Elefant hatte es mir angetan. Wie ich später erfuhr, ist er das Lieblingstier vieler Kinder. Während der Zirkusvorstellung stellte das riesige Tier sein ungeheures Gewicht, seine eindrucksvolle Größe und seine Kraft zur Schau. Nach der Vorstellung und auch in der Zeit bis kurz vor seinem Auftritt blieb der Elefant immer am Fuß an einem kleinen Pflock angekettet.

Und hier beginnt die Alternative zur ursprünglichen Geschichte:

> Aber eines Tages fasste der Elefant einen Entschluss. Zuerst zog er nur ein wenig an seiner Fußkette, dann etwas mehr und schließlich befreite er sich vollends und marschierte mit erhobenem Haupt aus dem Zirkus hinaus. Die kleine Welt des Zirkus war ihm zu eng geworden. Er wollte etwas von der Welt sehen. Mit schweren Schritten bahnte er sich den Weg durch die breiten Straßen der Stadt. Die Autos hatten große Mühe, ihm auszuweichen, und auch die Fußgänger staunten über dieses ungewöhnliche Bild. Es dauerte nicht lange und der Elefant hatte die Grenze der Stadt erreicht und setzte seinen Weg fort nach …

6. Schreibt eine Fortsetzung der Geschichte und stellt sie euch gegenseitig vor.
7. Verfasst eine eigene Alternativgeschichte zu dem Gleichnis und stellt sie euch gegenseitig vor.

Wege zum Erfolg
Die eigenen Glaubenssätze hinterfragen

Glaubenssätze* sind Aussagen, von denen wir zutiefst überzeugt sind, obwohl wir sie nie oder schon lange nicht mehr hinterfragt haben. Glaubenssätze umschreiben oft Einschränkungen, z. B. „Ich kann nicht gut rechnen." „Ich bin unsportlich." „Ich kann kein Stangenklettern."
Solche Gedanken können durch frühere Erlebnisse begründet sein. Doch gelten sie damit auch heute oder gar für immer?

Fragen zur Überprüfung von Glaubenssätzen

Wer sagt das?	Könnte es etwas übertrieben sein?
Trifft das hier und jetzt zu?	Was würde passieren, wenn ich diesen Gedanken einfach ignoriere?
Ist das wirklich immer so?	Was würde es für mich bedeuten, wenn das Gegenteil der Fall wäre?

1. Überlegt zu zweit, welche tiefen Überzeugungen euch mitunter in eurem Denken und Tun einschränken oder behindern. Formuliert eine solche Überzeugung als Satz und schreibt ihn auf.
2. Stellt euch die Fragen zur Überprüfung von Glaubenssätzen und beantwortet sie möglichst aufrichtig. Lasst euch dafür ausreichend Zeit.
3. Positioniert euch nach der Überprüfung eurer Glaubenssätze zu folgenden Aussagen und tauscht euch darüber aus.
   › „Ich kann nicht gut Vorträge halten."
   › „Meine Eltern lassen nicht mit sich reden."
   › „Die Lehrerin kann mich nicht leiden."
   › „Keiner mag mich."
   › „Ich habe Angst vor Klassenarbeiten."
4. Diskutiert über den Ausspruch des Philosophen* Markus Aurelius (121–180):

> Nicht die Dinge an sich sind es, die uns beunruhigen, sondern vielmehr, was wir über diese Dinge denken.

Glück und Lebensgestaltung

Herausfinden, wo man steht

Für die folgenden Übungen benötigst du sechs Karteikarten oder sechs Notizblätter, auf die du deine Gedanken zu einigen Fragen schreibst. Beantworte die Fragen nacheinander. Nimm dir dafür Zeit und lasse keine Frage aus.

> Wo befindest du dich gerade?
> Wo verbringst du deine Freizeit?
> Hast du einen Lieblingsort?

> Was tust du dort, wo du dich am meisten und/oder am liebsten aufhältst?
> Tust du es allein oder mit anderen?

> Was kannst du besonders gut?
> Was fällt dir besonders leicht?

> Was gefällt dir so an dieser Tätigkeit?
> Was macht dir besonders Freude?

> Wie nehmen die anderen dein Tun wahr?
> Welche Rückmeldungen bekommst du?

> Was bedeutet es für dich, diese Fähigkeit/dieses Talent zu haben?
> Wie beeinflusst diese Fähigkeit/dieses Talent deinen Charakter?

1. Schreibt eure Antworten auf jede der Fragen auf separate Karten oder Blätter.
2. Sucht euch eine Partnerin oder einen Partner der/dem ihr vertraut.
3. Tauscht euch über eure Antworten in der vorgegebenen Reihenfolge aus.
4. Zum Schluss fasst jeder für sich zusammen, was er über sich herausgefunden hat, indem er folgende Sätze vollendet:
    › Besonders gern mache ich …
    › Besonders gut kann ich …
    › Ich bin besonders …
5. Stellt eurer Partnerin/eurem Partner eure Einsichten vor.

Gemeinsam zum Erfolg

Von dem Philosophen* Arthur Schopenhauer (1788–1860) stammt der Ausspruch:

> Der Mensch für sich allein vermag gar wenig und ist ein verlassener Robinson: nur in der Gemeinschaft mit anderen ist und vermag er viel.

Oft lassen sich Ziele nur gemeinsam mit Gleichgesinnten erreichen. Das weiß jeder, der in einer Sportmannschaft oder einer Band spielt, in der Jugendfeuerwehr aktiv ist, in einem Theaterstück mitwirkt oder bei einem Projekt wie „Herausforderungen" mitmacht, bei dem Jugendliche auf sich gestellt ein paar Tage ohne Handy und ohne Erwachsene unterwegs sind. Stets kommt es darauf an, ein gemeinsames Ziel zu haben, das alle verbindet, und auf dieses Ziel hinzuarbeiten, Absprachen zu treffen und einzuhalten, sich aufeinander zu verlassen, sich um die Erreichung des Ziels zu mühen.

Ü
1. Findet weitere Beispiele dafür, dass nur durch gemeinsames Wirken ein Erfolg möglich ist.
2. Stellt euch vor, in den Situationen, die auf den Bildern zu sehen sind, macht jeder, was er will. Protokolliert das Ergebnis.
3. Organisiert ein Fest in eurer Klasse. Findet einen passenden Anlass, überlegt mithilfe einer Mindmap*, was notwendig zu tun ist, damit das Fest ein Erfolg wird, verteilt die Aufgaben, feiert euer Fest.
4. Reflektiert hinterher, ob und warum euer Fest „gelungen" war und was ihr beim nächsten Mal besser machen könnt.

Stufen zum Erfolg

Jeder möchte gern Erfolg haben. Bei manchen geht es vor allem um Erfolg in der Schule oder im Sport, bei anderen um Erfolg in der Familie oder im Freundeskreis. Auch wenn man ihn nicht erzwingen kann, man kann doch einiges dafür tun, indem man verschiedene Stufen durchläuft.

5 Ich bin stolz auf meinen Erfolg.

4 Ich setze mein Vorhaben Schritt für Schritt um, registriere meine Teilerfolge und lasse mich von Schwierigkeiten nicht verunsichern.

3 Ich mache mir noch einmal meine Stärken klar und überlege mir, wer oder was mich bei meinem Vorhaben unterstützen kann.

2 Ich teile meinen Weg zum Ziel in Etappen.

1 Ich formuliere ein Ziel, das ich erreichen will.

1. Wählt etwas aus, womit ihr in nächster Zeit erfolgreich sein wollt, und zeichnet euch einen Plan mit einer Treppe zu eurem Ziel.
2. Stufen können sehr unterschiedlich beschaffen sein. In einem Stufenspiel treffen die Spieler in der gleichen Entscheidungssituation in mehreren Runden aufeinander und spielen unterschiedliche Fortsetzungen dieser Situation. Spielt folgende Situationen als Stufenspiel weiter:
    a) Erik und Tom spielen in einer Fußballmannschaft. Beide haben in dieser Saison für ihre Mannschaft schon zehn Tore geschossen. Wer von beiden wird der Torschützenkönig?
    b) Anna möchte mit ihrer Freundin Julia im Sommer eine Woche an der Ostsee campen. Ihre Eltern sind dagegen.
3. Diskutiert, welche der Fortsetzungen ihr favorisieren würdet, und begründet eure Wahl.

Rollenspiel

Rollenspiele eröffnen die Möglichkeit, eine ungewohnte Perspektive einzunehmen (Jungen spielen Mädchen, Kinder spielen Erwachsene usw.). Beim Rollenspiel wird eine Ausgangssituation vorgegeben. Der Spielverlauf entwickelt sich maßgeblich aus den Aktionen der Spieler. Folgender Ablauf eines Rollenspiels hat sich bewährt:

1. Einigung auf ein bestimmtes Thema bzw. eine Ausgangssituation, zu dem/ zu der ein Rollenspiel durchgeführt werden soll.

2. Festlegung der Rollen. Den Rollenträgern (Spielern) wird etwas Zeit eingeräumt, um sich in ihre Rolle „einzudenken" und sich Argumente für ihre Rolle zu überlegen.

3. Bestimmung von Beobachtungsaufgaben für die nicht unmittelbar am Spiel beteiligten Schüler.

4. Ein Rollenspiel kann zum gleichen Anlass auch mit wechselnden Rollen und in mehrmaligen Spielversuchen durchgeführt werden.

5. In der Auswertung des Rollenspiels werden – auf der Grundlage der Beobachtungsaufgaben – die Argumente der Rollenträger beurteilt. Die Rollenträger stellen sich den Anfragen ihrer Mitschüler.

An einem Flussufer sitzt pudelnass der Misserfolg. Gerade hatte er versucht, den Fluss zu überqueren, indem er von einem Stein zum nächsten sprang. Doch bereits beim dritten rutschte er ab und fiel ins Wasser. Pitschnass brach er den Versuch ab. Nun sitzt er wieder am Ausgangspunkt. Mutlos hadert er mit sich: „Hätte ich es doch gleich gelassen. Das konnte ja nur schiefgehen."
Just in diesem Moment kommt der Erfolg gut gelaunt daher. „Was gibt's? Kann ich helfen?"

P
1. Spielt in Kleingruppen die Situation weiter. Überlegt dazu, ob ihr eine Erfolgs- oder eine Misserfolgsgeschichte darstellen wollt, und spielt eure Variante der Geschichte vor.
2. Wertet, nachdem alle Gruppen ihre Variante vorgespielt haben, aus, wodurch ein Reinfall doch noch zum Erfolg werden konnte bzw. wodurch sich der Misserfolg verfestigt hat.

Zusammenfassung

Ankerbegriffe des 2. Kapitels

Lebensweg · Glücklichsein · Wege zum Erfolg · Lebensträume · Wünsche · Glück haben · Erfolg · Dinge gewichten · Misserfolg

Rekonstruiert mithilfe der Ankerbegriffe, was für euch zu einem glücklichen und erfolgreichen Leben gehört und was ihr dafür tun könnt.

Wichtige Gedanken aus dem 2. Kapitel

1. Niemand will freiwillig unglücklich sein, alle Menschen streben nach Glück. Die einen verstehen darunter den Besitz von Dingen, andere einen günstigen Zufall oder einen Zustand der Zufriedenheit.
2. Der Begriff „Glück" ist im Deutschen bunt schillernd. Mit ihm wird sowohl der glückliche Zufall als auch das Wohlfühlglück (glücklich sein) bezeichnet. Andere Sprachen, z.B. das Englische, besitzen dafür jeweils eigene Bezeichnungen.
3. Es gibt viele Ratgeber für den richtigen Weg zu Glück. Diese Ratgeber können das Nachdenken anregen, letztlich aber muss jeder für sich selbst ergründen, was ihn persönlich glücklich macht.
4. Lebensträume und das Nachdenken über den eigenen Lebensweg sind Bestandteil einer erfolgreichen Zukunft. Sie richten das Handeln auf wichtige Dinge aus und wirken motivierend, wenn es gilt, Schwierigkeiten zu überwinden.
5. Jeder Mensch möchte die Ziele, die er sich gestellt hat, erreichen, sprich: erfolgreich sein. Um erfolgreich zu sein, muss man feste Ziele haben, geeignete Mittel zu ihrer Erreichung mobilisieren und sich ggf. Hilfe und Unterstützung holen.
6. Auch Misserfolge gehören zum Leben. Es kommt darauf an, sich durch Misserfolge nicht entmutigen zu lassen und aus den begangenen Fehlern zu lernen.

Welche Gedanken aus diesem Kapitel findest du wichtig? Schreibe sie auf und begründe, warum gerade diese für dich wichtig sind.

3 Regeln für das Zusammenleben

3.1 Ohne Regeln geht es nicht

A
1. Betrachtet die Bilder und nennt weitere Formen des Zusammenlebens, in denen Regeln notwendig sind.
2. Notiert zu jeder Form des Zusammenlebens eine Regel.

Regeln im Miteinander

Wer denkt, dass es für das menschliche Miteinander ein Patentrezept gibt, der wird enttäuscht sein. So einfach ist es nicht. Menschliches Zusammenleben ist immer voller „Risiken". Es gibt aber einige Regeln und Prinzipien, die jeder kennen und beachten sollte, damit man gut durchs Leben kommt.

Menschen haben unterschiedliche Interessen und Bedürfnisse. Damit das Zusammenleben dennoch funktionieren kann, werden Regeln vereinbart. Die meisten Menschen erkennen diese Vereinbarungen an und halten sie ein.

Die frierenden Stachelschweine

Eine Gesellschaft Stachelschweine drängte sich an einem kalten Wintertag recht nahe zusammen, um sich durch die gegenseitige Wärme vor dem Erfrieren zu schützen. Jedoch empfanden sie bald die gegenseitigen Stacheln und gingen lieber wieder ein wenig weiter auseinander. Sobald sie wieder froren, krabbelten sie erneut zusammen, wobei sich nach kurzer Zeit das gleiche Problem ergab und sie sich stachen. So wurden sie zwischen den beiden Leiden Kälte und Schmerz hin und her geworfen, bis sie eine mäßige Entfernung voneinander gefunden hatten. In diesem Abstand zueinander war es zwar nie richtig warm, aber dafür taten die Stiche der Stacheln auch nicht weh. Wer viel eigene Wärme hat, bleibt der Gesellschaft am besten ganz fern.

(Arthur Schopenhauer: Parerga und Paralipomena. Bd. II. Diogenes, Zürich 1977, S. 708f.)

1. Erläutert, ob und ggf. inwiefern sich diese Geschichte auf menschliche Eigenschaften und Verhaltensweisen übertragen lässt.
2. Benennt Situationen aus eurem Alltag, die von ähnlichen Schwierigkeiten des Zusammenlebens handeln, wie sie auch Schopenhauer (1788–1860) aufgreift.
3. „Wer viel eigene Wärme hat, bleibt der Gesellschaft am besten ganz fern." Was haltet ihr von dem Ratschlag?
4. Erprobt im Rollenspiel (siehe S. 76) mögliche Varianten des Verhaltens in Alltagssituationen, die ihr euch unter 2. überlegt habt (z.B. mit Freunden, in der Schule, der Familie, in der Clique).

Absprachen sind (meist mündliche, auf eine bestimmte Situation oder einen Sachverhalt bezogene) Vereinbarungen, die das Entstehen von Enttäuschung und Streit vermeiden sollen. Beispiel: Als Geschwister habt ihr ein gemeinsames Geschenk – eine Spielkonsole – erhalten. Ihr vereinbart, dass ihr jeweils abwechselnd eine Woche die Konsole nutzt.

Regeln sind allgemeine Richtlinien oder Vorschriften für das Handeln und umfassen beispielsweise Verkehrsregeln, Benimmregeln, Schulregeln, Spielregeln und zahlreiche andere Vorschriften.

Rituale bezeichnen Verhaltensweisen, die mit Regelmäßigkeit zu bestimmten Anlässen in immer gleicher Form ablaufen. Beispiel: Das gemeinsame Frühstück am Wochenende.

Zusammenleben regeln

Kein Mensch lebt für sich allein. Jeder ist mit vielen unsichtbaren Fäden in eine Vielzahl sozialer Beziehungen und Gemeinschaften eingebunden. Dadurch ergibt sich ein regelrechtes Geflecht wechselseitiger Erwartungen und Pflichten, die sich in unterschiedlichen Verhaltensanforderungen und Regeln zeigen.

Ole in seinem Lebenskreis

1. Gebt jedem Bild einen Titel.
2. Bildet vier Gruppen. Jede Gruppe erarbeitet für eines der Bilder einen Katalog von Regeln, denen Ole in der jeweiligen Rolle* (als Mitschüler, Sohn …) ausgesetzt ist.
3. Fertigt eine Netzskizze an, in der ihr darstellt, welchen unterschiedlichen Erwartungen an das Verhalten ihr in euren Lebensrollen ausgesetzt seid.
4. Übernehmt die Tabelle in euren Hefter und notiert, welche Erwartungen an euch in den unterschiedlichen Rollen gestellt werden und welche Regeln sich daraus jeweils ergeben.

Rollen, die ich innehabe	Erwartungen, die daraus resultieren	Verhaltensregeln, die sich daraus ergeben

Regeln in der Familie

In jeder Familie gibt es feststehende Regeln, an die sich alle halten müssen, damit das Zusammenwirken klappt. Solche Regeln betreffen beispielsweise die Aufgabenverteilung innerhalb der Familie.

Familienpflichten

> Ich bin für unsere Katze Minka verantwortlich. Dazu gehört nicht nur, dass ich mit ihr schmusen und dass Minka in meinem Zimmer schlafen darf. Ich wollte unbedingt eine Katze haben. Nun muss ich auch das Katzenklo leeren, auch wenn ich mich davor lieber drücken würde.
> (Lea, 11 Jahre)

> Meine Eltern sind geschieden. Meine Mutti arbeitet als Sprechstundenhilfe in einer Arztpraxis und dienstags immer lang. Da muss ich meine kleine Schwester aus der Kita abholen. Einmal habe ich mich am Computer verzockt und es vergessen. Mutti wurde von der Arbeit weggeholt, um Nina abzuholen. Da gab es richtig Ärger. (Max, 12 Jahre)

Ämterplan in der Familie

Einkaufen   Kinderbetreuung   Kochen   Putzen   Geschirr spülen   Geld verwalten   Reparieren   Waschen   Zimmer aufräumen   Mülleimer leeren

1. Schreibt auf, welche Pflichten in eurer Familie anfallen und wer diese in der Regel erledigt.
2. Diskutiert, was passiert, wenn ihr die vereinbarten Regeln nicht einhaltet.
3. Verallgemeinere, wozu Regeln und Absprachen in der Familie gut sind.

Freundschaftsregeln

Wohl jeder Mensch sehnt sich danach, Freunde zu haben, jemanden, auf den man sich in jeder Situation unbedingt verlassen kann. Doch auch Freundschaft hält nicht von allein. Wer Freunde haben möchte, der muss anderen ein Freund/eine Freundin sein. Und auch für eine Freundschaft gelten Regeln.

- Zuneigung und Verbundenheit
- Sich nicht gegenseitig kritisieren
- Vertrauen zueinander
- Abhängigkeit
- Füreinander Verantwortung übernehmen
- Ehrlichkeit und Offenheit zueinander
- Verständnis für den Freund oder die Freundin
- Gegenseitige Achtung und Respekt*
- Sich selbst aufgeben
- Entscheidungen für den anderen mit treffen
- Tolerant und großzügig sein
- Auf den anderen eingehen
- Verschwiegenheit
- Gemeinsame Interessen und Ziele
- Gehorsam dem anderen gegenüber
- Gegen andere zusammenhalten

A 1. Nutzt die Wortkarten und formuliert mit deren Hilfe fünf Regeln, die man beherzigen sollte, um eine Freundschaft dauerhaft zu erhalten.
2. Formuliert drei „eigene" Verhaltensvorschriften, die in einer Freundschaft tabu sein sollten.

Keine Freundschaft ohne Streit?!

Freunde sind eng miteinander verbunden. Sie teilen Interessen und Hobbys. Sie mögen sich und helfen einander in der Not. Doch jede Freundschaft kennt auch Krisen, in denen sie sich bewähren muss.

Der Streit von zwei Seiten gesehen

Lotte: Na ja, eigentlich ging es darum, dass Pia mir ihren Badeanzug nicht leihen wollte. Ich konnte ja nichts dafür, dass sie zu der Party im Schwimmbad nicht eingeladen war. Für mich war es […] wichtig, dort hinzugehen (weil jemand Bestimmtes auch dort sein würde), und zwar nicht in dem ausgeleierten Ungetüm von Badeanzug […]. Ich wollte im Schwimmbad richtig toll aussehen, sexy – und dazu brauchte ich eben den neuen Badeanzug von Pia. […] Sie wollte das Ding einfach nicht rausrücken. Schlimmer noch, sie behauptete sogar, dass mir der Badeanzug sowieso nicht passen würde … Da bin ich dann richtig ausgerastet.

Pia: Erstens war das nicht irgendeine Party […], sondern der Geburtstag von diesem hinterhältigen Prinzesschen aus unserer Klasse. Lotte und ich hatten uns […] darauf geeinigt, dass diese Oberprimadonna total bescheuert und einfach unmöglich ist. Zweitens war das doch eine absolut billige Intrige, dass diese blöde Kuh Lotte einlädt und mich nicht. Die hatte damals nämlich schon seit ein paar Wochen keine feste beste Freundin mehr und hatte jetzt sicher Lotte im Visier! Drittens war das nicht nur irgendein Badeanzug, sondern DER Badeanzug. Knallpink mit lauter aufgenähten Blumen – todschick und SUPERSEXY! […]. Und den sollte ich ihr für diese Veranstaltung leihen, ohne ihn auch nur einmal getragen zu haben? […] Da habe ich dann einfach „Nein" gesagt. Und als Lotte […] mich als neidische Geizschlange bezeichnet hat, da bin ich halt auch gemein geworden.

(Franziska Biermann, Antje von Stemm: Zwei Freundinnen packen aus. Beltz, Weinheim 2002)

1. Lest beide Sichtweisen zur Streitsituation, vergleicht und beantwortet folgende Fragen:
   a) Was ist die Ursache des Streites?
   b) Wie reagieren Pia und Lotte?
   c) Wie kann der Streit beigelegt werden?
2. Berichtet über einen Streit (Meinungsverschiedenheit) mit eurer besten Freundin/eurem besten Freund. Erklärt, wie ihr den Streit gelöst habt.
3. Ist ein Streit zwischen Freunden anders als ein gewöhnlicher Streit? Erläutert eure Meinung.

Regeln in der Schule

Regeln gibt es überall. Besonders notwendig sind sie dort, wo viele Menschen aufeinandertreffen. Von klaren Regeln und ihrer Einhaltung profitieren nicht nur die Schüler, sondern auch die Lehrer.

Im Grundgesetz § 2, Artikel 2 heißt es:

> Jeder hat das Recht auf die freie Entfaltung seiner Persönlichkeit ...

Diesen Satz haben die Schüler der freien Schule von Freienburg wörtlich genommen.

1. Notiert möglichst alle Regeln, die in der abgebildeten Schule gelten.
2. Begründet danach fünf Regeln, die dazu beitragen könnten, dass aus dem Tollhaus Schule eine tolle Schule wird, in der gelernt werden kann.
3. Schaut euch eure Schulordnung einmal genauer an. Welche Regeln darin haltet ihr für entbehrlich? Welche für unerlässlich? Begründet eure Sichtweise.

Schulregeln gelten nicht nur für Schüler, sondern auch für Lehrer.

Regeln für Bestrafungen um 1890

Strafen haben folgende Stufenfolge:
a) ein ernster, strafender Blick
b) ein Wink oder eine sonstige Bewegung mit der Hand
c) ein Zuruf mit freundlicher Warnung
d) ein kurzes Wort des Tadels
e) ein strenger, ernster Verweis
f) Aufstehenlassen vom Platze, Heraustreten aus der Bankreihe oder Anweisung eines besonderen Sitzes. Wenn trotzdem der selbstsüchtige Wille des Schülers noch hartnäckig dem Gesetze widerstrebt, dann kann die körperliche Züchtigung eintreten.

(Carl Kehr: Die Praxis der Volksschule. Thienemann, Gotha 1890, S. 82)

Regeln und Rituale, die das Lernen fördern

Ingeborg Schramm war Lehrerin aus Leidenschaft. Sie unterrichtete an einem Gymnasium einer kleinen thüringischen Stadt. Sie berichtet:

Meine Schüler aller Klassenstufen sind zu Beginn einer jeden Unterrichtsstunde aufgestanden und wir haben uns dann begrüßt. Ich habe hierbei darauf geachtet, dass wir einander in die Augen schauen. Wenn bei der Begrüßung Unruhe herrschte, so bin ich ihr zuerst auf den Grund gegangen. Störungen haben immer Vorrang! Lieber am Anfang der Stunde fünf Minuten „opfern", als die gesamte Stunde über eine gewisse Unruhe spüren, die die Atmosphäre belastet und ein unbeschwertes Arbeiten verhindert.

(Ingeborg Schramm: Methodisches Handbuch für Ethiklehrer. Militzke, Leipzig 2011, S. 35)

1. Mit welchen Ritualen bzw. Regeln beginnen eure Lehrer ihre Unterrichtsstunden? Begründet, welche ihr gut findet.

2. Führt mit euren Eltern, Großeltern oder anderen älteren Menschen kurze Interviews (siehe S. 40) über ihren Schulalltag durch.
   › Bildet Gruppen und erarbeitet in der Gruppe einen Katalog von Fragen, die ihr stellen wollt. Besprecht, wie die Antworten festgehalten werden sollen.
   › Was habt ihr über die damaligen Schulregeln erfahren? Präsentiert eure Gruppenergebnisse in ansprechender Form (als Poster, Vortrag, szenisches Spiel o. Ä.).
   › Diskutiert, ob und welche der 1890 vorgesehenen Strafen für welche Vergehen noch heute angewendet werden (könnten).

Höflich oder unhöflich? – das ist hier die Frage

Ob in der Schule oder in der Freizeit – höfliches Bitten und Fragen sowie ein freundliches Dankeschön vereinfachen das Zusammenleben. Freundliche Umgangsformen sorgen für eine angenehme Atmosphäre. Deine Mitschülerinnen und Mitschüler fühlen sich respektiert* und geachtet. Es gibt viele Möglichkeiten, anderen höflich zu begegnen.

Zauberworte im Konjunktiv:
„Hätten Sie vielleicht einen Moment Zeit für mich?"

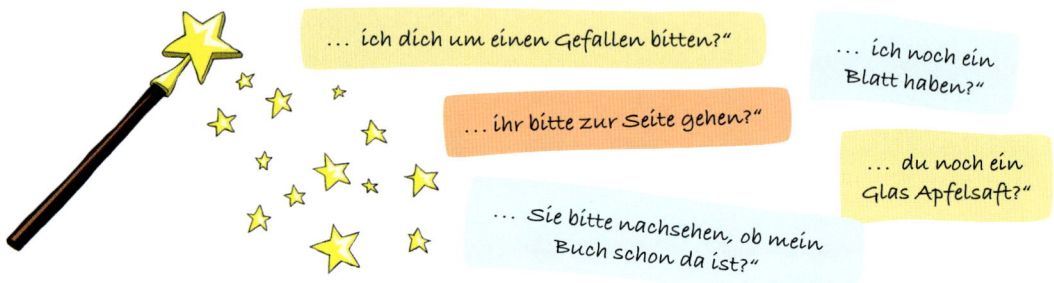

… ich dich um einen Gefallen bitten?"

… ich noch ein Blatt haben?"

… ihr bitte zur Seite gehen?"

… du noch ein Glas Apfelsaft?"

… Sie bitte nachsehen, ob mein Buch schon da ist?"

Ohne Höflichkeit geht nichts im Leben

 Wenn wir die Geduld verlieren und unsere Meinung dem Anderen einfach „an den Kopf knallen", dann berufen wir uns mit Vorliebe auf unsere Ehrlichkeit. Das Höfliche jedoch wird oft als Fratze verachtet. Dabei ist sie eine Gabe der Weisen. Ohne das Höfliche, das nicht im Gegensatz zur Wahrhaftigkeit unserer Worte steht, sondern das eine liebevolle Form für das Wahrhaftige ist, können wir nicht aufrichtig sein und zugleich mit anderen zusammenleben. Höflichkeit kennzeichnet die innere Bereitschaft, sich vorzustellen, wie sich Worte und Handlungen, die unseren eigenen Befindlichkeiten entsprechen, für unser Gegenüber ausnehmen. Sicher soll man die Wahrheit sagen, aber doch nicht so, dass sie den anderen wie ein Fausthieb zu Boden schmettert, sondern so, dass sie dem Anderen hilft, sie anzunehmen. Höflichkeit ist wie ein Mantel, der dem Anderen so hingehalten wird, dass er hineinschlüpfen kann.

(Frei nach Max Frisch: Tagebuch 1946–1949. Suhrkamp, Frankfurt 1973, S. 60 ff.)

1. Ergänzt in Partnerarbeit die fehlenden Satzanfänge bei den Beispielsätzen.
2. Sammelt mindestens sieben weitere Sätze in der Höflichkeitsform des Konjunktivs.
3. Gestaltet ein Klassenplakat zum Thema „Höfliche Fragen", indem ihr Fragen sammelt, die in eurer Klasse oft gestellt werden. Sucht euch acht Fragen aus und wandelt sie mithilfe der Höflichkeitsform des Konjunktivs um. Präsentiert eure Plakate im Klassenverband und hängt sie in eurem Klassenraum auf, damit ihr die höflichen Fragen im Schulalltag nutzen könnt.
4. Gebt mit eigenen Worten wieder, warum nach Max Frisch (1911–1991) Höflichkeit eine Grundnorm im Zusammenleben von Menschen ist.
5. Begründet, warum ihr ihm zustimmen bzw. nicht zustimmen könnt.

Benimmregeln

Gutes Benehmen ist wieder „in" – das hört man jetzt überall. Das klingt fast so, als wäre gutes Benehmen zeitweise „out" gewesen, als hätte es eine Zeit lang überhaupt keine Anstandsregeln gegeben. Jedoch Anstandsregeln waren immer und bei allen Völkern „in".

Zwei Gruppen von Anstandsregeln

Solche, bei denen es schön ist, wenn man sie befolgt. Aber eben nicht mehr. Wenn man z.B. weiß, in welcher Reihenfolge man bei einem Menü das Besteck benutzt. Verletzt man diese Regeln, dann tut man sich höchstens selbst weh, weil man sich unwohl fühlt oder als ungebildet angesehen wird.

Bei der anderen Art von Benimmregeln jedoch geht es um mehr: nämlich darum, anderen nicht zu schaden. Z. B. erklärt man einer Person, die durch einen Unfall entstellt ist, nicht, dass man sie hässlich findet. Eine solche Bemerkung würde diese Person verletzen und kränken. Bei dieser Art von Regeln geht es um das Wichtigste im Zusammenleben: um Rücksichtnahme auf andere.

(Frei nach Rainer Erlinger: Lügen haben rote Ohren. Omnibus, München 2007, S. 68 ff.)

1. Findet in Partnerarbeit für jede Art von Benimmregeln mindestens fünf Beispiele.
2. Sucht in Partnerarbeit Argumente dafür bzw. dagegen, warum beide Arten von Benimmregeln eingehalten werden sollten.
3. Was sind gute Umgangsformen? Nennt Beispiele für gutes Benehmen aus allen Bereichen des Zusammenlebens. Welche Vorteile bieten gute Umgangsformen?
4. Übertragt die Tabelle und ergänzt mindestens fünf Beispiele aus eurem Alltag.

Was erwarte ich von Erwachsenen/älteren Menschen?	Was erwarten Erwachsene/ältere Menschen von mir?
› dass sie anklopfen, bevor sie in mein Zimmer kommen	› dass ich in der Straßenbahn aufstehe

5. Verfasst ein Einmaleins des guten Benehmens für eure Klasse. Nehmt dabei vor allem solche Verhaltensweisen in den Blick, die ihr als störend empfindet, und versucht, diese durch entsprechende Vereinbarungen zu ändern.

Rituale begleiten uns durchs Leben

Jede Familie und jede Freundschaft hat ihre eigenen Regeln und Rituale. Aber auch im Sport, in der Politik, in Jugendgruppen und Religionen finden sich solche. Rituale lassen sich als immer wiederkehrende Handlungen beschreiben. Sie ordnen unser Leben. Durch ihren immer gleichen Ablauf sind sie für uns wie gute Bekannte. Sie geben uns Sicherheit.

Es muss feste Bräuche geben

„Es wäre besser gewesen, du wärst zur selben Stunde wiedergekommen", sagte der Fuchs. „Wenn du zum Beispiel um vier Uhr nachmittags kommst, kann ich um drei Uhr anfangen, glücklich zu sein. Je mehr die Zeit vergeht, umso glücklicher werde ich mich fühlen. Um vier werde ich mich schon aufregen und beunruhigen; ich werde erfahren, wie teuer das Glück ist. Wenn du aber irgendwann kommst, kann ich nie wissen, wann mein Herz da sein soll [...] Es muss feste Bräuche geben."

„Was heißt fester Brauch?", sagte der kleine Prinz.

„Auch etwas in Vergessenheit Geratenes", sagte der Fuchs. „Es ist das, was einen Tag vom anderen unterscheidet, eine Stunde von den anderen Stunden. Es gibt zum Beispiel einen Brauch bei meinen Jägern. Sie tanzen am Donnerstag mit den Mädchen des Dorfes. Daher ist Donnerstag der wunderbare Tag."

(Antoine de Saint-Exupéry: Der kleine Prinz. Volk und Welt, Berlin 1981, S. 68)

1. Findet Beispiele für Rituale in Sport, Politik, Religion und anderen Bereichen und beschreibt das jeweilige Ritual kurz.
2. Im Gespräch fragt der kleine Prinz: „Was heißt fester Brauch?" Erklärt, was damit gemeint ist.
3. Erläutert ein Ritual aus eurem Alltag, das ihr mögt.

Entschleunigung schafft Sicherheit

In einem Song beschreibt die Gruppe Silbermond, warum es wichtig ist, dass sich nicht ständig alles ändert und wir uns aufeinander verlassen können.

Irgendwas bleibt

Sag mir, dass dieser Ort hier sicher ist,
und alles Gute steht hier still.
Und dass das Wort, das du mir heute gibst,
morgen noch genauso gilt.
Diese Welt ist schnell
und hat verlernt, beständig zu sein.
Denn Versuchungen setzen ihre Frist.
Doch bitte schwör, dass, wenn ich wiederkomm,
alles noch beim Alten ist.

Gib mir 'n kleines bisschen Sicherheit,
in einer Welt, in der nichts sicher scheint.
Gib mir in dieser schnellen Zeit irgendwas,
das bleibt.
Gib mir einfach nur 'n bisschen Halt,
und wieg mich einfach nur in Sicherheit.
Hol mich aus dieser schnellen Zeit,
nimm mir ein bisschen Geschwindigkeit.
Gib mir was, irgendwas, das bleibt.

Auch wenn die Welt den Verstand verliert,
das hier bleibt unberührt.
Nichts passiert.

Gib mir 'n kleines bisschen Sicherheit,
in einer Welt, in der nichts sicher scheint.
Gib mir in dieser schnellen Zeit irgendwas das bleibt.
Gib mir einfach nur 'n bisschen Halt,
und wieg mich einfach nur in Sicherheit.
Hol mich aus dieser schnellen Zeit,
nimm mir ein bisschen Geschwindigkeit.
Gib mir was, irgendwas, das bleibt.

(Silbermond: http://www.songtexte.com/songtext/silbermond/irgendwas-bleibt-6bf55a3e.html; Zugriff: 26.06.2018)

1. Hört euch den Song auf Youtube an und tauscht euch darüber aus, wie er auf euch wirkt. Woran denkt ihr? Welche Bilder entstehen in eurem Kopf? An wen könnte der Songtext gerichtet sein?
2. Besprecht, wie ihr euch „eine Welt, die den Verstand verliert" vorstellt. Lebt ihr in einer solchen Welt?
3. Zählt Situationen auf, in denen ihr euch ein bisschen weniger Geschwindigkeit wünscht.
4. Stellt Rituale vor, die euch im Alltag wichtig sind, weil sie Sicherheit und Orientierung geben.

Familienrituale – aus Gewohnheiten Kraft schöpfen

Rituale, die als positiv empfunden werden, verbinden die Familienmitglieder miteinander. Oft werden diese immer wiederkehrenden Verhaltensweisen als wohltuender roter Faden im Alltag wahrgenommen, der Halt und Geborgenheit gibt.

Fragen zur Orientierung:

1. Werden wichtige Ereignisse (Geburtstage, Zeugnisausgabe) in der Familie gewürdigt oder gehen sie unbeachtet vorüber?

2. Wie entstehen aus dem Alltagsleben der Familie Rituale?

3. Wie hebt sich das Ritual zeitlich und räumlich aus dem Alltag ab? Hat es einen Anfang und ein Ende?

4. Werden durch das Ritual Energien zur Bewältigung der Zukunft freigesetzt?

5. Gibt es Symbole*, die den Sinn des Rituals zum Ausdruck bringen?

6. Lassen die Rituale Raum für Neuerungen und Spontanität?

7. In welcher Weise stärken Rituale das Zusammengehörigkeitsgefühl in der Familie?

- Versöhnungsrituale
- Urlaubsrituale
- Streitrituale
- Abschieds- und Begrüßungsrituale
- Essrituale
- Fernsehrituale
- Fest- und Feierrituale
- Belohnungs- und Bestrafungsrituale
- Besuchsrituale

 A 1. Arbeitet in Kleingruppen. Wählt ein Ritual aus und erläutert aus den Erfahrungen in euren eigenen Familien heraus,
  › welchen Sinn dieses Ritual haben soll,
  › wie sein Ablauf zu gestalten ist.

 Nutzt die Fragen in der Übersicht als Hilfen.

Rituale hinterfragen

Nicht jedes Ritual ist gut und hilfreich. Daher ist es manchmal gut, Rituale zu hinterfragen. Folgende Geschichte erzählt von einem Mann, der im Laufe seines Lebens viele Länder bereist hat, in denen er unterschiedliche Rituale kennengelernt hat. Eine Reise hat ihn besonders nachdenklich gemacht.

Im Land der langen Löffel

Dieses Land besteht nur aus zwei Zimmern, namens Schwarz und Weiß. Um es zu bereisen, braucht man nur den Gang entlangzugehen, bis dorthin, wo es sich gabelt. Möchte man das schwarze Zimmer besuchen, dann wendet man sich nach rechts, möchte man das weiße kennenlernen, so wendet man sich nach links. Der Mann ging den Gang entlang und bog einer Laune folgend zunächst nach rechts ab. [...] Bereits nach ein paar Schritten hörte er ein Ächzen und Stöhnen, das aus dem schwarzen Zimmer drang. Einen Moment lang zögerte er ob dieser Leidens- und Schmerzensbekundungen, doch dann fasste er sich ein Herz und ging weiter. Er kam an die Tür, öffnete sie und trat ein. Um einen riesigen Tisch herum waren etwa hundert Menschen versammelt. Auf dem Tisch standen die feinsten Speisen, die man sich nur vorstellen konnte, und obwohl jeder der Anwesenden einen Löffel hatte, mit dem er sie erreichen konnte, starben die Leute fast vor Hunger! Der Grund war: Die Löffel waren doppelt so lang wie ihre Arme, und sie waren an den Händen befestigt. So konnte sich zwar jeder der Speisen bedienen, aber niemand konnte seinen Löffel zum Mund führen. Die Lage war hoffnungslos und das Wehklagen so herzzerreißend, dass der Mann sich auf dem Absatz umdrehte und die Flucht ergriff. Er kehrte zum Hauptsaal zurück und schlug nun den Weg in den linken Gang ein, der in das weiße Zimmer mündete. Ein gleicher Gang wie der vorherige endete vor einer ähnlichen Tür. Der einzige Unterschied war, dass man unterwegs kein Klagen und Weinen hörte. Vor der Tür angelangt, drückte der Reisende auf die Klinke und betrat das Zimmer. Auch hier saßen etwa hundert Personen um einen ähnlichen Tisch herum wie im schwarzen Zimmer. Auch dort befanden sich ausgesuchte Speisen auf dem Tisch. Und jeder Anwesende hatte einen langen Löffel, der an seiner Hand festgemacht war. Aber hier beklagte sich niemand, und niemand lamentierte. Niemand war sterbenshungrig, nein, denn: Man fütterte sich gegenseitig! Der Mann lächelte, machte kehrt und verließ das weiße Zimmer.

(Jorge Bucay: Komm, ich erzähl dir eine Geschichte. Amman, Zürich 2005, S. 87f.)

1. Legt dar, welche Einsichten den Essensritualen im schwarzen und im weißen Zimmer zugrunde liegen. Formuliert zu beiden Zimmern eine Regel, der die Personen folgen.
2. Stellt diese Geschichte in einem (Stand-) Bild (siehe S. 148) dar.
3. Stellt euch vor, eine Person aus dem weißen Zimmer verirrt sich ins schwarze Zimmer. Mit welchen Argumenten könnte sie die Menschen dort zu einer Verhaltensänderung bewegen? Spielt (siehe S. 76) die Situation nach.

3.2 Von Goldenen und anderen Regeln

Ein Leitfaden für das Zusammenleben: die Goldene Regel

Einer der ältesten und bekanntesten Grundsätze, die das Zusammenleben unter den Menschen regeln sollen, ist die sogenannte Goldene Regel. Sie kommt in mannigfaltigen Formulierungen in fast allen Kulturen und Religionen vor.

> Handle gegenüber anderen so, wie du von ihnen behandelt sein willst.

> Was du nicht willst, das man dir tu, das füg auch keinem andern zu.

Q

> Füge anderen nicht Leid durch Taten zu, die dir selber Leid zufügten.
> (Buddhismus, 5. Jh. v. u. Z.)

> Füge anderen nichts zu, das, geschähe es dir, dich schmerzen würde.
> (Hinduismus, Mahabharanta, 3. Jh. v. u. Z.)

> Was du nicht leiden magst, das tue niemanden an.
> (Judaismus, Altes Testament, Buch Tobit, 200 v. u. Z.)

> Alles, was ihr wollt, dass euch die Menschen tun, also tuet auch ihr ihnen.
> (Christentum, Neues Testament, Mt. 7,12)

Ü 1. In vielen verschiedenen Religionen und Kulturen gibt es noch zahlreiche weitere Formulierungen für die Goldene Regel. Sucht in eurer Schulbibliothek bzw. im Internet nach entsprechenden Ergebnissen und entwerft in Kleingruppen ein Plakat, auf welchem ihr mit Kurzinformationen zu der jeweiligen Religion bzw. Kultur die unterschiedlichen Formulierungen festhaltet.

A 2. Wendet die Goldene Regel auf diese Fälle an:

   1. **Fall:** Ein Schulfreund hat dir sein neues Skateboard zum Ausprobieren geborgt. Durch einen unglücklichen Aufprall ist das Deck (Brett) unten leicht angerissen, was man aber kaum sieht. Wirst du den Schaden dem Mitschüler zeigen oder es doch lieber für dich behalten?
   2. **Fall:** Du bist schlecht auf eine Mathearbeit vorbereitet. Dein Nachbar hat zwar fleißig gelernt, aber er hat so seine Schwierigkeiten in Mathe. Ständig flüsterst du ihm zu, er solle dir helfen. Olaf, so heißt dein Nachbar, kann sich kaum noch konzentrieren. Wie könnte die Sache weitergehen?

Ein Gespräch über die Goldene Regel

„Oh Mann", sagte Ferdinand, „kommt jetzt so die Tränendrüsennummer: ‚Rücksicht auf Kinder, auf Alte, auf Behinderte'?"

„Meiner Meinung nach", sagte der Onkel, „ist eben die Rücksichtnahme wirklich das Wichtigste im täglichen Zusammenleben."

„Du meinst, dass ich niemanden schlagen soll, weil ich ja selber auch keine gesemmelt bekommen will?", sagte Ferdinand.

„Im Extremen, ja. Wobei ich selten in die Verlegenheit komme, jemanden schlagen zu wollen. Aber das mit der Rücksicht fängt schon viel früher an, bei Kleinigkeiten. Erst heute bin ich auf dem Gehweg entlanggegangen und mir kamen zwei Leute entgegen, nebeneinander. Die haben gar nicht daran gedacht, mich vorbeizulassen, sondern sind einfach geradeaus gelaufen, in der Erwartung, dass ich schon ausweiche oder mich in Luft auflöse."

„Und, hast du dich aufgelöst?"

„Nein, natürlich nicht. Ich bin dann auf die Straße ausgewichen. Aber die beiden hätten nur zwei Sekunden lang ein bisschen zur Seite gehen müssen. Fehlanzeige. Wenn man einmal anfängt aufzupassen, dann merkt man, wie rücksichtslos die meisten Leute sind und wie viel angenehmer das Leben wäre, wenn sich alle an die Goldene Regel halten würden."

„Gehört dann hierher auch dieses komische ‚Bitte überlassen Sie Ihren Sitzplatz Älteren' aus dem Bus?", fragte Ferdinand.

„Natürlich", antwortete der Onkel.

„Wieso? Meinetwegen braucht keiner aufzustehen. Dann muss ich es wohl nach dieser Goldenen Regel auch nicht."

„Doch, auf jeden Fall!", sagte der Onkel. „Stell dir mal vor, du hast ein Gipsbein oder dir beim Fußballspielen so wehgetan, dass du kaum noch stehen kannst. Dann würdest du dich doch auch setzen wollen."

„Ja, dann schon. Aber das steht doch nicht auf den Schildern."

„Wenn man das alles aufschreiben würde, passen die Schilder gar nicht mehr in den Bus. Deshalb schreibt man nur das mit den Älteren, weil es bei denen ganz typisch ist, dass sie sich oft schwerer tun. Es geht halt immer darum, dass man sich in den anderen hineinversetzt und sich dann überlegt, wie man in dessen Fall behandelt werden will."

(Rainer Erlinger: Lügen haben rote Ohren. List, Berlin 2004, S. 65 ff.)

1. Findet weitere Alltagssituationen, in denen die Goldene Regel als Richtschnur für gutes Verhalten dienen kann.
2. Diskutiert, welche Folgen es jeweils hätte, wenn man sich in diesen Situationen nicht an die Goldene Regel hielte.
3. Vergleicht die Goldene Regel mit dem christlichen Gebot der Nächstenliebe, das auf S. 173 behandelt wird.

Gebote – Verbote

Gesundheitsschädlich

Sehr giftig

Leichtentzündlich

Umweltgefährlich

A
1. Ergänzt euch bekannte Verbote und erläutert sie.
2. Wählt daraus zwei Verbote aus und gestaltet diese als Symbole*.

Regeln, Vereinbarungen und Vorschriften für das Zusammenleben können in verschiedenen Formen existieren. Allen gemeinsam ist, dass sie bestimmte Verhaltensweisen verlangen und andere verbieten. Gerade Kinder können davon oftmals „ein Lied singen".

Kindsein ist süß?
Tu dies! Tu das!
Und dieses lass!
Beeil dich doch!
Heb die Füße hoch!
Sitz nicht so krumm!
Mein Gott, bist du dumm!
Stopf's nicht in dich rein!
Lass das Singen sein!
Du kannst dich nur mopsen!
Hör auf zu hopsen!
Du machst mich verrückt!
Nie wird sich gebückt!
Schon wieder 'ne Vier!
Hol doch endlich Bier!
Sau dich nicht so ein!
Das schaffst du allein!
Mach dich nicht so breit!
Hab jetzt keine Zeit!
Lass das Geklecker!
Fall mir nicht auf den Wecker!
Mach die Tür leise zu!
Lass mich in Ruh!
Kindsein ist süß?
Kindsein ist mies!

*(Susanne Kilian: Kindsein ist süß?
In: Jeder Tag ist Muttertag. Sanssouci, München 2006, S. 17)*

1. Lies das Gedicht von Susanne Kilian und notiere in einer Tabelle mit zwei Spalten die ausgesprochenen Verbote und Gebote.
2. Diskutiert in Gruppenarbeit, welche Verbote und Gebote auch euch bekannt sind. Erstellt ein Plakat, in dem ihr weitere Verhaltensvorschriften aus eurem Familienalltag ergänzt. Hebt für euch wichtige Verbote hervor.
3. Gedankenexperiment (siehe S. 114): Stellt euch vor, in eurer Familie gäbe es keine derartigen Vereinbarungen. Wie sähe ein normaler Tagesablauf dann (Schultag oder Wochenende) aus? Verwendet folgenden Anfang:
Wenn es keine Verbote in meiner Familie gäbe, würde ich täglich erst mittags aufstehen. Danach ...

Haben drei mehr Rechte als einer?

Der amerikanische Philosoph* Gareth B. Matthews hat sich einmal zu der Frage, ob man Regeln überhaupt braucht, folgende Geschichte ausgedacht:

Wer darf über das Fernsehprogramm bestimmen?

Du sitzt vor dem Fernseher und willst die letzte Folge deiner Lieblingssendung sehen. Gemütlich sitzt du mit Chips, Cola und einer Stunde Zeit und Ruhe im Wohnzimmer. Es klingelt an der Tür, drei Kinder und zwei Erwachsene stürmen herein. Deine Mutter begrüßt sie etwas überrascht, kommt zu dir ins Wohnzimmer und stellt die drei Kinder vor, die du noch nie in deinem Leben gesehen hast. Deine Mutter geht in die Küche, um sich mit den Erwachsenen zu einem Tee zusammenzusetzen. Eines der Kinder nimmt die Fernbedienung des Fernsehers, schaltet um und besteht mit seinen Geschwistern darauf, die Sen-

dung auf dem anderen Kanal zu sehen. Das täten sie immer am Sonntag. Deine Einwände, dass dies die letzte Folge deines Lieblingsfilms sei, lassen sie nicht gelten. Sie wollen ihren Film sehen. Du gehst in die Küche und fragst leise deine Mutter, warum es eigentlich gerechter sein soll, wenn drei bekommen, was sie wollen, als wenn einer seinen Willen bekommt.

(Gareth B. Matthews: Philosophische Gespräche mit Kindern. Freese, Berlin 1989, S. 123)

1. Der Klügere gibt nach.
2. Der Ältere ist der Vernünftigere.
3. Wenn zwei sich streiten, freut sich der Dritte.
4. Was du nicht willst, dass man dir tu, das füg auch keinem andern zu.
5. Liebe deinen Nächsten wie dich selbst.
6. Gäste haben immer recht.
7. Gäste müssen das Hausrecht des Gastgebers respektieren*.
8. Die Mehrheit entscheidet.
9. Wer zuerst kommt, mahlt zuerst.

1. Entscheidet, nach welcher Regel hier offensichtlich gehandelt wurde.
2. Begründet und sprecht über eure Entscheidungen.

Auf der folgenden Seite könnt ihr eine erste Antwort nachlesen.

Mögliche Antworten zu der Geschichte „Haben drei mehr Rechte als einer?"

Die Mehrheit entscheidet. Eigentlich klingt die Regel gar nicht dumm. Immerhin wählen wir nach diesem Prinzip unseren Bürgermeister oder unsere Klassensprecherin. Trotzdem hat man bei dieser Geschichte irgendwie ein komisches Gefühl. Woran liegt das?

Wahrscheinlich hat es damit zu tun, dass diese Regel – hier und auch sonst oft – mit anderen Regeln zusammenstößt, die man ebenfalls richtig findet. In dieser Geschichte sind es vor allem zwei. Hier wird die Regel verletzt: Wer zuerst kommt, mahlt zuerst. Also: Wer zuerst kommt, ist zuerst dran und darf entscheiden. Und es wird noch ein anderes ungeschriebenes Gesetz übertreten, nämlich: Gäste sollten das Hausrecht des Gastgebers respektieren!

<small>(Kristina Calvert: Können Steine glücklich sein? Philosophieren mit Kindern. Rowohlt, Reinbek 2004, S. 95 f.)</small>

Regeln in unserem Alltag

1. Erläutert, welche Regeln jeweils in den Bildern dargestellt werden. Welche Unterschiede zwischen den Regeln stellt ihr fest?
2. Kennt ihr weitere Regeln des Zusammenlebens? Schreibt diese auf.
3. Legt dar, welche Folgen es hätte, wenn es die entsprechende Regel nicht gäbe. Beurteilt vor diesem Hintergrund, welche der Regeln euch sinnvoll erscheinen und welche weniger.
4. Fasst einander ähnliche Regeln in Gruppen zusammen. Versucht daraufhin, den einzelnen Gruppen Überschriften zu geben. Ergänzt die Gruppen durch weitere entsprechende Regeln. Bei welchen Regeln hattet ihr Schwierigkeiten in der Zuordnung?

3.3 Regelverletzungen haben Folgen

Regelverstöße im Alltag und im Sport

Wer möchte schon wie jeder sein oder wie alle aussehen? Nichts wollen die Menschen der Gegenwart mehr als etwas Besonderes, etwas Einmaliges verkörpern. Auch ihr Verhalten soll auffallen um jeden Preis und dafür muss man schon hin und wieder ein paar Normen übertreten.

Alltägliche Regelverstöße

- Zu spät zum Unterricht kommen
- Ein Gerücht über einen Mitschüler verbreiten
- In einer Klassenarbeit spicken
- Musik/einen Film illegal aus dem Internet herunterladen
- Sich in der Essenschlange vordrängeln
- In öffentlichen Verkehrmitteln schwarzfahren

1. Legt dar, gegen welche Normen die Frau mit bunten Haaren, Piercings und Tätowierungen verstößt.
2. Führt eine Diskussion dazu, ob der Normverstoß der Frau durch die Tätowierung allein ihre Sache ist oder nicht.
3. Ergänzt in einem Brainstorming die Liste alltäglicher Normverstöße. Sprecht anschließend darüber, welche Gründe es für die Normverletzung geben könnte. Beurteilt, ob die Gründe akzeptabel sind.

Sind Regelverletzungen erlaubt?

Während im Straßenverkehr und in anderen Bereichen des Zusammenlebens Regelverstöße z.B. in Form von Geschwindigkeitsüberschreitungen oder Unhöflichkeit oftmals hingenommen oder gar gutgeheißen werden, sind Regelverstöße im Sport verpönt.

Die im Sport geltenden Regeln werden fraglos akzeptiert und niemand rüttelt daran.

Jeder weiß, dass derjenige, der beim Weitsprung den Absprungstrich übertritt, disqualifiziert wird und einen Fehlversuch angekreidet bekommt, dass beim Fußball ein Tor aus der Abseitsposition nicht zählt …

Der Arm der Gerechtigkeit

Jakob ist ein begeisterter Fußballspieler, ein exzellenter Dribbler und geradezu ein Vorbild an Fairness auf dem Platz. Weder Fouls noch Schauspieleinlagen, wenn er selbst zu Fall gebracht wurde, sind sein Ding.

Während des letzten Spiels allerdings, bei dem seine Mannschaft die klar überlegene Elf war, wollte und wollte kein Tor fallen, obwohl sie ständig das gegnerische Tor belagerte. Nach Ecken war Jakobs Team längst der Sieger, jedoch es fehlte ein Tor.

Kurz vor Ende der Spielzeit bot ein Eckstoß die wohl letzte Gelegenheit, das Spiel doch noch zu kippen. Alle Spieler hatten sich im gegnerischen Strafraum versammelt, um das Siegtor zu „erzwingen". Bei der Hereingabe des Balls herrschte solch ein Gedränge, dass Jakob den Ball mit dem Unterarm ins Tor beförderte. Der Schiedsrichter hatte im Gedränge nichts gesehen und das Tor gegeben. Nur der gegnerische Torwart protestierte: Handspiel! Jakob war schnell zur Mittellinie zurückgelaufen. Klar, das Tor war vielleicht nicht ganz regelkonform zustande gekommen, aber den Sieg hatten sie sich doch mehr als verdient.

1. Bewertet Jakobs Verhalten.
2. Spielt eine Szene zwischen Jakob und seinem Trainer nach dem Abpfiff der Partie nach (siehe S. 76), in der es um das Siegtor geht.
3. Begründet, ob und inwiefern Jakobs Regelverstoß entschuldbar ist.

Warum man sich an Regeln halten soll

Wohl jeder hat schon einmal Regeln verletzt, sei es, indem er bei Rot die Straße überquerte, er eine Abkürzung über den Rasen nahm oder zu einer Notlüge griff, um einer Bestrafung zu entgehen. Doch ist es richtig, sich so zu verhalten?

Der Autor Rainer Erlinger geht dieser Frage anhand eines einfachen Beispiels nach.

Warum soll man sich an Regeln halten?

Seit er denken kann, hat Ferdinand sich an das Verbot gehalten und von der Bushaltestelle einen kleinen Umweg auf dem Fußweg in Kauf genommen, um zu seinem Wohnhaus zu gelangen. Doch eines Tages besucht ihn sein Freund Mike und der latscht ungeachtet des Verbots quer über den Rasen, geradewegs auf die Haustür zu. Als Ferdi Mike auf das Verbotsschild hinweist, lacht der: „Du lässt dir doch nicht wie so 'n Milchbubi vorschreiben, wo 's langgeht?!" und Ferdi trottet Mike brav hinterher. Wenn man ohnehin machen kann, was man will, überlegt er, warum steht dann überhaupt das Verbot da?

Beim Abendbrot fragt Ferdi seine Eltern, warum man sich eigentlich an Regeln halten muss.

„Dumme Frage", tönt der Vater, „weil du sonst bestraft wirst."

„Aber wer bestraft mich denn, wenn ich nicht den Fußweg nehme, sondern einfach über den Rasen gehe?", hakt Ferdi nach.

„Nun ja, da passt der Hausmeister auf und der kann ganz schön grantig werden", meint die Mutter.

„Ist das denn immer so? Bei den meisten Verboten gibt es doch gar niemanden, der aufpasst, wie der Hausmeister bei unserem Haus."

„Das ist immer so, so funktioniert nun mal unser Staat. Deshalb gibt es ja die Polizei und Gefängnisse. Wer etwas tut, was verboten ist, wird bestraft und weil niemand gern bestraft wird, hält man sich an die Regeln", erklärte der Vater.

„Ja, aber ist es denn gut, wenn man sich nur an die Regeln hält, weil man Angst vor der Strafe hat?"

Es leuchtet Ferdinand ein, dass man niemandem ein Smartphone wegnimmt, weil man sich vor der Strafe fürchtet, aber beim Rasen? So richtig überzeugt ist er noch nicht.

„Schließlich geht der Rasen kaputt, wenn man darüber läuft", versuchte die Mutter ihn zu überzeugen.

So einen Quatsch hatte Ferdinand noch nicht gehört. Die Fußballer liefen auch über den Rasen. Sie hatten sogar Stollen unter ihren Schuhen und doch grünt der Rasen auf dem Spielfeld wunderbar.

„Aber, wenn jeder darüber läuft, dann ist dort bald ein hässlicher Trampelpfad, auf dem nichts mehr wächst. Dein Fußballrasen wird ja nur einmal in der Woche betreten und hat dann sechs Tage Zeit, sich zu erholen. Aber wenn du über den Rasen am Haus läufst, dann werden es bald alle tun. Um ihren Müll wegzutragen, um zur Bushaltestelle zu gehen und irgendwie eine halbe Minute Zeit zu sparen. Es steckt hinter der Regel doch ein Sinn, auch wenn du den nicht siehst", verteidigte die Mutter ihre Position.

„Verstehe, aber wenn dem so ist, dass man sich an Regeln halten muss, weil ein Sinn dahintersteckt, den man nicht immer sieht, dann erkläre mir mal, warum du oft hier im Wohngebiet mehr als 30 km/h fährst, obwohl 30 km/h vorgeschrieben sind?"

„Aber ich schade doch niemandem. Und außerdem: Ausnahmen bestätigen die Regel!"

Nun verstand Ferdinand gar nichts mehr. War es nun wichtig und richtig, sich an Regeln, sogar an unsinnige, zu halten oder konnte man letztlich doch tun, was man will? Er suchte am nächsten Tag Rat bei seinem Onkel.

Der Onkel verwies Ferdinand auf den Philosophen Sokrates (469–399 v. u. Z.). Sokrates hatte unbedingten Gehorsam gegenüber allen Gesetzen und Regeln gefordert, weil der Ungehorsam gegenüber einzelnen Regeln alsbald dazu führen werde, dass alle Regeln missachtet werden. Die Folge wäre ein totales Chaos, das keiner ernsthaft wünschen könne. Regeln schützen das Individuum und die Gemeinschaft. Deshalb geht es nicht darum, ob man erwischt wird oder nicht, sondern darum, ob man will, dass Gesetze allgemein gelten. Wenn ich mich nicht an die Regeln halte, warum sollten es die anderen dann tun?

(Frei nach Rainer Erlinger: Lügen haben rote Ohren. Omnibus, München 2007, S. 117–134)

1. Nehmt mithilfe der Fünf-Schritt-Lesetechnik* eine Textanalyse vor und bearbeitet schriftlich folgende Aufgaben:
   › Über welche Fragen und Widersprüche „stolpert" Ferdinand bei der Suche nach einer Antwort?
   › Welche Antworten bekommt Ferdinand beim Abendbrot auf die Frage, warum man sich an Regeln halten soll?
   › Positioniert euch zu den einzelnen Antworten von Vater und Mutter.
   › Gebt die Antwort des Onkels mit eigenen Worten wieder.
   › Bezieht diese Antwort auf die Ausgangsfrage.
2. „Regeln, was interessieren mich Regeln? Ich lass mich doch zu nichts zwingen. Ich mach eh nur, was ich will." Vielleicht habt ihr selbst diesen Satz schon einmal gebraucht oder gehört. Erarbeitet unter Einbeziehung der Argumente aus dem Text eine eigene Argumentation zu der Aussage. Tragt eure Argumentationen in einem Wettbewerb vor und kürt einen Sieger.

Muss Strafe sein?

Wer sich nicht an Regeln hält, wer sie gar vorsätzlich verletzt, der muss damit rechnen, dass er dafür zur Rechenschaft gezogen wird.

Aber warum sollte jemand, der in der Klassenarbeit gespickt hat, wegen Betrugsversuchs eine Sechs bekommen? Warum muss derjenige, der mit dem Auto eine rote Ampel ignoriert, ein Bußgeld zahlen und Punkte in Flensburg akzeptieren? Strafen sind ein Erziehungsmittel.

Der römische Staatsmann und Philosoph* Seneca (4 v.u.Z. bis 65) liefert uns folgende Anregung bei der Antwortsuche:

Q **Strafe will vorbeugen**

Seneca: Man soll einem Menschen nicht wehtun, weil er gefehlt* hat, sondern damit er nicht wieder fehle; die Strafe soll sich nicht auf die Vergangenheit, sondern die Zukunft beziehen; sie zürnt nicht, sondern sie will vorbeugen.

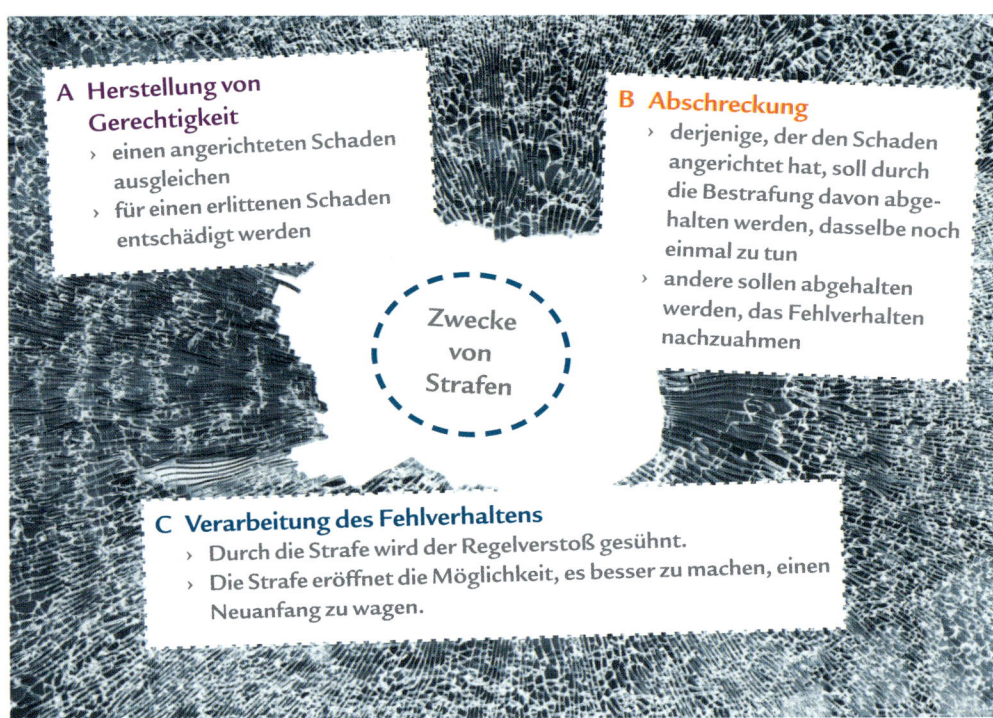

A Herstellung von Gerechtigkeit
› einen angerichteten Schaden ausgleichen
› für einen erlittenen Schaden entschädigt werden

B Abschreckung
› derjenige, der den Schaden angerichtet hat, soll durch die Bestrafung davon abgehalten werden, dasselbe noch einmal zu tun
› andere sollen abgehalten werden, das Fehlverhalten nachzuahmen

Zwecke von Strafen

C Verarbeitung des Fehlverhaltens
› Durch die Strafe wird der Regelverstoß gesühnt.
› Die Strafe eröffnet die Möglichkeit, es besser zu machen, einen Neuanfang zu wagen.

 1. Gebt mit eigenen Worten wieder, warum nach Seneca eine Regelverletzung bestraft werden soll.
2. Findet Beispiele, mit deren Hilfe ihr die Zwecke einer Strafe illustriert und erläutert.

Regelverletzungen bestrafen – Fallbeispiele

Regeln und Absprachen, gleich welchen Bereich sie betreffen, sind verbindlich und sollten eingehalten werden, denn aus ihnen erwachsen Sicherheit und Berechenbarkeit im Zusammenleben. Doch wohl jeder hat schon einmal, gewollt oder ungewollt, vereinbarte Regeln umgangen.

1. Stellt euch vor, ihr habt die aufgelisteten Regeln und Vereinbarungen wiederholt verletzt. Ü
   a) Notiert, warum der Regelverstoß nicht hinnehmbar ist.
   b) Findet für jedes Beispiel ein Erziehungsmittel (Strafe), das geeignet ist, künftig die Einhaltung der Regeln zu bewirken.
   c) Begründet jeweils kurz, warum ihr die vorgeschlagene Strafe für wirksam haltet.

Du kommst viel später als vereinbart vom Spielen nach Hause.

Du hast seit Wochen dein Zimmer nicht aufgeräumt.

Du benimmst dich gegenüber deinen Lehrern unhöflich.

Du hast deine Pflichten im Haushalt nicht erledigt.

Du beleidigst einen Mitschüler, der dich während der Leistungskontrolle nicht abschreiben ließ.

Du belügst deine Eltern: Ihnen hast du gesagt, dass du nicht mit zu den Großeltern fahren kannst, weil du einen Vortrag ausarbeiten musst. In Wirklichkeit hast du den ganzen Tag über am Computer gespielt.

Mobbing in der Schule

Gerade Mitschüler und Mitschülerinnen, die in irgendeiner Weise aus der Norm fallen, die aufgrund ihres Aussehens, ihrer Interessen oder ihres Verhaltens anders als die Masse sind, werden häufig Opfer von Mobbing*. Sie sind im wahrsten Sinne des Wortes Außenseiter.

Tim weiß nicht weiter

Im Laufe des Schuljahres äußerte sich ein Mitschüler zunehmend beleidigend über Tim. Zum Anlass nahm er die Tatsache, dass Tim in der Klasse nur zu Mädchen freundschaftlichen Kontakt hatte. Er betitelte Tim als „Weichling", der nur mit Mädchen zusammen sein könne. Tim wurde von dem Mitschüler im Unterricht gehänselt und beleidigt. Leider hatte auch der Klassenlehrer wenig Verständnis für Tims Nähe zu Mädchen. Der Mobber fühlte sich dadurch bestätigt, Tim aber war verunsichert und konnte sich weder mit Worten noch körperlich mit dem Mitschüler messen.

Dann suchte sich der Mobber zwei Verbündete. Zu dritt hänselten sie Tim nun während des Unterrichts, wobei das Mobbing durch die Mitschüler noch zunahm. In der Pause wurde er ausgelacht, weil er immer nur bei den Mädchen stand. Durch Beleidigungen wie „Memme" und „Schwächling" wurde er in die Ecke getrieben.

Dann durchwühlten die Peiniger seine Schulsachen, weil sie meinten, etwas „Unnatürliches" darin zu entdecken. Die Mädchen äußerten sich selten zu den Vorkommnissen. Wenn sie es doch einmal taten und Partei für Tim ergriffen, bot das den Mitschülern nur noch mehr Anlass, in neue Attacken einzusteigen. So hänselten sie ihn damit, dass er sich jetzt schon von Mädchen helfen lassen müsse.

(Frank Schallenberg: Ernstfall Kindermobbing. Claudius, München 2004, S. 72 f.)

1. Erläutert das Wort Außenseiter.
2. Diskutiert, warum Außenseiter bevorzugte Opfer von Mobbing werden.
3. Legt dar, wie Tim immer mehr in eine Außenseiterposition gedrängt wird.
4. Welchen Rat würdet ihr Tim geben, damit sich seine Situation verbessert?

5. Spielt Mobbing in eurer Klasse eine Rolle? Beantwortet zu Hause zwei Fragen:
   a) Bist du bereits Opfer von Mobbing geworden (Beispiele)?
   b) Hast du selbst andere Schüler gemobbt (Beispiele)?
   Die Antworten werden, damit sie anonym* behandelt werden können, in Druckschrift oder mit dem Computer aufgeschrieben und im Unterricht durch den Lehrer vorgelesen.

Lästerei im Netz

4. Dezember, Mathematik steht auf dem Stundenplan der Klasse 6. Für Anna und Lena aber endet die letzte Schulstunde unverhofft. Über Lautsprecher werden sie ins Sekretariat gerufen. Dort warten neben der Schulleiterin zwei Polizisten auf die Mädchen. Es liege eine Anzeige wegen Mobbings gegen sie vor, eröffnen die Beamten den beiden Fünftklässlerinnen. Danach folgen ein langes Gespräch und ein Protokoll.

Fünf Wochen war es her, dass die beiden über zwei ihrer Lehrer abgelästert hatten. Im Internet beleidigten sie eine Lehrerin und einen Lehrer. Solche Bemerkungen mögen auf Pausenhöfen üblich sein. Doch hier standen sie im weltweiten Netz. Fotos von beiden Lehrkräften zur Illustration inklusive. Als die Betroffenen Mitte Oktober Wind davon bekamen, erstatteten sie Anzeige.

Nach der Polizei-Aktion macht das Thema die Runde im Kollegium und unter Schülern, beschäftigt es den Elternbeirat. Auch die Eltern der Mädchen werden gehört. Lena entschuldigt sich bei den Lehrkräften. Eine Woche vor Weihnachten tagt der Disziplinarausschuss der Schule. Ein Verfahren zur Entlassung von der Schule wird eingeleitet. Allerdings nur gegen Anna. Lena kommt mit einem blauen Auge davon: Sie wird dazu verdonnert, Schülern unterer Klassen drei Monate lang Nachhilfeunterricht zu erteilen.

An Anna rügt das neunköpfige Gremium „schweres Fehlverhalten". Sie missachte die Rechte anderer, heißt es in einem Schreiben an die Eltern und belaste dadurch die „vertrauensvolle Atmosphäre in der Schule" und gefährde deren Bildungs- und Erziehungsauftrag. Weiter heißt es, Anna lasse „echte Einsicht und Reue vermissen", eine Entschuldigung über ihr Fehlverhalten stehe bis heute aus. Das Vertrauensverhältnis sei „so massiv geschädigt", dass ihr Verbleib an der Schule „nicht empfehlenswert" sei.

(Nach einer wahren Begebenheit)

---

1. Tragt zusammen, welche Regeln Anna und Lena durch ihr Verhalten verletzt haben.
2. Diskutiert, inwiefern eine Lästerei im Netz schwerwiegender ist als eine auf dem Schulhof.
3. Verständigt euch in einer Diskussion, ob die Strafen für Lena und Anna ihrem Regelverstoß angemessen oder ob sie zu hart sind. Begründet eure Meinungen.

3.4 Besondere Regeln und Verfahren des Miteinanders

Streitregeln

Auch unter Menschen, die sich mögen und die sich gut verstehen, lässt sich Streit nicht immer vermeiden, wenn unterschiedliche Bedürfnisse und Sichtweisen aufeinanderprallen. Doch auch beim Streiten gelten Regeln.

Du nervst ...

Lotte: Weißt du, wie mich das ärgert, wenn du so tust, als hättest du ein 24-bändiges Lexikon gefressen?! Frau Doktor weiß einfach alles und das auch noch ganz genau ...

Pia: ... wenn du Dinge behauptest, die nicht stimmen.

Lotte: Gott, ich improvisiere eben manchmal, dann sage ich halt irgendwas, was ich gar nicht so ganz genau weiß. Ich will eben auch nicht wie völlig blöde neben dir stehen. Ich hasse es, wenn ich von dir garantiert mal wieder verbessert werde. Wenn du die Frau Dr. Neunmalklug rauskehrst, kann mich das ganz schön auf die Palme bringen. Ich bin ja schließlich auch nicht ganz blöd.

Pia: Und weißt du, wie es mich nervt, wenn meine liebe Lotte mal wieder zwei Nummern cooler tut, als sie ist?! Anstatt einfach zu sagen, dass sie den Namen von diesem süßen Schauspieler auch nicht kennt, tut sie so, als ob und erfindet ohne mit der Wimper zu zucken einfach einen Fantasienamen. Und ich blöde Kuh merke das erst, wenn alle über mich lachen, weil ich mich mit Schauspielern anscheinend gar nicht auskenne. Mann, ich vertraue dir und was machst du, du verarschst mich!

(Nach einer Idee aus Franziska Biermann, Antje von Stemm: Zwei Freundinnen packen aus. Beltz, Weinheim 2002)

1. Gestaltet nach dem Muster der Zeichnung einen Gefühlsteppich des Streites zwischen Pia und Lotte.
2. Wiederholt in einem Brainstorming, welche Streitregeln ihr noch aus der Grundschule kennt. Beurteilt, inwiefern Pia und Lotte diese beherzigen.
3. Unterbreitet Pia und Lotte einen Vorschlag, wie sie den Streit beilegen können.

Sich wieder versöhnen

Manchmal ergibt sich ein Streit aus der Situation heraus rasch und aus nichtigen Anlässen. Hinterher tut es einem vielleicht leid, mit dem Freund oder der Freundin gestritten zu haben. Niemand möchte endlos streiten. Deshalb ist es wichtig, sich nach einem Streit auch wieder zu vertragen. Der Liedermacher Jürgen Werth hat dazu ein Lied geschrieben.

So ist Versöhnung

So ist Versöhnung. So muss der wahre Friede sein.
So ist Versöhnung. So ist Vergeben und Verzeih'n.

1. Wie ein Fest nach langer Trauer, wie ein Feuer in der Nacht,
 ein off'nes Tor in einer Mauer, für die Sonne aufgemacht.
 Wie ein Brief nach langem Schweigen, wie ein unverhoffter Gruß,
 wie ein Blatt an toten Zweigen,
 ein Ich-mag-dich-trotzdem-Kuss.
Refrain

2. Wie ein Regen in der Wüste,
 frischer Tau auf dürrem Land,
 Heimatklänge für Vermisste,
 alte Feinde Hand in Hand.
 Wie ein Schlüssel im Gefängnis,
 wie in Seenot Land in Sicht,
 wie ein Weg aus der Bedrängnis,
 wie ein strahlendes Gesicht.
Refrain

3. Wie ein Wort von toten Lippen, wie ein Blick, der Hoffnung weckt,
 wie ein Licht auf steilen Klippen, wie ein Erdteil, neu entdeckt.
 Wie der Frühling, wie der Morgen, wie ein Lied, wie ein Gedicht,
 wie das Leben, wie die Liebe, wie Gott selbst das wahre Licht.

So wird Versöhnung. So muss der wahre Friede sein.
So wird Versöhnung. So ist Vergeben und Verzeih'n.

(Jürgen Werth: http://www.golyr.de/werth/songtext-so-ist-versoehnung-256085.html; Zugriff: 26.06.2018)

1. Setzt die sprachlichen Bilder des Autors für Versöhnung in gemalten Bildern um.
2. Erzählt euch gegenseitig, wie es war, als ihr euch mal versöhnt habt.
3. Überlegt gemeinsam, was zur Versöhnung beitragen kann.

Streitschlichtung – ein besonderes Verfahren

In den letzten Jahren hat vor allem bei der Lösung von Konflikten unter Jugendlichen das Verfahren der Streitschlichtung (Mediation) breite Beachtung und viele Anhänger gefunden. Schon viele Schülerinnen und Schüler haben sich zu Streitschlichtern ausbilden lassen.

 1. Informiert euch, ob es an eurer Schule ausgebildete Streitschlichter gibt.

 Ladet einen Streitschlichter, der an eurer Schule wirkt, ein und lasst ihn aus seiner Arbeit berichten.

Was ist und kann Mediation?

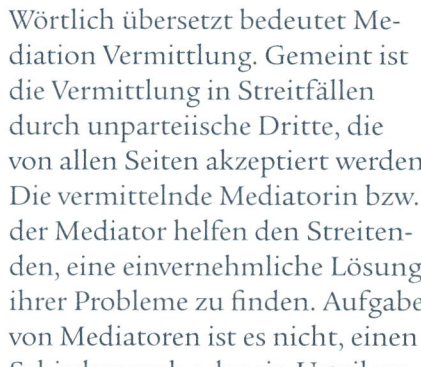 Wörtlich übersetzt bedeutet Mediation Vermittlung. Gemeint ist die Vermittlung in Streitfällen durch unparteiische Dritte, die von allen Seiten akzeptiert werden. Die vermittelnde Mediatorin bzw. der Mediator helfen den Streitenden, eine einvernehmliche Lösung ihrer Probleme zu finden. Aufgabe von Mediatoren ist es nicht, einen Schiedsspruch oder ein Urteil zu sprechen. Vielmehr liegt es an den Konfliktparteien selbst, eine ihren Interessen optimal entsprechende Problemlösung zu erarbeiten. Alle sollen durch die Übereinkunft „gewinnen".

Diese Konfliktlösung wird durch das Mediationsverfahren ermöglicht. Sie kann selbst dann gelingen, wenn die Konfliktparteien in einer Sackgasse stecken und alleine nicht mehr weiterkommen bzw. gar nicht mehr miteinander reden. Die Vermittler oder Vermittlerinnen hören sich die Anliegen aller Beteiligten an, lassen sie ihre Gefühle ausdrücken und helfen bei der Klärung der eigentlichen Interessen der Konfliktparteien. In zunehmendem Maße stellen sie wieder eine direkte Verbindung zwischen den Streitenden her. Die Kontrahenten* erfahren durch diese Vorgehensweise, welches die eigentlichen Probleme, Gefühle und Interessen der anderen Seite sind. Im geschützten Raum eines solchen Gesprächs können sie Verständnis und neues Vertrauen zueinander entwickeln und schließlich gemeinsam an einer Lösung ihrer Probleme arbeiten. Das Ziel ist eine Vereinbarung, die alle Konfliktparteien unterzeichnen und umsetzen.

(Frei nach Christoph Besemer: Werkstatt für gewaltfreie Aktion (Manuskript). Freiburg 2002)

 2. Gebt mit eigenen Worten wieder, welche Aufgabe dem Mediatior im Streitschlichtungsverfahren zukommt.

Schritte des Mediationsverfahrens

1. Vorphase — Das zentrale Anliegen dieser Phase ist es, die Konfliktparteien an einen Tisch zu bekommen.

Dies gelingt am besten, wenn beide Konfliktparteien den Wunsch nach einer Mediation äußern und entsprechende Schritte einleiten. Häufig ist dies jedoch nicht der Fall, sondern nur eine der Konfliktparteien ergreift die Initiative.

In diesem Fall nimmt der Mediator den Kontakt zu den anderen am Konflikt beteiligten Personen auf und versucht, sie zu einer Teilnahme am Mediationsgespräch zu bewegen. Es ist auch möglich, dass die Initiative zur Schlichtung von Dritten ausgeht oder vom Mediator selbst. Diese sprechen dann alle beteiligten Konfliktparteien an und schlagen vor, in einem Mediationsgespräch die Beilegung des Konflikts zu versuchen.

Grundvoraussetzung für eine Erfolg versprechende Mediation ist die Bereitschaft aller Beteiligten, aktiv an dem Gespräch teilzunehmen und nach einer einvernehmlichen Lösung zu suchen.

2. Das Mediationsgespräch — Das Mediationsgespräch ist das Herzstück des Schlichtungsverfahrens. Für das Gespräch gelten unverzichtbare Grundregeln. Diese sind:
› Ausreden lassen!
› Keine Beleidigungen oder Handgreiflichkeiten!
› Die Mediatoren tragen die Verantwortung für den Verlauf des Gesprächs. Sie greifen ein, wenn es erforderlich ist.

Gesprächsverlauf
1. Einleitung/Begrüßung
2. Problembeschreibung: Sichtweise der einzelnen Parteien auf den Konflikt vortragen lassen
3. Konflikterhellung: Verborgene Gefühle, Interessen, Hintergründe ergründen (Ich-Botschaften)
4. Problemlösung: Sammeln und Entwickeln von Lösungsmöglichkeiten, sich aufeinander zu bewegen (Kompromisssuche)
5. Problemlösung: Übereinkunft schließen. Die Konfliktparteien einigen sich auf einen Lösungsvorschlag, der ihnen am meisten zusagt. Sie treffen Festlegungen hinsichtlich der Lösungsschritte und -termine. Sie regeln alle Fragen, die mit der Kontrolle über die Einhaltung der Vereinbarungen und eventuell erforderlichen Veränderungen der Vereinbarung zu tun haben.
6. Verpflichtung durch Unterschrift anerkennen: Die getroffenen Vereinbarungen werden schriftlich festgehalten und von den Beteiligten unterschrieben. Mit ihrer Unterschrift verpflichten sie sich zu ihrer Einhaltung.

3. Umsetzungsphase — Nach einer gewissen Zeit nehmen Mediator und Konfliktbeteiligte noch einmal Kontakt zueinander auf, um zu klären, ob die Übereinkunft tatsächlich die Probleme gelöst hat oder ob Korrekturen nötig sind.

Streitfälle für Mediatoren*

Zerstochene Fahrradreifen

Sven bekommt zum Geburtstag ein sehr teures Fahrrad, mit dem er jeden Tag zur Schule kommt. Fortan macht er sich über die Fahrräder seiner Mitschüler lustig. Das ärgert Paul und Anton. Erst haben sie Svens Sticheleien ignoriert, später haben sie ihn mehrfach gebeten, seine bösen Kommentare zu unterlassen. Als auch das nichts fruchtete, zerstachen sie ihm die Fahrradreifen. Sven hatte die beiden sofort in Verdacht, konnte seinen Verdacht jedoch nicht belegen. Also legte er sich auf die Lauer und erwischte die beiden, als sie ihm erneut die Reifen durchstachen.

Eine Extrawurst?

Franziska geht seit ihrem fünften Lebensjahr zum Klavierunterricht. Die Musiklehrerin ihrer Schule sieht in Franziska eine wichtige Stütze für den Schulchor. Mehrfach fehlte Franziska im Mathematikunterricht, um die Schule im Wettbewerb „Jugend musiziert" zu vertreten. Die anstehende Mathematikarbeit wurde für Franziska ausgesetzt, ihre Mitschülerinnen und Mitschüler mussten sie schreiben. Darüber sind die meisten erbost. Sie finden diese Entscheidung ungerecht. Viele aus der Klasse sind in Sportvereinen aktiv und verfügen ebenso über wenig Zeit für die Vorbereitung der Mathematikarbeit. Franziska muss sich häufig Beschimpfungen wie „Klimpertussi", „Notenfräulein", „Klavierquälerin" und „Schleimi" anhören. Die Klassenlehrerin, die diese Auseinandersetzungen beobachtet hat, schlägt vor, sich an die Streitschlichter der Schule zu wenden.

Am längeren Hebel sitzen

Der Klassensprecher der Klasse 5b hat im Auftrag seiner Mitschüler um ein Mediationsverfahren* gebeten, um den Streit mit dem Mathelehrer zu schlichten.

Mit Beginn des neuen Kalenderjahres bekam die Klasse einen neuen Lehrer, weil Frau Eisenberg schwer erkrankte und ausfällt. Der neue Lehrer richtet sich strikt nach dem Lehrplan und setzt einen Kenntnisstand voraus, den die Klasse nicht hat. Die Folge war, dass die Schüler außerstande waren, den Stoff zu verstehen. Dies zeigte sich deutlich im ersten Test. Nur Elena, das Mathegenie, sie will später einmal Mathe studieren, löste alle Aufgaben. Sie schaffte als Einzige eine Eins, alle anderen bekamen Vieren und Fünfen. Die Bitte der Klasse, den Stoff noch einmal zu erklären, lehnte der Lehrer mit dem Hinweis ab, Elena habe schließlich auch alles verstanden, die Klasse müsse besser aufpassen und sich mehr anstrengen oder sich alles von Elena erklären lassen. Letzteres aber kann nicht Sinn und Zweck des Unterrichts sein.

Als Reaktion auf das Verhalten des Lehrers begann ein Teil der Schüler, seinen Unterricht zu boykottieren. Sie lümmeln desinteressiert auf den Stühlen, sie arbeiten nicht mit und machen keine Hausaufgaben. Das wiederum stört die Schüler, die sich aktiv einbringen wollen.

Sich wieder vertragen

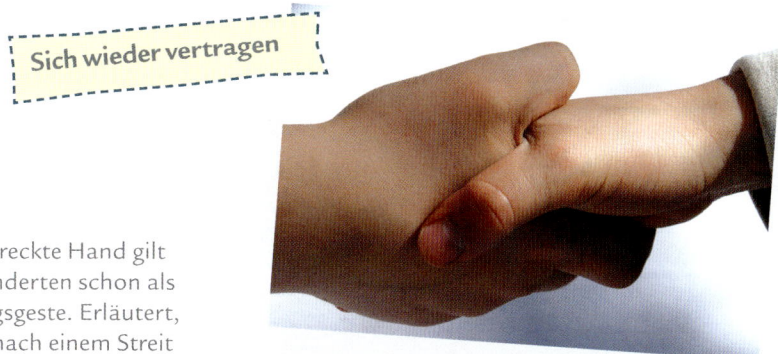

A

1. Die ausgestreckte Hand gilt seit Jahrhunderten schon als Versöhnungsgeste. Erläutert, warum sie nach einem Streit Versöhnung bzw. Eintracht symbolisieren kann.
2. Bei Beendigung eines Streites (u. a. im Mediationsverfahren) ist es üblich, die getroffene Vereinbarung mit Handschlag zu besiegeln. Recherchiert, woher die Bedeutung des Handschlags resultiert und welchen Stellenwert er in der Gegenwart besitzt.
3. Bildet Arbeitsgruppen und bearbeitet jeweils einen Fall.
    › Spielt in einem Rollenspiel (siehe S. 76) für „euren Fall" ein Mediationsverfahren durch.
    › Die Gruppen, die zuschauen, halten fest, was im jeweiligen Verfahren gut und was nicht so gut gelungen war.
    › Wenn alle Gruppen ihr Verfahren durchgespielt haben, dann sprecht im Forum darüber, welche Vorteile ein solches Verfahren für die Konfliktparteien besitzt.

Gesprächsregeln

Gespräche sind kein Selbstzweck. Sie dienen der Verständigung.

Grundregeln, die man beachten sollte.

1. Wir ordnen unsere Gedanken, bevor wir sprechen.
2. Wir hören einander zu.
3. Wir lassen die anderen aussprechen.
4. Wir bemühen uns, die anderen zu verstehen.
5. Wir fragen nach, wenn wir etwas nicht verstehen.
6. Wir begegnen einander mit Respekt*.
7. Wir wählen eine angemessene Lautstärke und Sprechgeschwindigkeit.
8. Wir bemühen uns um Wahrhaftigkeit* in unserem Reden.
9. Wir fassen unser Gesprächsergebnis ggf. zusammen.
10. Wir sprechen über den Gesprächsverlauf: Wie haben wir uns gefühlt?

Eine Gesprächsübung

1. Bildet Paare.
   Führt zu einem der folgenden Themen ein 15-minütiges Gespräch und versucht dabei, die Gesprächsregeln zu berücksichtigen.
   a) Zukunftsvorstellungen
   b) Hobbys
   c) Wünsche
   Tauscht euch darüber aus, ob es euch gelungen ist, alle Gesprächsregeln einzuhalten, was euch leicht- und was euch schwergefallen ist.

Eine Zuhörübung

Du hast bestimmt auch schon einmal – z.B. wenn du einem Kurzvortrag folgen solltest – gemerkt, wie anstrengend es sein kann, die ganze Zeit über aufmerksam zuzuhören. Da kann es schon vorkommen, dass die Gedanken abschweifen, dass man den Faden verliert.

2. Es werden ein Innen- und ein Außenkreis mit gleich vielen Stühlen gebildet. Die im äußeren Kreis sitzen, blicken nach innen, und die im inneren Kreis sitzen, sehen nach außen. Zu einem vorgegebenen Thema erzählen die Schüler im Außenkreis ihrem Partner im Innenkreis etwas. Nach fünf Minuten rücken die Schüler im Innenkreis einen Stuhl weiter und erzählen ihrerseits dem Außenkreis-Partner etwas zum Thema.
   Sprecht mit dem jeweiligen Partner über das Thema „Was kann ich für das faire Austragen von Konflikten tun?" Der Zuhörende stellt Zwischenfragen und fasst das Gehörte mehrmals mit eigenen Worten zusammen.

Regeln für die Konfliktbewältigung

Gerade in Gesprächen, wo verschiedene Meinungen und Standpunkte aufeinanderprallen, in denen Themen besprochen werden, über die man sich nicht einig ist, ist die Einhaltung bestimmter Regeln unverzichtbar.

Fünf Regeln, die im Meinungsstreit beherzigt werden sollten

Oder: Wie du dich erfolgreich mit anderen Meinungen auseinandersetzt.

1. Dein Gegenüber direkt ansprechen und dabei anschauen

Wenn du etwas loswerden möchtest, sprich die betreffende Person direkt an. Also nicht zur ganzen Gruppe sprechen, wenn nur Katja oder Manuel gemeint sind.

2. Den anderen ausreden lassen – dem anderen nicht ständig ins Wort fallen

Versuche, die Interessen und Gefühle des anderen herauszuhören und zu beachten. Bei dieser Form des aktiven Zuhörens bist du innerlich ganz dabei.

3. Beim Thema bleiben

Bleibe beim Problem, für das du eine Lösung suchst. Lass auch nicht zu, dass dein „Konfliktpartner" von einem Thema zum anderen springt.

4. Beschuldigungen vermeiden

Gegenseitige Vorwürfe bringen keine Lösung deines Problems, sondern verhärten die Fronten. Sage bei alten Vorwürfen: „Das steht jetzt nicht zur Diskussion."

5. In der Ich-Form sprechen

Du-Botschaften sind ab sofort strengstens verboten (Du sagst ... Du bist immer ...)! Sprich von dir selbst (Ich bin der Meinung ... Ich finde ...).

(Nach Karl Hurschler, Albert Odermatt: Schritte ins Leben. Klett und Balmer, Zug 1992, S. 108)

1. Bildet Tandems. Jedes Tandem wählt sich ein Thema und gestaltet einen Dialog.
2. Fünf Schüler spezialisieren sich darauf, die Einhaltung der fünf Regeln der Konfliktbewältigung zu beobachten. Jeder der fünf achtet gezielt auf die Einhaltung einer speziellen Regel.

Gedankenexperimente durchführen

Bei einem Gedankenexperiment wird der Versuch ausschließlich im Bewusstsein durchgeführt. Daher bedarf es zu seiner erfolgreichen Durchführung einer Portion Fantasie und der Bereitschaft, sich gedanklich auf die konstruierten Bedingungen einzulassen. Dabei spielt es keine Rolle, ob die angenommenen Bedingungen der Wirklichkeit entsprechen oder nicht.

Gedankenexperimente sind Denkerfahrungen, die in der Fantasie
› entweder Umstände kombinieren, die in Wirklichkeit nicht zusammentreffen,
› oder diese Umstände haben Folgen, die in Wirklichkeit nicht unbedingt eintreten.

Beim Spielen mit Gedanken entstehen Fantasiegebilde, neue Fragen an die Wirklichkeit oder auch neuartige Lösungsansätze für strittige Fragen.

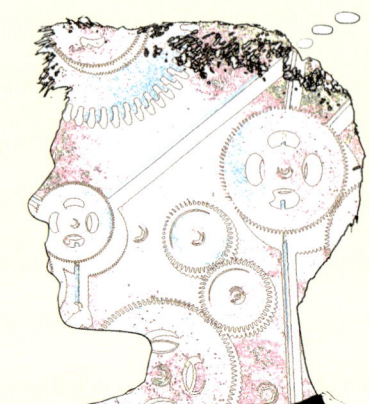

Beispielexperimente

- Was wäre, wenn es keine Regeln unter Menschen geben würde?
- Denken wir uns eine Regelungsmaschine.
- Was würde passieren, wenn auf der ganzen Welt alle Waffen abgeschafft werden würden?
- Man stelle sich eine Welt vor, in der alles streng nach Regeln erfolgt.
- Stellt euch vor, ihr dürft eine Regel abschaffen.

1. Bildet Gruppen und spielt die Gedankenexperimente nacheinander durch.
2. Stellt das Ergebnis eines Gedankenexperiments im Bild dar.
3. Erfindet eigene Gedankenexperimente. Nutzt dabei folgende Satzanfänge.

4. Führt die Gedankenexperimente durch.

Zusammenfassung 115

Ankerbegriffe des 3. Kapitels

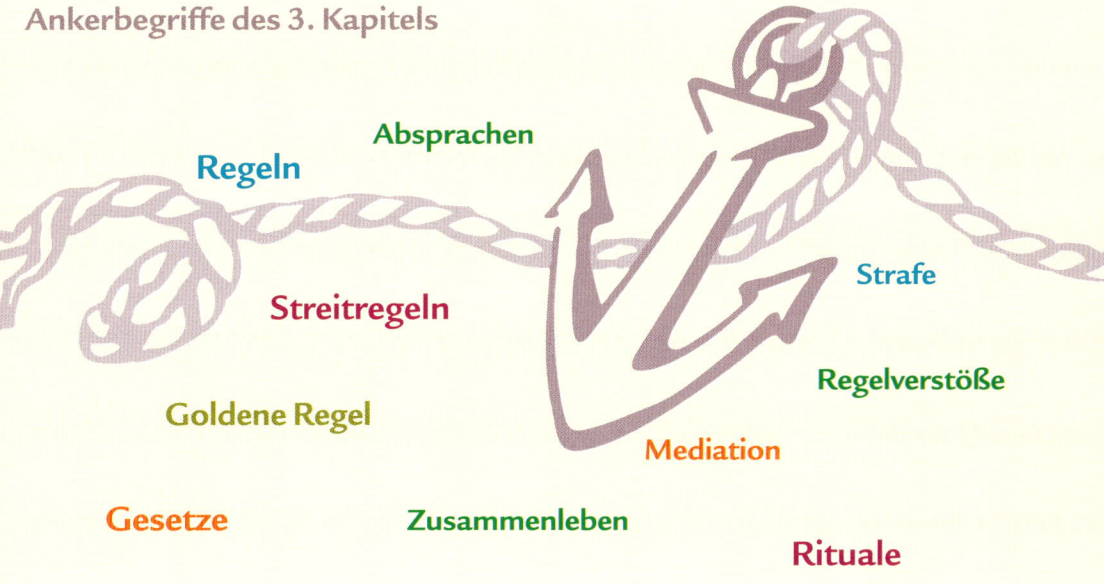

- Absprachen
- Regeln
- Strafe
- Streitregeln
- Regelverstöße
- Goldene Regel
- Mediation
- Gesetze
- Zusammenleben
- Rituale

Rekonstruiert mithilfe der Ankerbegriffe, wie mithilfe von Regeln ein gutes Miteinander in den verschiedenen Formen von Gemeinschaft gesichert werden kann.

Wichtige Gedanken aus dem 3. Kapitel

1. Regeln sind Vorschriften für die verschiedenen Bereiche des menschlichen Zusammenlebens, die man einhalten soll, um ein friedvolles Miteinander zu gewährleisten. Sie können in Form von Verboten, Geboten oder Pflichten vorliegen.
2. Eine der ältesten Regeln im Zusammenleben von Menschen ist die Goldene Regel. Sie ist in fast allen Kulturen der Welt anzutreffen und besagt, dass man andere so behandeln soll, wie man von ihnen behandelt werden möchte.
3. Regeln sind verbindlich. Sie gelten für alle. Wer gegen die Regeln des Zusammenlebens verstößt, muss sich dafür verantworten.
4. Regelverstöße werden bestraft, um das Verhalten so zu verändern, dass die entsprechende Regel künftig eingehalten wird.
5. Für besondere Situationen im Zusammenleben, z.B. Streit, gibt es besondere Regeln. Sie zielen darauf ab, so zu vermitteln, dass der Streit beendet werden kann und ein Zusammenleben ohne Gewalt und Spannungen möglich ist.

Welche Gedanken aus diesem Kapitel findest du wichtig? Schreibe sie auf und begründe, warum gerade diese für dich wichtig sind.

4 Begegnungen mit Fremden

4.1 Was mir fremd ist

Dem Fremden ein Gesicht geben

Alles, was uns fremd ist, ist uns unbekannt. Menschen reagieren auf Fremdes und Unbekanntes unterschiedlich, manche ängstlich, andere neugierig.

A
1. Schaut euch das oben stehende Bild genau an. Macht es euch neugierig oder schreckt es euch ab? Ergründet, warum.
2. Diskutiert die Frage, aus welchen Gründen Menschen auf Fremdes unterschiedlich reagieren.
3. Versucht euch an eine Begebenheit in eurem Leben zu erinnern, in der ihr eine positive Erfahrung bei der Begegnung mit etwas Fremdem gemacht habt. Berichte davon in Form eines Briefes, den du an deinen besten Freund oder deine beste Freundin richtest.
4. Lest euch eure Briefe gegenseitig vor und vergleicht eure Berichte. Reagiert ihr in vergleichbaren Situationen auf ähnliche Art und Weise oder unterschiedlich?

Dem Fremden begegnen

Fremd können uns andere Räume, Städte, andere Länder, andere Menschen, aber auch ungewohnte Situationen sein. Sogar eigene Erlebnisse, Gefühle, ja wir selbst können uns fremd sein.

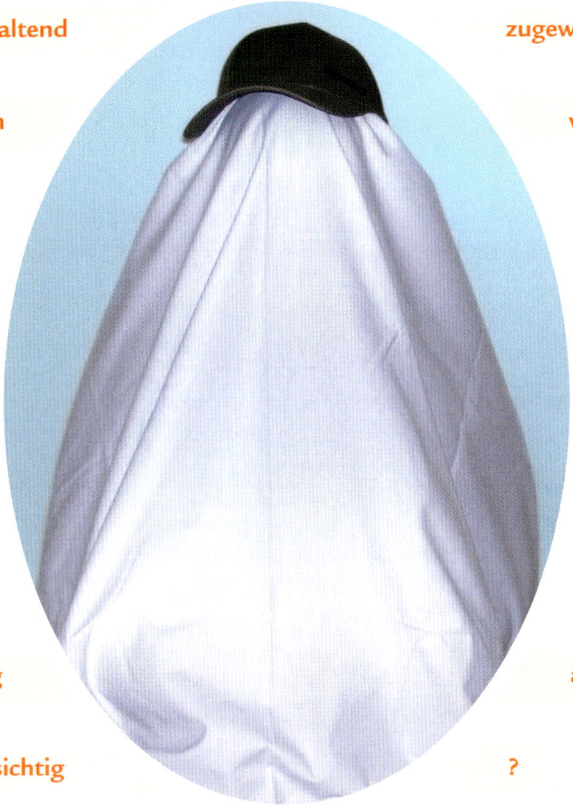

zurückhaltend	zugewandt
freundlich	vorsichtig
neugierig	aufgeregt
spontan	forsch
nervös	offen
unsicher	ängstlich
zugeknöpft	unbefangen
tollpatschig	aufgeschlossen
unvorsichtig	?

1. Wie reagiert ihr auf dieses zweite Bild?
2. Über welche eurer bisherigen Verhaltensweisen im Umgang mit ungewohnten Situationen habt ihr euch schon einmal geärgert? Berichtet von einem entsprechenden Erlebnis in Form eines Tagebucheintrags, in dem ihr auch erklärt, warum ihr euch geärgert habt.
3. Lest euch gegenseitig eure Tagebucheinträge vor und gebt euch gegenseitig Tipps, wie man sich in einer solchen Situation vielleicht hätte klüger verhalten können.
4. Sucht euch – jeder für sich – aus der Liste die drei Adjektive heraus, die euren tatsächlichen Umgang mit Ungewohntem widerspiegeln, und berichtet für jedes von einem persönlichen Erlebnis.
5. Diskutiert eure Erlebnisse. Geht dabei insbesondere auf die Frage ein, ob euer tatsächliches Verhalten auch das von euch erwünschte Verhalten darstellt.
6. Welches Verhalten dem Fremden gegenüber ist grundsätzlich sinnvoll? Formuliert eure Auffassung in Form von drei selbst gewählten und begründeten Verhaltensregeln.

Fremdes und Vertrautes

Ein allbekanntes Sprichwort lautet: Wenn einer eine Reise tut, dann kann er was erzählen.

So erging es Peter aus Königslutter und Yuki aus Yokohama, die von den Reisen ihrer Verwandten berichten können, wie Vertrautes plötzlich fremd war. Lest selbst!

Das ist doch alles verkehrt

Peters Vater hat eine Reise durch Japan gemacht und ihm davon erzählt. Peter sagt zu seinem Freund Klaus: Die Japaner müssen nette Leute sein, aber sie machen vieles verkehrt.

Wenn sie einen Brief schreiben, schreiben sie von rechts nach links oder von oben nach unten.

Ein japanisches Buch fängt hinten an. Wo bei uns die Titelseite ist, ist bei ihm die letzte.

Wenn die Japaner an den Fingern abzählen, beugen sie nacheinander die Finger in die Hand, den Daumen zuerst.

Besonders höflich ist es in Japan, wenn man beim Teetrinken oder Suppeessen laut schlürft. Man zeigt damit, dass es einem gut schmeckt.

Den Regenschirm trägt man in Japan in geschlossenem Zustand an der Spitze und nicht am Griff.

Wenn man in ein fremdes japanisches Haus geht, zieht man die Schuhe aus, behält aber den Hut auf.

Nach einem Bad trocknet man sich in Japan mit einem feuchten Tuch ab.

Säuglinge werden von der Mutter auf dem Rücken getragen.

Eine Frau wird in Japan nicht ihres hübschen Busens, sondern ihres hübschen Nackens wegen bewundert. Deshalb sind Kimonos vorne geschlossen und hinten offen.

Der Vorname des Japaners steht immer hinter dem Familiennamen.

Takes und Yukis Onkel war eine Zeit lang in Deutschland und hat ihnen davon erzählt.
Take sagt zu Yuki:
Die Deutschen müssen nette Leute sein,
aber sie machen vieles verkehrt.

Wenn sie einen Brief schreiben, schreiben
sie von links nach rechts und
nie von oben nach unten.

Ein deutsches Buch fängt da an,
wo für uns die letzte Seite ist.

Wenn die Deutschen an den Fingern abzählen,
strecken sie nacheinander
die Finger, den Daumen zuerst.

Besonders unhöflich ist es in Deutschland,
wenn man beim Teetrinken oder
Suppeessen laut schlürft. Wie kann man da
zeigen, dass es einem schmeckt?

Den Regenschirm trägt man in Deutschland
in geschlossenem Zustand am Griff und
nicht an der Spitze.

Wenn man in in ein deutsches Haus
geht, behält man die Schuhe an,
setzt aber den Hut ab.

Nach einem Bad trocknet man sich in
Deutschland mit einem trockenen Tuch ab.

Säuglinge werden von der Mutter auf
dem Arm getragen.

Eine Frau wird in Deutschland nicht ihres
hübschen Nackens, sondern ihres
hübschen Busens wegen bewundert.
Deshalb sind die Kleider hinten geschlossen
und vorne ausgeschnitten.

Der Vorname des Deutschen steht immer
vor dem Familiennamen.

(Ilse Kleberger: Das ist doch alles verkehrt! In: Gundula Mebes u.a.: Mehrheiten und Minderheiten. Körber, Hamburg 2000, S. 6 f.)

1. Lest das Gedicht mit verteilten Rollen.
2. Sucht nach dem Vorbild des Gedichts weitere Bespiele dafür, dass andere Vöker andere, fremde Sitten haben, und stellt sie hiesigen Verhaltensmustern gegenüber.

Sich fremd fühlen

Nicht nur in der Fremde kann es passieren, dass man sich fremd fühlt. Situationen, die einem unvertraut sind, kennt jeder. Sicher bist auch du schon in solchen gewesen. Zum Beispiel, als dich dein bester Freund oder deine beste Freundin zum ersten Mal zu sich nach Hause eingeladen hatte.

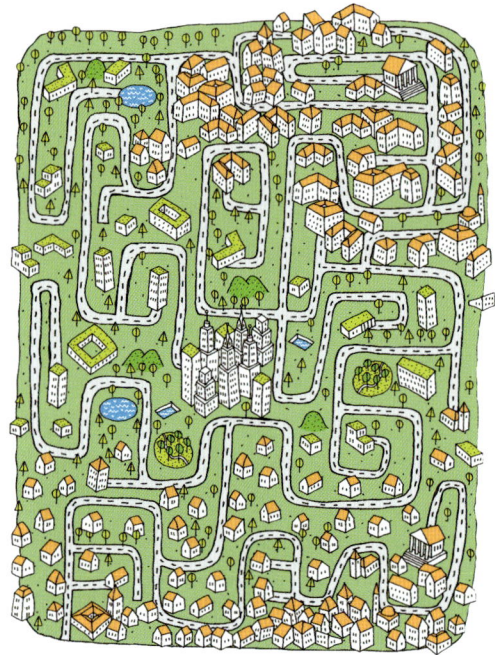

Wenn wir uns fremd fühlen, bringen wir dies durch Redewendungen anschaulich zum Ausdruck. Wir fühlen uns dann „nicht wohl in unserer Haut" oder „wie ein Fisch an Land".

So erging es auch Philipp, einem Zwölfjährigen aus Osnabrück.

Verlaufen

Philipp und Erik haben sich gezofft und Philipp ist wütend davongestürmt. Nie wieder, hat er sich geschworen, werde ich mit Erik auch nur ein Wort wechseln. Derweil er grollt, tragen ihn seine Beine automatisch durch die Straßen. Er läuft und läuft. Es beginnt bereits zu dämmern, als er plötzlich aufschreckt. Wo bin ich eigentlich? Diese Häuser und diese Straßen habe ich ja noch nie zuvor gesehen. Verzweifelt schaut er sich um. Kein Mensch ist unterwegs, den er nach dem Weg fragen kann. Er beschließt, zurück zu Eriks Haus und von dort aus nach Hause zu gehen. Jedoch der Weg, den er einschlägt, endet unvermittelt in einer Gartenanlage. Erneut schaut er sich um. Er weiß weder wo er ist noch welchen Weg er wählen soll. Spontan entscheidet er sich für den rechten. Nach 100 Metern stößt er auf einen kleinen Platz mit einem Springbrunnen, den er leider nicht kennt. Eine Gruppe Jugendlicher steht palavernd um den Brunnen herum. Philipp traut sich nicht, sich ihnen zu nähern. Die Jugendlichen sind älter und stärker als er und zudem in der Überzahl. Wer weiß, ob sie ihn nicht auslachen. Unauffällig zieht er sich zurück. Ihm ist zum Weinen zumute. Wieder ändert er die Richtung. Er hört den Lärm einer stark befahrenen Straße. Sein Bus fährt an ihm vorbei. Philipps Herz macht einen Freudensprung: Endlich kennt er sich wieder aus.

1. Sammelt Beispiele von Situationen, in denen ihr selbst euch schon einmal fremd gefühlt habt. Versucht zu begründen, woraus das Gefühl des Fremdseins resultierte.
2. Gebt die Bedeutung der oben angesprochenen Redensarten mit eigenen Worten wieder und findet weitere Sprüche, die das Gefühl der Fremdheit beschreiben.
3. Schreibt aus dem Text heraus, welche Gefühle Philipp hat, und sprecht darüber,
    › wodurch diese ausgelöst werden,
    › ob sie berechtigt sind.

Wir und die anderen

Auch wenn wir uns von anderen Menschen unterscheiden, teilen wir mit ihnen doch manche Überzeugungen und Gewohnheiten: Wir essen ähnliche Speisen, tragen ähnliche Kleidung, haben ähnliche Vorstellungen vom Glück, ähnliche Wertvorstellungen oder religiöse Ansichten. Oft handelt es sich dabei um die Überzeugungen und Gewohnheiten einer Mehrheit, sei es die Mehrheit in der Schule, die wir besuchen, der Stadt, in der wir wohnen, oder dem Land, in dem wir geboren wurden. Dass man auch anders leben kann, fällt uns besonders dann auf, wenn wir in andere Länder reisen, wo andere Sitten herrschen. Aber auch hierzulande begegnen wir immer wieder – und immer öfter – Menschen, mit deren Lebensweisen wir nicht vertraut sind und die uns daher fremd erscheinen.

Anders als wir

1. Beschreibt, was ihr auf den Bildern seht. Ergänzt eure Beschreibung um Vermutungen über die Hintergründe der jeweiligen Situation.
2. Was rufen die Bilder in euch hervor? Legt eure Gefühle dar und diskutiert über die Gründe für diese Gefühle.
3. Versetzt euch in die Lage der abgebildeten Menschen. Was erleben, was denken und fühlen sie? Schreibt zu einem ausgewählten Bild einen kurzen Text aus der Sicht der jeweiligen Person.

„Fremde", die hier zu Hause sind

Die Anwältin Ama-Pokua von Pereira (34) war 15, als sie aus Ghana nach Hamburg kam. Sie ist in Deutschland zu Hause und doch fühlt sie sich manchmal, als wäre sie eine Fremde.

Q „Sie sprechen aber gut Deutsch!" Ich könnte mich jedes Mal darüber aufregen, wenn ich diesen Satz höre. Natürlich spreche ich gut Deutsch, schließlich bin ich schon seit einigen Jahren hier. Es ist ganz bestimmt nicht böse gemeint – aber wenn die Leute diesen Satz sagen, fühle ich mich fremd. Dann fühle ich mich so, wie ich mich als 15-Jährige fühlte, als ich nach Deutschland kam: anders. Aber ich habe mich durchgebissen. Meine Kinder erziehe ich zweisprachig, ich bringe ihnen Deutsch und Twi* bei. Ich weiß aus eigener Erfahrung, wie schwierig es für schwarze Kinder in Deutschland ist. Mir blutet das Herz, wenn ich höre, dass schwarze Jugendliche immer wieder mit Drogen in Verbindung kommen – und gebracht werden. Es ist nun einmal nicht nur eine Sache der Intelligenz, ob man etwas im Leben erreicht. Deshalb engagiere ich mich im Verein „Bildung ohne Grenzen", den ich mitgegründet habe. Der Verein bietet insbesondere Kindern und Jugendlichen mit Migrationshintergrund Hilfe bei Hausaufgaben an, wir haben einen Basketball- und einen Theaterkurs, wo die Kinder ihr Selbstwertgefühl steigern können – und Hamburg wirklich als „Tor zur Welt" empfinden lernen.

»Nur im Notfall fragt mich niemand, woher ich eigentlich komme.« Marco, Notarzt

(Hamburger Abendblatt, 26.01.2008: http://www.abendblatt.de/daten/2008/01/26/840846.html; Zugriff: 23.01.2010)

A 1. „Sie sprechen aber gut Deutsch!" Dies ist ein häufig geäußerter Satz, den sich seit vielen Jahren in Deutschland lebende Migranten* und viele in Deutschland Geborene anhören müssen. Stellt eine Liste solcher gedankenloser Sätze zusammen und diskutiert, ob und warum diese Sätze verletzend wirken können.
2. Überlegt, wie man geschickt auf solche Sätze reagieren kann. Entwickelt hierzu Dialoge. Probiert diese dann in kurzen Rollenspielen (siehe S. 76) aus. Diskutiert anschließend die Vor- und Nachteile der von euch entwickelten Antworten.
3. Betrachtet das Foto. Was bringt es in euren Augen zum Ausdruck?

Fremdes entschlüsseln

Die eigene Kultur und ihre Spielregeln sind uns vertraut. Wir sind hineingeboren worden und wissen, welche Verhaltensweisen angemessen sind. Deshalb spricht man auch von einem *kulturellen Code**, einer Art Geheimsprache in jeder Kultur, die man verstehen muss, um sich sicher darin bewegen zu können.

Zum Beispiel Gastfreundschaft

Fatima ist zu Lauras Geburtstag eingeladen. Sie freut sich sehr. Als Fatima eintrifft, sind Ada und Svenja schon da. Fatima ist enttäuscht, dass alle schon an der festlichen Tafel sitzen. Mühsam kann sie die Tränen hinunterschlucken. Sie hat sich auf einen langen Nachmittag gefreut und nun soll der so schnell vorüber sein? Nach Kuchen und Tee begeben sich alle in Lauras Zimmer, das wunderbar geschmückt ist. Dort tanzen sie und lachen. Auch Fatimas Freude kehrt zurück.

Am nächsten Tag fragt Laura sie, ob es ihr gefallen hat.

„Weißt du", erklärt Fatima ein wenig verlegen, „erst war ich enttäuscht. Wenn wir feiern, dann kommt die ganze Familie zusammen, Onkel, Tanten, Kusins und Kusinen … Alle reden und bereiten zusammen das Essen vor. Erst ganz am Schluss essen wir gemeinsam. Bei dir war alles anders."

„Ach, meine Fatima, das nächste Mal, da machen wir alles anders."

„Das nächste Mal kommst du zu mir und machst dir selbst ein Bild."

(Nach einer Idee von Wolfgang Barth: Multikulturelle Gesellschaft. In: Interkulturelles Lernen. BpB, Bonn 1998)

1. Recherchiert in geeigneten Medien, wie Gastfreundschaft in verschiedenen Kulturen gehandhabt wird, und stellt eure Ergebnisse in der Klasse vor.

Vielleicht habt ihr Mitschüler in der Klasse, die lebendig von Gastfreundschaft in ihrer Kultur erzählen können.

2. Sucht weitere Beispiele für unterschiedliche kulturelle Codes, die das Gefühl des Fremdseins bewirken können.

Wer fürchtet sich vor Fremden?

Fremdes und Fremde können uns Angst machen. So ergeht es auch dem Jungen Karl, der mit seiner Familie aus dem Dorf Vierfelde in eine Großstadt gezogen ist.

Furcht vor fremden Kindern

Er stand an der Straße und wartete, bis die Autos vorbeigefahren waren, dann ging er auf die andere Seite. Aber er ging vorsichtig und sah nach links und nach rechts; denn er hatte seine kleine Schwester an der Hand, die Kristina hieß und ein unachtsames Mädchen war. Ganz zufällig sah er zur anderen Seite und da sah er die anderen Kinder stehen. Anfangs standen sie nur da. Sie standen vor dem grünen Zaun und es war nicht zu sagen, was sie jetzt wohl tun würden. Sie sahen nur zu ihnen her. Und sie stützten ihre Hände in die Hüften. Und es sah für einen Augenblick so aus, als wären sie gar nicht die Kinder, die in der Dolomitenstraße wohnten. Ja, als wären es die Jungen und Mädchen aus Vierfelde. Und als würden sie, da man sich jetzt erkannte, sogleich zu ihnen rüberrufen. Und als würden ihre Hände sich augenblicklich von den Hüften heben und nach ihnen winken, dass sie nun endlich kommen sollten. Dann aber schrie einer: „Karlchen Duckdich – Karlchen Duckdich!"

Zuerst schrie er ganz alleine.

Dann schrien mit ihm noch drei Kinder. Und dann schrien sie es alle: „Karlchen Duckdich! – Karlchen Duckdich! – Karlchen Duckdich!"

Schnell eilten Karl und Kristina davon, verbargen sie sich hinter hohen Müllkästen, so dass die anderen sie nicht mehr sehen konnten. Aber sie hörten noch lange, wie die Kinder schrien: „Karlchen Duckdich! – Karlchen Duckdich! – Karlchen Duckdich!"

Und der Junge spürte, wie er sich vor den fremden Kindern fürchtete. Wenn ich ihnen meine Trillerpfeife schenken würde, ob sie mich dann mögen würden, fragte er sich.

(Nach Alfred Wellm: Karlchen Duckdich. Kinderbuchverlag, Berlin 1990, S. 8 f.)

1. Wie erklärst du dir, dass die anderen Kinder Karl nicht mögen, obgleich sie ihn nur ein paar Mal gesehen haben und ihn gar nicht wirklich kennen?
2. Begründet (siehe auch 125), ob Karls Angst berechtigt ist oder nicht.
3. Gestaltet die geschilderte Situation als Standbild (siehe S. 148).
4. Unterbreitet Vorschläge, wie Karl geholfen werden kann.

Begründete und unbegründete Ängste

Wenn wir uns selbst fremd werden, fühlen wir uns oft unsicher und ängstlich. In vielen Lebenssituationen reagieren wir deshalb nicht angemessen.

Angst ist ein normales und natürliches Gefühl, das lebensnotwendig ist. Angst signalisiert uns Gefahr. Ein Mensch, der niemals Angst empfindet, befindet sich in ständiger Lebensgefahr. Die Angst hält uns davon ab, uns in Situationen zu begeben, die wir nicht bewältigen können. Allerdings kann Angst auch hinderlich sein. Das ist zum Beispiel dann der Fall, wenn wir Angst empfinden, obwohl tatsächlich gar keine bedrohliche Situation vorliegt.

Der Psychologe und Arzt Sigmund Freud (1856–1939) unterscheidet zwei Formen von Angst.

ANGST

| begründete Angst „Furcht" | unbegründete Angst „neurotische" Angst |

1. Gebt mit eigenen Worten wieder, wann man von Furcht und wann von unbegründeter Angst spricht. Nutzt für die Erklärung den Text und findet Beispiele.
2. Betrachtet die Zeichnungen genau. Welche der abgebildeten Personen könnten unter berechtigten beziehungsweise unberechtigten Ängsten leiden? Ist diese Frage in allen Fällen immer klar zu entscheiden?
3. Überlegt, woran man ängstliches Verhalten erkennen kann. Die Zeichnungen enthalten einige Hinweise. Achtet besonders auf Körperhaltung und Gesichtsausdruck und überlegt auch, ob die Sprache eines Menschen verraten kann, ob er Angst empfindet.
4. Kann man aus Angst eine Situation falsch einschätzen? Belegt eure Meinung mit Beispielen.

Mit Ängsten umgehen

Angst und Unsicherheit gehen oft Hand in Hand. Viele Menschen, die Angst haben, verhalten sich unsicher und gehen Situationen oder Personen, die sie nicht kennen, aus dem Weg. Manchmal verhalten sie sich aber auch betont lässig, um ihre Angst zu überspielen, anderen wiederum gelingt es, ihre Angst zu überwinden.

In einem fremden Land unterwegs sein

Austern probieren

Fremde nach dem Weg fragen

Einen neuen Weg wagen

1. Schaut euch die Bilder an. In welcher der abgebildeten Situationen würdet ihr euch unsicher fühlen? Könnt ihr Gründe dafür angeben?
2. Ängste überwinden erfordert Mut. Überlegt, welche Vorteile es hat, eigene Ängste zu überwinden. Bezieht euch dabei auf eine der abgebildeten Situationen oder eigene Beispiele.
3. Versucht an einem Beispiel zu erklären, wie es gelingen kann, die eigene Angst zu überwinden. Welche Rolle können dabei andere Menschen spielen?
4. Jeder schreibt einen Brief im Namen eines Freundes oder einer Freundin an sich selbst, indem ihr euch selber Mut macht, etwas zu tun, was ihr euch bislang noch nicht getraut habt.

Davonlaufen zählt nicht

So lautet ein geflügeltes Wort. Was aber kann man tun, um die Angst vor Fremden zu überwinden?

1. Schaut euch das Schaubild an. Erklärt mit eigenen Worten, wie aus Angst Vorurteile entstehen können.
2. Findet ein Beispiel dafür, wie dieser Ablauf verändert werden kann.
3. Ein jeder von euch stelle sich vor, er muss mit einem Bus mehr als eine Stunde lang unterwegs sein. Beim Einsteigen findet ihr folgende Sitzbelegung vor:

   A Knutschendes Schwulenpaar
   B Mutter mit einem quengelnden Kleinkind
   C Hübsche junge Südländerin mit starkem Schnupfen
   D Schmuddeliger alter Mann, der seltsam riecht
   E Jugendlicher, leicht angetrunkener VfL-Wolfsburg-Fußballfan in Fankleidung und mit Bierflasche
   F Freundlich lachender Farbiger
   G Geistig behinderter Mann
   H Frau in mittlerem Alter mit vielen Beuteln und Taschen

   Auf welchen Platz setzt ihr euch? Begründet, warum ihr diesen und keinen anderen Platz gewählt habt.

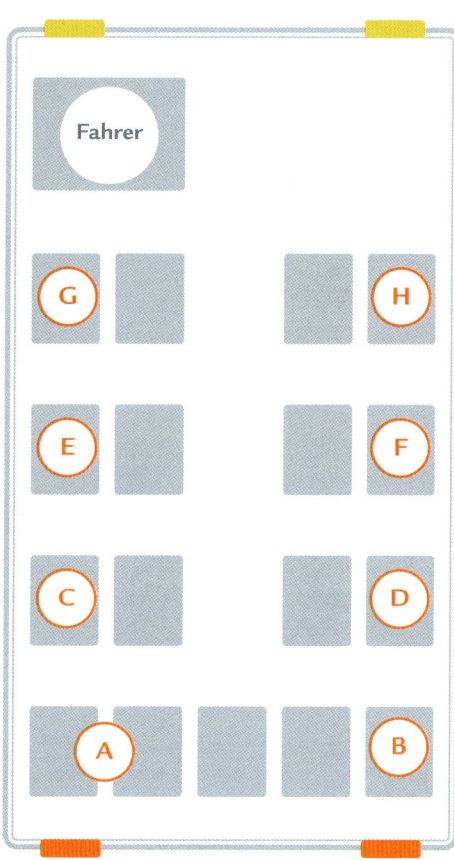

Sich das Fremde aneignen

Alles Fremde verliert seinen Schrecken, wenn man sich damit bekannt gemacht hat. Das einst Fremde wird zu etwas Eigenem, wenn man es sich aneignet. Das zeigen sehr einprägsam Wörter, die aus anderen Sprachen stammen und die heute ganz selbstverständlich von jedermann benutzt werden. Man spricht dann davon, dass die Wörter eingedeutscht wurden.

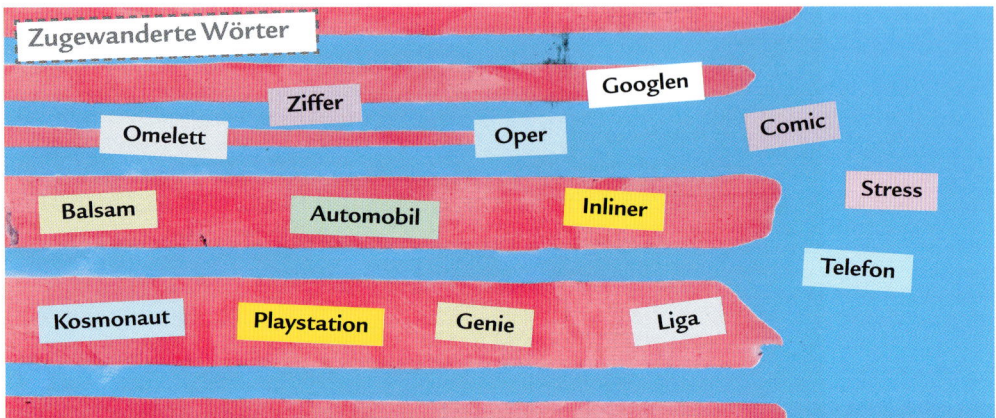

Zugewanderte Wörter: Ziffer, Googlen, Omelett, Oper, Comic, Balsam, Automobil, Inliner, Stress, Telefon, Kosmonaut, Playstation, Genie, Liga

Zugewanderte Speisen

Ü 1. Erarbeitet,
› woher die Wörter ursprünglich stammen,
› was sie wortwörtlich übersetzt bedeuten,
› welche (evtl. abweichende) Bedeutung sie heute haben.
2. Sucht nach deutschen Wörtern, die in andere Sprachen übernommen wurden. Wer findet die meisten?
3. Ergänzt andere „eingewanderte" Speisen. Auf welche zu verzichten würde euch schwerfallen? Begründet, warum.

Oh du schöner deutscher Gartenzwerg

Wer kennt sie nicht, die lustigen Gesellen, die viele deutsche Vorgärten zieren. Gartenzwerge sind so etwas wie ein Symbol* für das Deutsche schlechthin. Schätzungsweise 25–28 Millionen dieser Gesellen zieren allein deutsche Gärten. Doch weißt du auch, dass die urdeutschen Gesellen einst eingewandert sind?

Die Vorläufer des heutigen Gartenzwergs stammen aus der Türkei. Dort arbeiteten im 13. Jahrhundert Pygmäen* als Sklaven im Bergbau. Ihnen wurden legendäre Kräfte zugeschrieben, die man in kleinen Tonfiguren symbolisch darstellte. Kaufleute brachten die Figuren im 15. Jahrhundert mit nach Italien. Von dort aus „reisten" sie weiter nach Deutschland, wo sie schnell heimisch wurden.

Erkundungsauftrag: Fremdes in unserer Umgebung
1. Bildet Arbeitsgruppen und begebt euch in eurem Wohnort auf Erkundung. Haltet in Form von Fotos oder einem Protokoll fest, wann und wo euch Fremdes offensichtlich begegnet ist und wie es auf euch gewirkt hat.
2. Wählt dann aus den nachfolgenden Themenkreisen einen aus, mit dem ihr euch in der Gruppe genauer befassen möchtet. Recherchiert dazu die Ursprünge der untersuchten Gegebenheiten sowie die Aufnahme und Akzeptanz in Deutschland.
   Präsentiert eure Ergebnisse in Form eines kurzen Vortrags, eines Posters, eines Hörspiels oder eines Kurzfilms.
   › Sportarten, die für Deutschland nicht typisch sind
   › Essgewohnheiten und Speisen, die nicht aus deutscher Tradition stammen
   › Musikrichtungen, die anderswo ihre Wurzeln haben
   › Feste und Feiern, die aus anderen Kulturen übernommen wurden
   › Kleiderordnungen, die anders sind
   › Verhaltensweisen und Normen, die von den hiesigen abweichen

4.2 Vorurteilen auf der Spur

Alltägliche Vorurteile

Nicht selten urteilen Menschen über bestimmte Sachverhalte oder andere Menschen aufgrund eines ersten Eindruckes, vom Hörensagen und ohne genaue Kenntnisse.
Diese Art von Urteilen nennt man *Vorurteile*. Dabei wissen wir doch, dass der erste Eindruck täuschen kann.

Getäuschte Wahrnehmungen — Kreise

Kippbilder

Sprüche

> Zu frühe Urteile sind Vorurteile, aus denen der Irrtum emporsteigt wie der Nebel aus dem Meere. *(Heinrich Pestalozzi)*

> Der Neger malt den Teufel weiß. *(Gottfried Herder)*

> Das Vorurteil ist weiter von der Wahrheit entfernt als die Lüge.

> Es ist leichter, ein Atom zu zertrümmern, als Vorurteile zu überwinden. *(Albert Einstein)*

A
1. Wählt einen Spruch aus und erläutert dessen Aussage mit eigenen Worten.
2. Schätzt, welcher der beiden Mittelkreise in der Zeichnung größer ist. Messt anschließend nach, ob ihr richtig gesehen oder euch getäuscht habt.
3. Was seht ihr auf den Kippbildern? Stellt Vermutungen darüber an, wie es möglich ist, dass ihr in ein und derselben Abbildung Unterschiedliches erkennen könnt.
4. Tragt in einem Brainstorming zusammen, wovon abhängig ist, was ich sehe, höre oder spüre.
5. Sucht Beispiele dafür, wie
   a) durch Wahrnehmungsfehler Vorurteile bzw.
   b) aus Vorurteilen Wahrnehmungsfehler entstehen können.

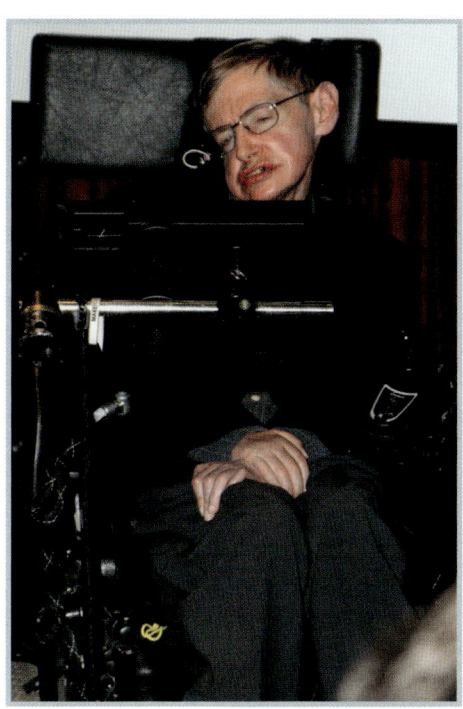

1. Schaut euch das Foto genau an. Notiert – zunächst jeder für sich – welche ersten Assoziationen* (Gedanken, Gefühle) euch beim Betrachten des Fotos spontan durch den Kopf gegangen sind.
2. Beantwortet – jeder für sich – schriftlich folgende Fragen: Was vermutest du:
    a) Ist der Mann auf dem Bild intelligent oder eher weniger intelligent?
    b) Hat er Kinder oder hat er keine Kinder?
    c) Ist er beruflich erfolgreich?
3. Recherchiert anschließend den Namen des Mannes und seine Lebensgeschichte.
4. Fasse abschließend zusammen, welche einseitigen oder gar falschen Urteile in deinem Kopf waren, und ziehe ein Fazit.

In unserer Zeit, dem Zeitalter der Globalisierung*, wo die ganze Welt „zusammengerückt" ist, sind Vorurteile verpönt.

Die modernen Menschen von heute bereisen die ganze Welt. Sie lernen andere Länder und Sitten kennen, sie studieren andere Menschen und ihre Art zu leben. Sie kosten unbekannte Speisen und Früchte und schließen Freundschaften mit Unbekannten. Neues – gleich ob es sich um technische Neuheiten, die Mode oder Fremdworte handelt – wird begierig aufgesaugt und in den eigenen Alltag integriert.

Wir glauben von uns, keine Vorurteile zu haben. Dieser einfache Einkaufszettel jedoch zeigt schnell, dass sich auch in unserem Alltag Vorurteile eingenistet haben.

- irische Butter
- spanische Orangen
- mexikanische Chili
- holländischer Käse
- italienische Pizza
- altdeutscher Pflaumenkuchen
- Bio-Hähnchen

5. Erarbeitet in Partnerarbeit, welche Vorurteile im Einzelnen auf diesem Einkaufszettel zum Tragen kommen.
6. Erklärt, warum bzw. warum nicht es sich dabei um Vorurteile handelt.

Sind Namen nur Schall und Rauch?

Alle Menschen haben einen Namen. Er ist das erste Merkmal, um sich mit einem Menschen bekannt zu machen. Unseren Namen können wir uns meist nicht selbst wählen. Wir bekommen ihn von unseren Eltern „geschenkt". Er kann uns gefallen oder als eine schwere Last erscheinen. Doch was hat ein Name mit Vorurteilen zu tun?

Forscher der TU Chemnitz untersuchten die Wirkung von Vornamen auf unsere Wahrnehmung der jeweiligen Person und kamen zu folgendem Ergebnis:

Was Namen über die Person verraten

Q Hören wir einen Vornamen, so schlussfolgern wir daraus nicht nur das Alter der betreffenden Person, sondern auch deren Attraktivität, ihre Religionszugehörigkeit und Intelligenz. Unter der Überschrift „Ein Vorname sagt mehr als 1000 Worte – zur sozialen Wahrnehmung von Vornamen" wurde 150 Versuchspersonen ein Fragebogen mit 60 typischen männlichen und weiblichen Vornamen vorgelegt und diese ordneten den Namen(strägern) Eigenschaften zu.

Die Träger moderner Namen wurden stets jünger eingeschätzt als solche mit „altmodischen" Namen. Aber es wurden aus dem Namen auch Schlüsse auf das Aussehen und die Intelligenz der Namensträger getroffen.

(Nach Ein Vorname sagt mehr als 1000 Worte. Pressemitteilung der TU Chemnitz, 12.10.2006: http://www.tu-chemnitz.de/tu/presse/2006/10.12-11.20.html; Zugriff: 12.08.2010)

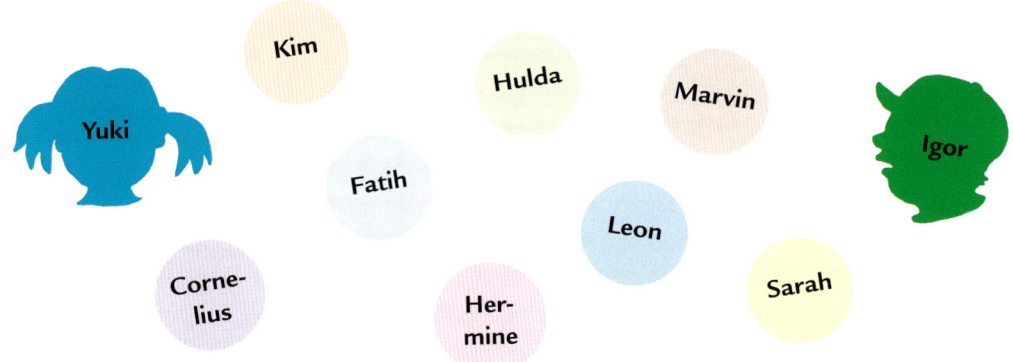

1. Notiert eure vier Lieblingsvornamen und vier Vornamen, die ihr als negativ beurteilt. Findet für jeden drei Gründe, warum ihr diesen Namen mögt bzw. nicht mögt.
2. Diskutiert eure Ergebnisse. Gibt es Übereinstimmungen? Spekuliert, woran das liegen könnte.
3. Schreibt einen Kurzbericht über eine Person, die von euch aufgrund ihres Namens für sympathisch bzw. unsympathisch gehalten wurde und bei der sich eure Meinung bei näherem Kennenlernen nicht bestätigt hat.
4. Welche Vorstellungen verbindet ihr mit den Namen auf den Wortkarten? Haltet diese zunächst in Einzelarbeit schriftlich fest. Vergleicht und diskutiert eure Vorstellungen dann.

Arten von Vorurteilen

Vorurteile fallen nicht vom Himmel, sie sind stets menschengemacht. Sie vergröbern und vereinseitigen. Jeder kennt solche Vorurteile über Blondinen, Polizisten, Politiker, Philosophen*, Ostdeutsche oder Behinderte. Sie tragen dazu bei, die Betroffenen nur aus einer Perspektive zu betrachten. Häufig sehen wir dann nur das, was wir zu sehen erwarten.

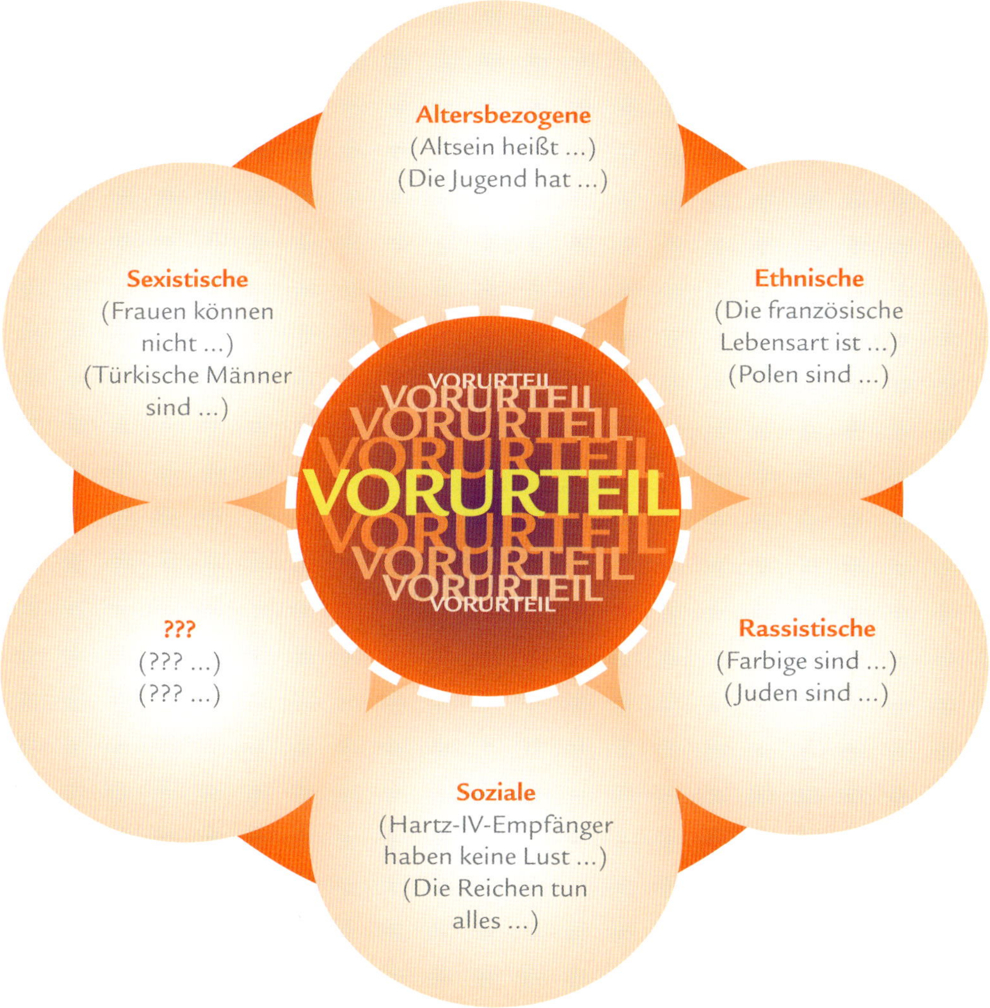

Altersbezogene
(Altsein heißt …)
(Die Jugend hat …)

Sexistische
(Frauen können nicht …)
(Türkische Männer sind …)

Ethnische
(Die französische Lebensart ist …)
(Polen sind …)

VORURTEIL

???
(??? …)
(??? …)

Rassistische
(Farbige sind …)
(Juden sind …)

Soziale
(Hartz-IV-Empfänger haben keine Lust …)
(Die Reichen tun alles …)

1. Ergänzt die angefangenen Sätze in eurem Hefter.
2. Sucht nach weiteren Arten von Vorurteilen und findet Beispiele dafür.
3. Ein Sprichwort behauptet: „Das Vorurteil ist weiter von der Wahrheit entfernt als die Lüge." Erarbeitet in Partnerarbeit eine Argumentation dazu und tragt diese vor. Welches Tandem hatte die beste?

Harmlose und böse Vorurteile

Vorurteile stehen uns nicht nur im Wege, wenn es gilt, auf andere zuzugehen oder die Wirklichkeit in all ihren Facetten wahrzunehmen. Sie erleichtern das Leben auch.

Jeder kennt Vorurteile, die sich positiv auf unser Verhalten auswirken können. Wir sagen zum Beispiel in voller Überzeugung: „Meine Freundin/mein Freund würde mich nie belügen." Voller Vertrauen hören wir ihre/seine Meinung an, beherzigen wir ihren/seinen guten Rat. Wir gehen zum Arzt, weil wir glauben, dass er uns helfen wird, gesund zu werden ...

Sind Vorurteile vielleicht gar nicht vermeidbar?

Der gepackte Koffer

Der Schauspieler Peter Ustinov stellt eine auf den ersten Blick überraschende Behauptung auf:

> Gewisse Vorurteile hat jeder Mensch, [...] sonst könnte er nicht einmal seine Koffer packen.
>
> (Zitiert aus: Sarah Weik: Die Macht des Vorurteils. Die Welt, 25.07.2009, W1)

Gewollte Vorurteile

Es gibt Vorurteile, die sind gewollt. Von ihnen lebt die Wirtschaft. In der Werbung werden diese beschworen. So z.B., wenn es heißt,

..., in dieser Supermarktkette lässt sich preiswert einkaufen.

... hat Outdoor-Kleidung für die Antarktis und die Tropen, für Sonne, Wind, Schnee und Regen.

..., diese Smartphones sind zuverlässige kleine Computer mit Internetzugang.

1. Interpretiert die Äußerung Peter Ustinovs.
2. Findet weitere Beispiele für die positive Wirkung von Vorurteilen.
3. Vervollständigt die Werbesprüche zunächst jeder für sich allein. Vergleicht dann, was ihr eingesetzt habt und erklärt Gemeinsamkeiten und Unterschiede.

4. Stellt euch vor, es ist Sommer und ihr wollt mit euren Eltern in den Urlaub ans türkische Mittelmeer reisen. Ein jeder von euch packe nun seinen Koffer. Notiert – jeder für sich –, was ihr einpackt.
5. Vergleicht dann eure Packlisten. Was stellt ihr fest?
6. Welche Vor(ab)urteile haben euch beim Packen geholfen? Tragt diese zusammen.

Böse Vorurteile

Manche Vorurteile sind ganz nett, so z.B. das, dass Dicke gemütlich sind. Aber es gibt auch richtig böse Vorurteile, die anderen Menschen das Leben schwer machen.

Specki

Ayşe ist eine sehr gute Schülerin. Sie ist freundlich, hilfsbereit und ein wenig pummelig. Sie selbst leidet unter ihrer Pummeligkeit. Gern wäre sie so schlank wie Alina, die im Ballett tanzt. Ayşes Mitschüler mögen sie, denn sie erklärt sehr geduldig die Matheaufgaben und hilft, den richtigen Lösungsweg zu finden.

Dennoch hat sie keine Freundin, denn Ayşes Großmutter ist sehr krank und wird von der Familie zu Hause betreut. Nach Schulschluss muss Ayşe nach Hause, damit ihre Mutter zur Arbeit gehen kann und jemand für die kranke Großmutter und ihre jüngere Schwester da ist.

Seit Kurzem jedoch fürchtet sich Ayşe vor der Schule.

Kevin und Alex haben ihr den Namen „Specki" angehängt, den seither auch andere Mitschüler nachplappern. Alles begann damit, dass Ayşe sich weigerte, Kevin die Hausaufgaben abschreiben zu lassen.

„Was bildest du Türkenspeck dir eigentlich ein? Sei froh, wenn ich von dir Fettschwamm überhaupt etwas will", hatte er Ayşe entgegengeschleudert. Der Hassausbruch hatte Ayşe so sehr gekränkt, dass sie zu weinen begann. Das hatte Kevin noch mehr angestachelt.

„Specki, Türkenspeck, Specki, Türkenspeck ...!", schrie er ihr nach und am nächsten Tag schon hing ihr dieser Name wie ein Stein um den Hals, ein Stein, den sie seither nicht mehr los wird und den sie nicht ertragen kann.

1. Legt dar, mit welcher Art von Vorurteilen Ayşe zu kämpfen hat und woraus diese resultieren. Beachtet dabei auch die S. 133.
2. Tauscht euch darüber aus, was in Ayşe vorgeht und warum ihr der Name „Specki" wie ein Fels auf der Seele lastet.
3. Macht Vorschläge, wie Ayşe geholfen werden kann.

4.3 Vorurteile und Fremdenangst überwinden

Bunte Republik Deutschland?

Wenn man durch die Straßen deutscher Großstädte geht, gewinnt man rasch den Eindruck: Deutschland ist bunt!

Muslimische Frauen mit Kopftüchern kaufen auf dem Markt ein, japanische Touristen sind auf Motivjagd für Fotos, im Bus sitzen hellhäutige neben dunkelhäutigen Schülern, gemeinsam lästern sie über die Marotten ihrer Lehrer, ein alter Mann telefoniert in einer fremden Sprache, eine Indio-Band macht gut gelaunt Musik in der Fußgängerzone ...

Solche oder ähnliche Gegebenheiten hat sicher jeder von euch schon einmal beobachtet.

Doch nicht allen gefällt diese bunte Vielfalt. Manche Menschen verunsichert sie, andere lehnen sie ab.

Ausländische Bevölkerung in Deutschland (Stand: 23.09.2018)

Staatsangehörigkeit	Insgesamt
Deutsche Bevölkerung	82.792.400
Ausländer	9.363.700
Davon aus Europa	ca. 5.600.000
Davon aus der Türkei	ca. 2.700.000
Aus Afrika	ca. 300.000
Aus Asien	ca. 1.000.000
Aus Amerika	ca. 200.000
Aus Australien	ca. 15.000

(http://www.destatis.de/DE/ZahlenFakten/Gesellschaft/Staat/Bevölkerung/MigrationIntegration/ Auslaendische Bevoelkerung/Tabellen/Geschlecht,html; Zugriff: 23.09.2018)

Bonjour Hallo Hello Merhaba chào Halo ahoj Hola ابحرم 你好 Ciao Hei Përshëndetje

A
1. Lest die Tabelle. Was erzählen euch die Zahlen?
2. Im Zusammenhang mit Ausländern und Migranten* in Deutschland wird manchmal von der Angst vor *Überfremdung* gesprochen. Arbeitet in Partnerarbeit heraus, was sich hinter diesem Wort verbirgt.

Vorbehalte gegen Ausländer werden manchmal damit begründet, dass diese nur nach Deutschland kämen, weil es ein reiches Land ist und sie etwas von diesem Reichtum abbekommen möchten, ohne selbst etwas dafür geleistet zu haben.

Doch niemand verlässt gern seine Heimat und geht in die Fremde. Alle Bindungen, in denen dieser Mensch bislang lebte, die zu seiner Familie, Freunden, ja sogar die zur Muttersprache werden dabei zerrissen. Für das Weggehen muss es daher schon gewichtige Gründe geben.

Kommen und Gehen

Warum ich aus Deutschland fortgegangen bin

Mein Vater war lange arbeitslos. Deshalb zog meine Familie nach Malmkrog in Rumänien. Früher lebte in diesem Teil des Landes eine deutsche Minderheit, aber heute sprechen nur noch ein paar Alte Deutsch. Mein Vater richtete dort eine Tischlerei ein, Mutter macht die Buchhaltung. Seit meinem vierten Lebensjahr leben wir hier. Meine vier jüngeren Geschwister kennen Deutschland nur von Besuchen bei den Großeltern. *(Julius, 14 Jahre)*

Meine Mutter ist Krankenschwester. Nach der Scheidung von meinem Vater wollte sie ganz weit weg, ihn nie mehr sehen. Seither arbeitet sie in Australien. Wir wohnen hier, hier gehe ich zur Schule. Hier habe ich meine Freunde. Meinen Vater vermisse ich sehr. *(Alice, 12 Jahre)*

Ich bin Lebenskünstlerin und überall in der Welt zu Hause. Einen richtigen Beruf habe ich nicht, ich jobbe wie es sich gerade ergibt. Deutschland fand ich mit 20 miefig und angestaubt. Ich ging nach L.A. Von dort zog ich weiter nach Quebec, dann nach Südfrankreich und später nach Barcelona. Wer weiß, vielleicht zieht es mich ja irgendwann auch nach Celle zurück. *(Janette, 27 Jahre)*

Warum ich nach Deutschland gekommen bin

Mein Ururgroßvater ging 1912 nach Russland. Er war Ingenieur und arbeitete mit daran, dieses riesige Land zu elektrifizieren. Im Krieg wurde die ganze Familie nach Kasachstan umgesiedelt. Dort fühlte sie sich nie heimisch. Wir haben immer Deutsch gesprochen. Als Spätaussiedler sind wir wieder nach Deutschland gegangen. Nun leben wir bereits zehn Jahre in Hildesheim. *(Olga, 16 Jahre)*

Ich bin Arzt und komme aus Kolumbien. Dreimal hatte ich – obwohl ich untergetaucht war – meine eigene Todesanzeige zugesandt bekommen. Ich musste das Land verlassen, um zu überleben. Der Zufall führte mich nach Deutschland, in ein Land, dessen Sprache ich nicht sprach, aber das mir Schutz bot. *(Pedro, 44 Jahre)*

Meine Familie stammt aus Serbien. Mein Großvater ging 1969 aus der Not heraus als Gastarbeiter nach Deutschland. Seine Frau mit den drei Kindern holte er erst 1977 nach. Ich bin hier geboren und war nur ein einziges Mal im Urlaub dort. *(Marina, 12 Jahre)*

1. Vergleicht die genannten Gründe für das Weggehen und das Herkommen. Bezieht, wenn ihr Mitschüler aus Migrantenfamilien* in der Klasse habt, auch deren Erfahrungen mit ein.

2. Führt ein Gedankenexperiment (siehe S. 114) durch. Stellt euch vor, ihr wärt erwachsen und ihr erwägt ernsthaft, Deutschland zu verlassen.
    › Wählt drei Länder aus, die für euch als Wahlheimat infrage kommen. Begründet eure Wahl (Was erwartet ihr dort?) und bestimmt dann einen Favoriten.
    › Haltet als Gedächtnisstütze fünf wichtige Gründe für euer Weggehen fest.
    › Notiert, wovon euch der Abschied besonders schwerfällt.
    › Haltet fest, wovor ihr euch beim Weggehen fürchtet.

In Verschiedenheit zusammenleben

Jedes Zusammenleben, selbst das in einer Familie, verlangt ein gewisses Maß an Nachsicht und Duldung gegenüber den Eigenheiten des anderen. Das trifft erst recht zu, wenn Menschen mit ganz verschiedenen Traditionen und Wertvorstellungen aufeinandertreffen.

Lessing (1729–1781) lässt in dem gleichnamigen Drama Nathan den Weisen auf die Frage, welche Religion die wahre sei, eine *Ringparabel** erzählen:

Gleichnis von der Toleranz

Einst lebte ein alter Mann, der besaß einen wertvollen Ring. Dieser Ring hatte die geheime Kraft, seinen Besitzer vor Gott und den Menschen beliebt und angenehm zu machen. Als er starb, übergab er den Ring dem liebsten seiner Söhne und dieser wiederum gab ihn an seinen Sohn weiter, von Generation zu Generation. So kam der Ring auf einen Mann, der drei Söhne hatte und der alle drei gleichermaßen liebte. Als seine Zeit allmählich ablief und er noch immer keine Entscheidung zu treffen vermochte, da ließ er in aller Heimlichkeit durch einen großen Künstler nach dem Muster des einen Rings zwei weitere fertigen, die dem Original haargenau glichen. Selbst er, der Besitzer, vermochte die Ringe nicht mehr zu unterscheiden. Nacheinander rief er jeden Sohn einzeln zu sich, übergab jedem den Ring und starb.

Kaum war der Vater tot, da zankten die Söhne sich. Ein jeder von ihnen behauptete, den echten Ring zu haben, und beanspruchte für sich allein kraft seines Ringes des Vaters Erbe zu besitzen. Schließlich verklagten sie einander und brachten die Sache vor Gericht. Ein jeder schwor, den echten Ring unmittelbar vom Vater bekommen zu haben.

Der Richter sprach: „Ich hörte, der rechte Ring besitzt die Kraft, beliebt zu machen vor Gott und den Menschen. Das muss entscheiden, denn die falschen Ringe vermögen das nicht. Nun, wen lieben zwei von euch am meisten? Ihr schweigt? Die Ringe wirken nur zurück und nicht nach außen? Jeder liebt nur sich selbst am meisten? Dann sind eurer aller Ringe nicht echt. Der echte Ring ging wohl verloren. Mein Rat: Jeder halte seinen Ring für den echten. Möglich, dass euer Vater euch alle gleich geliebt hat und niemanden begünstigen wollte. So geht denn hin! Jeder eifere einer von Vorurteilen freien Liebe nach! Jeder strebe danach, die Kraft des Ringes zu entfachen! Wenn sich dann durch Sanftmut und Wohltun die Kraft des Ringes äußert, dann kommt wieder her."

(Nach Gotthold Ephraim Lessing: Nathan der Weise. Hamburger Lesehefte, Husum o.J., S. 60 ff.)

1. Gebt mit eigenen Worten wieder, was Nathan mit der Ringparabel über den „wahren" Glauben erzählt.
2. Übertragt seine Botschaft auf das Zusammenleben von Deutschen und Migranten*.
3. Erörtert, inwiefern das Gleichnis von Toleranz handelt.

Begegnungen mit Fremden

Jeder ist anders

„Andere Länder – andere Sitten" heißt es. Eigentlich müsste es heißen „Andere Menschen – andere Sitten", denn in jedem Land leben Menschen mit unterschiedlichen Sitten. Auch bei uns. Die einen beten zu Gott, die anderen nicht. Die einen hören laute Punkmusik, die anderen Streichquartette. Die einen essen Fleisch, die anderen lehnen Fleischessen ab. Mal gehören wir zu einer Mehrheit, mal zu einer Minderheit. Oft fällt es uns schwer, die Vorlieben, Gewohnheiten und Sitten der anderen zu verstehen.

1. Ordnet die Worte zu Gegensatzpaaren. Veranschaulicht dann jedes Gegensatzpaar durch Beispiele aus eigener Erfahrung. Denkt z. B. an Kleidung, Lieblingsverein, Essen, Dialekt.
2. Berichtet davon, welche Erfahrungen ihr als Angehörige einer Minderheit gemacht habt.

Nicht zum Aushalten? Doch!

Wo Menschen mit verschiedenen Lebensweisen zusammenleben, gibt es Reibereien. Was tun?

Jonas (11): In unserer Straße steht eine Kirche. Da läuten sonntagmorgens die Glocken. Oft wecken sie mich auf. Das Geläute nervt mich total. Aber für die Kirchgänger ist es ja wichtig.

Kathrin (11): Wenn ich im Sommer mit meinen Eltern an der Ostsee bin, sehe ich manchmal Leute nackt baden. Ich finde, so was macht man nicht. Aber wenn's ihnen gefällt …

Nina (12): In unserer Stadt leben viele Türken. Wenn sie heiraten, fahren sie immer mit vielen Autos durch die Straßen und hupen schrecklich laut. Aber das ist nun mal ihre Art zu feiern.

3. Beschreibt und beurteilt die Haltung von Kathrin, Jonas und Nina.
4. Spricht es eher für Stärke oder für Schwäche, wenn ein Mensch etwas aushält, das ihn stört? Diskutiert.
5. Erklärt den Unterschied zwischen dulden und billigen.

Dulden

Duldung erfordert nicht, dass ich das, was ich dulde, auch billige. Alkohol-, Fleisch- und Tabakgenuss missfallen mir im höchsten Grad, und doch dulde ich das alles bei den Hindus, den Muslims und Christen, wie ich von ihnen auch erwarte, dass sie meine Enthaltsamkeit in diesen Dingen dulden, auch wenn sie ihnen missfällt.

(Mahatma Gandhi: Die Lehre vom Schwert. Aufsätze aus den Jahren 1919–1922. Rothenhäusler, Stäfa 1999, S. 36)

Was Toleranz bedeutet

Das lateinische Wort für „dulden, ertragen, aushalten" ist *tolerare*. Daher stammt unser Wort „Toleranz". Toleranz ist eine Grundvoraussetzung für das friedliche Zusammenleben von Menschen in einer Gemeinschaft. Sie ermöglicht ein Miteinander, in dem sich alle möglichst frei entfalten können.

Toleranz – was ist das genau?
Eine grobe Definition von Toleranz

D Handlungsregel für das Geltenlassen der religiösen, ethisch-sozialen, politischen [...] Überzeugungen, Normen und Werte [...] sowie der ihnen entsprechenden Handlungen anderer [...].

(Schüler-Duden Philosophie. Duden, Mannheim 1985, S. 424)

... und eine Verfeinerung

D [D]ass man nur dort von Toleranz sprechen kann, wo die zu tolerierenden Überzeugungen oder Praktiken als falsch oder schlecht verurteilt werden. Sonst hat man es entweder mit Gleichgültigkeit oder mit der uneingeschränkten Wertschätzung des Anderen zu tun, nicht aber mit Toleranz. [...] Der Ablehnung muss freilich eine Akzeptanz des Anderen gegenüberstehen, die das Negativurteil zwar nicht aufhebt, aber Gründe dafür nennt, wieso das Falsche dennoch geduldet werden sollte.

(Rainer Forst: Der schmale Grat zwischen Ablehnung und Akzeptanz. Frankfurter Rundschau, 18.12.2001, S. 10)

A
1. Fasst die Grundgedanken beider Texte mit eigenen Worten zusammen.
2. Erläutert den Begriff der Toleranz an einem der Fallbeispiele von 139: Wie denkt und fühlt jemand, der das Hupen, Glockenläuten bzw. FKK toleriert? Verdeutlicht dabei den Unterschied zwischen Toleranz, Gleichgültigkeit und uneingeschränkter Wertschätzung.
3. Positioniere dich zu folgendem Plakat:

Kann man das Zusammenleben mit Fremden erlernen?

Fremde verunsichern uns. Sie stellen das Altbekannte (Traditionen, Verhaltensweisen und Lebensstile) allein durch ihr Anderssein (siehe S. 139) infrage. Toleranz ist daher eine Tugend*, die nicht nur darauf abzielt, den anderen in seinem Anderssein zu dulden, sondern die auch dazu beiträgt, eingeschliffene eigene Verhaltensweisen einmal kritisch zu hinterfragen. Nicht jeder besitzt diese Tugend in gleichem Maße.

Und wohl jeder hat auch schon einmal Verhaltensweisen von Deutschen und von Ausländern registriert, die ihn fragen ließen: Muss ich das hinnehmen?

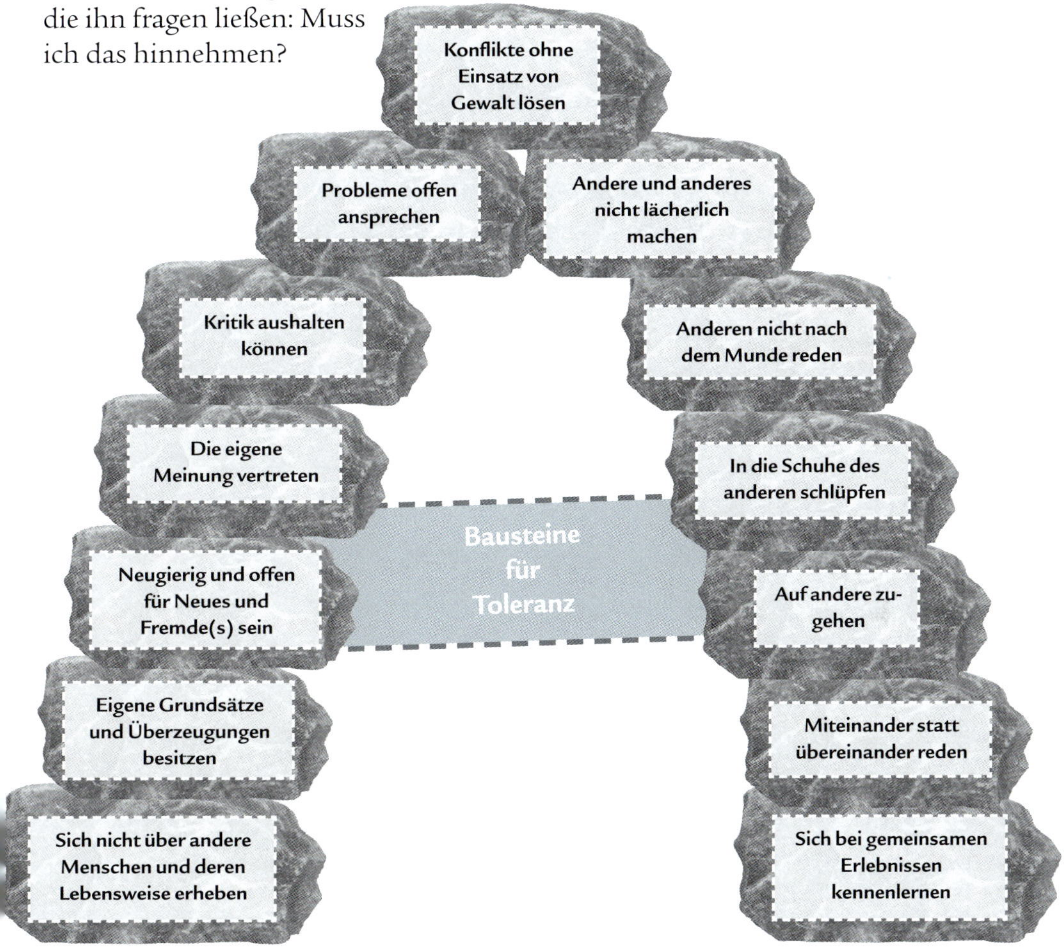

Bausteine für Toleranz:
- Konflikte ohne Einsatz von Gewalt lösen
- Probleme offen ansprechen
- Andere und anderes nicht lächerlich machen
- Kritik aushalten können
- Anderen nicht nach dem Munde reden
- Die eigene Meinung vertreten
- In die Schuhe des anderen schlüpfen
- Neugierig und offen für Neues und Fremde(s) sein
- Auf andere zugehen
- Eigene Grundsätze und Überzeugungen besitzen
- Miteinander statt übereinander reden
- Sich nicht über andere Menschen und deren Lebensweise erheben
- Sich bei gemeinsamen Erlebnissen kennenlernen

1. Erläutert für jeden einzelnen Baustein, warum dieser im Zusammenleben mit Fremden notwendig ist. Was geschieht, wenn dieser Baustein fehlt?
2. Schlagt weitere Bausteine vor und begründet eure Vorschläge.
3. Tragt in Anlehnung an die Bausteine für Toleranz Bausteine für Intoleranz zusammen und diskutiert deren Wirkung.

Grenzen für Toleranz?

Das Zusammenleben von Menschen verschiedener Kulturen ist ohne Toleranz unmöglich. Dennoch ist nicht jede Sitte anderer Menschen tolerierbar.

Wo aber ist die Grenze zu ziehen, welche Verhaltensweisen sind nicht hinnehmbar?

Falsche Toleranz

Sonja Fatma Bläser war neun, als sie aus einem kurdischen Dorf nach Lingen kam. Ihre Eltern lebten schon seit Jahren hier; in Deutschland angekommen sind sie nie. Wenn Sonja mit Jungen aus ihrer Schule sprach, wenn sie sich die Fingernägel lackierte, als sie den Führerschein machen wollte – immer verprügelte der Vater sie. Als Sonja 19 war, wurde sie während eines Urlaubs in der Türkei überraschend mit einem Verwandten verheiratet. Sie floh nach Deutschland, versteckte sich und überlebte einen Mordanschlag ihrer Familie.

2006 gründete sie einen Verein, der anderen Betroffenen hilft. „Falsche Toleranz", die sie in Deutschland immer wieder erlebt, macht sie wütend. Viele Politiker bekennen ihrer Meinung nach keine Farbe oder zeigen ein seltsames Verständnis für Traditionen, die die Menschenrechte verletzen.

(Frei nach Miriam Hollstein: Zwangsheirat – Jede Vierte mit dem Tod bedroht. Die Welt, 09.11.2011)

Traditionen respektieren?

Luisa: „Hast du von dem afghanischen Mädchen gehört, das von seiner Familie getötet wurde, weil es ohne Kopftuch mit deutschen Freunden leben wollte? Die Familie meinte, sie habe die Familienehre beschmutzt. Ich sammle Unterschriften gegen solche ‚Ehrenmorde'. Unterschreibst du?"

Mia: „Unterschreiben? Nee. Es ist nun mal deren Tradition und die sollte man tolerieren."

1. Was wäre „falsch" an der Toleranz gegenüber Zwangsverheiratungen, Ehrenmorden und Ähnlichem? Antwortet zunächst „aus dem Bauch heraus".
2. Findet nun Argumente, die dafür sprechen, solche Traditionen nicht zu tolerieren.
3. Inwiefern hat Mia ein falsches Verständnis von Toleranz? Berücksichtigt bei eurer Antwort auch die Definition von Toleranz (siehe 140).
4. Wie könnte der Dialog weitergehen? Schreibt ihn zu Ende und besprecht eure Ergebnisse.

Toleranz – wie weit?

Für Menschen, die eigene Überzeugungen besitzen, ist Toleranz manchmal nicht einfach, denn die Überzeugungen, nach denen man lebt, hält man schließlich für gut und richtig. Gerade deshalb wertschätzt man sie ja. Doch nicht jeder teilt die eigenen Auffassungen. Andere leben anders, erst recht, wenn sie aus anderen Traditionen kommen.

Wer eigene Überzeugungen besitzt, weiß, dass man diese nicht einfach „über Bord werfen" kann, ohne ein Stück seines Wesens zu verlieren, und bemüht sich also darum, die Eigenheiten anderer zu respektieren*.

Sami-Moschee in Hannover

Toleranztest

Stell dir vor …

- Buddhisten möchten in der Kreisstadt einen Tempel errichten.
- Ein betrunkener Farbiger beschimpft auf einem Radweg in der Stadt die Vorbeifahrenden und wirft einem eine leere Bierflasche nach.
- Ali aus der Dönerbude hat eine deutsche Freundin, mit der er zusammenwohnt.
- Familie Schille aus Russland kocht jeden Abend mit viel Knoblauch; das ganze Treppenhaus riecht danach.
- Türkische Jugendliche, Fans von Hannover 96, entzünden nach dem Sieg ihrer Mannschaft ein Freudenfeuerwerk und schießen Raketen in die Menge.
- Celines Vater kandidiert für die AFD. Er will sie im Kreistag vertreten und sich dort für deutsche Werte einsetzen.
- Ayşes Mutter trägt in der Öffentlichkeit stets ein Kopftuch.

1. Bildet Gruppen und bearbeitet die Beispiele. Sucht für jeden Fall Begründungen, warum etwas zu tolerieren bzw. nicht zu tolerieren ist.
2. Vergleicht anschließend die Urteile, zu denen die einzelnen Gruppen gekommen sind. Diskutiert die strittigen Fälle.
3. Sucht weitere Beispiele für nicht tolerierbare Verhaltensweisen.

Null Toleranz für Fremdenhass

Andere Verhaltensweisen zu dulden, nicht überall die eigene Sicht zum Maßstab zu erheben ist eine Tugend*, ohne die Zusammenleben nicht funktioniert. Wie aber verhält es sich mit Fremdenhass und Ausländerfeindlichkeit? Kann man auch diese verstehen und dulden?

Wohl jeder hat schon einmal angespannte Situationen z.B. in öffentlichen Nahverkehrsmitteln erlebt oder beobachtet, in denen jemand angepöbelt wurde. In solchen Situationen hofft man, sie mögen vorübergehen, ohne dass man selbst etwas zu tun gezwungen ist. Unsicherheit, aber auch Bequemlichkeit oder gar Angst spielen dabei eine Rolle.

Sich für andere einzusetzen ist manchmal gar nicht so einfach, auch wenn man Toleranz und Respekt* gegenüber ausländischen Mitbürgern aufbringt. Ein paar Beispiele sollen das verdeutlichen.

Wie kann ich helfen?

Ben ist sehr selbstverliebt und steht gern im Mittelpunkt des Geschehens. Seit mit Schuljahresbeginn eine neue Mitschülerin in die Klasse kam, provoziert er diese immerfort. Samiras Eltern stammen aus dem Iran und sind erst vor einem halben Jahr nach Göttingen gekommen. Samiras Deutsch ist daher noch nicht perfekt, aber ihre Freundlichkeit und ihr Bemühen, den Anschluss zu schaffen, haben ihr rasch Freunde beschert. Leider zählt Ben nicht zu ihnen. Ben äfft im Unterricht Samiras Dialekt nach, er tituliert sie als Schleiereule, obwohl sie weder Kopftuch noch Schleier trägt, und verbreitet sogar Lügen über sie. Heute erzählte er, er habe gesehen, dass Samira in Marvins Rucksack wühlte. Anne ist sprachlos angesichts dieser dreisten Lüge. Als sie in der Hofpause ins Klassenzimmer kam, um die vergessene Wasserflasche zu holen, kramte Ben in Samiras Schultasche herum.

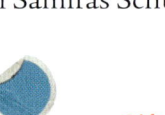

Was soll sie tun?

a) Anne behält für sich, was sie gesehen hat, schließlich will sie nicht zum Ziel von Bens Sticheleien werden.

b) Anne wendet sich an den Vertrauenslehrer und erzählt ihm von ihrer Beobachtung.

c) Anne sagt Samira, dass sie Ben nicht glaubt.

d) Anne konfrontiert Ben unter vier Augen mit ihrem Wissen und bittet ihn, derartige Lügen künftig zu unterlassen.

Es dem Ekel heimzahlen

Ritmar versucht ständig, Johannes zu provozieren. In den Pausen rempelt er ihn an, er fährt ihm über den Mund und lässt dumme Sprüche über ihn ab.

Jeden Donnerstag hat Johannes bis 19 Uhr Klavierunterricht. Als er an diesem Abend mit dem Fahrrad auf dem Heimweg durch den Park fährt, es sind nur noch wenige Menschen unterwegs, sieht er, wie sein Klassenkamerad Ritmar von vier größeren Jungs eingekreist und im Kreis herumgeschubst wird. Die Großen reden auf Ritmar ein und obwohl Johannes kein Türkisch kann, folgert er aus dem Tonfall, dass das Gespräch nicht eben freundlich abläuft. Entgegen seiner sonstigen Art führt Ritmar nicht das große Wort. Im Gegenteil, er klingt ziemlich kleinlaut, ja mehr noch – er klingt ängstlich. Im Vorüberfahren trifft Johannes Ritmars Blick. Ritmar, dieser schreckliche Kotzbrocken, der jeden disst und der ein Video von Johannes' Klavierspiel zur Schulweihnachtsfeier mit einem bitterbösen Kommentar versehen bei Facebook eingestellt und Johannes lächerlich gemacht hat, der fleht mit seinen Augen um Hilfe. Endlich, so triumphiert Johannes, stopft jemand Ritmar einmal sein Lästermaul! Aber, so sagt er sich im nächsten Moment, ist es fair, wenn vier größere Jungs einen angreifen?

 Was soll Johannes tun?

a) Johannes radelt weiter und tut so, als hätte er Ritmar nicht erkannt.

b) Johannes zückt sein Handy, um die Szene zu filmen und das Video bei Facebook hochzuladen.

c) Johannes spricht einen Passanten an und bittet ihn, von den Jungs zu verlangen, dass sie Ritmar in Ruhe lassen sollen.

d) Johannes sagt den Jungs, dass sie aufhören sollen. Er appelliert an ihre Fairness.

1. Wählt aus den Lösungsmöglichkeiten diejenige aus, die ihr am ehesten selbst wählen würdet, und begründet eure Wahl.
2. Tragt in einem Brainstorming Gründe dafür zusammen, warum Johannes und Anne unsicher sind, was sie tun sollen.
3. Findet in einem Rollenspiel (siehe S. 76) weitere Lösungsvorschläge und stimmt ab, welchen ihr jeweils für den besten haltet.
4. Findet für jeden Fall die „optimale Lösung".

Tolerieren und Integrieren

Das Tolerieren von kulturellen Besonderheiten reicht nicht aus, wenn man bedenkt, dass die Fremden nicht Gäste sind, die nach ein paar Wochen wieder abreisen werden, sondern dass sie dauerhaft hier leben möchten. Damit keine Parallelgesellschaften* entstehen, ist ihre Integration nötig.

 1. Erläutert unter Einbeziehung eurer Kenntnisse aus dem Mathematikunterricht zu Parallelen, was das Wort „Parallelgesellschaften" bedeuten könnte.

INTEGRATION

bedeutet, dass Menschen aus fremden Ländern, Völkern und Kulturen in eine bestehende Gemeinschaft eingegliedert werden. Dabei bleiben die Besonderheiten (z. B. die Religion) der Zugewanderten erhalten. Voraussetzungen für Integration sind, dass
› die allgemeinen Menschenrechte und
› die im Grundgesetz festgeschriebenen Grundwerte geachtet sowie
› die deutsche Sprache beherrscht werden.

ist stets ein zweiseitiger Prozess. Er setzt zum einen voraus, dass
› die zugewanderten Menschen sich eingliedern wollen
und zum anderen, dass
› die Einheimischen die Eingliederung und Anreicherung des Eigenen durch Fremde(s) zulassen.

Was Integration fördert und hemmt

 2. Sortiert die Wortkarten danach, ob sie Integration fördern oder hemmen. Legt dazu in eurem Hefter eine zweispaltige Tabelle an und ergänzt diese durch weitere Faktoren.
3. Findet Beispiele, die zeigen, wie die Faktoren wirken.
4. Führt eine Pro-Contra-Diskussion dazu, ob das Erlernen der deutschen Sprache eine Voraussetzung für Integration ist.

Fremde bereichern uns

Auf wenigen Gebieten ist die Bereicherung, die von Menschen unterschiedlicher Nationalitäten ausgeht, so unumstritten wie im Profifußball. In der gesamten Liga gibt es wohl keine Mannschaft, die keine Ausländer in ihren Reihen hat. Ihre Gesichter sind bekannt, ihre Leistungen anerkannt und sie zählen zu den Vorbildern vieler Nachwuchskicker.

1. Wie erklärt ihr euch die einhellige Anerkennung von „Ausländern" im Sport?

Ein multikulturelles Fest

Feste kann man immer feiern. Wenn ein Lehrer dich lobt, wenn ein Sturm draußen tobt, wenn es März oder Mai ist, wenn das Schuljahr vorbei ist ... Das sagten sich auch die Schüler der Klasse 6c aus Bramsche. Sie gingen daran, ein multikulturelles Fest zu organisieren. Auf dem Fest soll gespeist, musiziert und getanzt werden. Jeder Schüler ist aufgefordert, eine Spezialität zum Gelingen des Festes beizusteuern.
Hier ein paar Mitbringsel:

2. Notiert in eurem Hefter, welche Gegenstände ihr seht und wo die Schüler, die den jeweiligen Gegenstand mitbrachten, ihre Wurzeln haben.
3. Stellt euch vor, das Fest, das stattfinden soll, ist euer Fest. Inwiefern geht von der bunten Mischung der Schülerinnen und Schüler eine Bereicherung für euch aus. Schildert dies in einem fiktiven* Brief an einen erkrankten Mitschüler, der nicht mitfeiern konnte.
4. Tragt in Partnerarbeit Beispiele für andere Bereicherungen (beispielsweise auf den Gebieten der Kleidung, der Musik, des Alltags, der Lebensweise, des Stadtbildes usw.) zusammen, die von dem Zusammenleben vieler Nationalitäten ausgehen. Welches Paar findet die meisten Beispiele?

Standbild bauen

Menschen können Situationen darstellen und Gefühle zum Ausdruck bringen, ohne dass sie sich sprachlicher Äußerungen bedienen. Gerade in besonderen Lebenssituationen vermitteln sie anderen ihre Gefühle (Trauer, Angst, Wut, Freude) über die Sprache des Körpers. Mit der Mimik (Augen, Mund, Nase, Gesichtsmuskeln), der Gestik (Hände, Arme, Beine, Füße), der Körperhaltung (Kombination der Körperteile im Ganzen) sowie der Bewegung im Raum (Abstand zu anderen Menschen) verfügt der Mensch über außersprachliche Mittel, um sich gegenüber anderen zu äußern.

Das Standbild-Bauen kann wie folgt durchgeführt werden:

Gefühls-Standbilder

So wird's gemacht:
> Jeweils zwei Mitschüler werden benötigt: einer ist der Bildhauer, der andere die Statue.
> Der Bildhauer baut die Statue so auf, wie er sich ein bestimmtes Gefühl vorstellt. Ohne Worte verdeutlicht er der Statue, welche Körperhaltung, Gestik und Mimik sie annehmen soll.
> Während des Arbeitens am Standbild spricht niemand, die Statue „erstarrt" nach Fertigstellung für ca. 30 Sekunden. Mit einem Fotoapparat kann man das Standbild festhalten, um es auszuwerten.
> Anschließend wird das Standbild besprochen. Zuerst beschreiben die Zuschauer das Bild und interpretieren es. Danach berichten der Bildhauer und die Statue über ihre Empfindungen und Einschätzungen.

Ü 1. Bildet Partnergruppen. Stellt euch vor, wie der Partner reagiert, wenn er unverhofft einem Fremden begegnet. Schöpft beim Standbildbau die ganze Palette möglicher Reaktionsweisen (wütend, ängstlich, mutig, gleichgültig, feige, erschrocken, erfreut …) aus. Wählt ein Gefühl aus, das ihr darstellen wollt. Die Zuschauer erraten das Gefühl, das sie sehen.

Zusammenfassung

Ankerbegriffe des 4. Kapitels

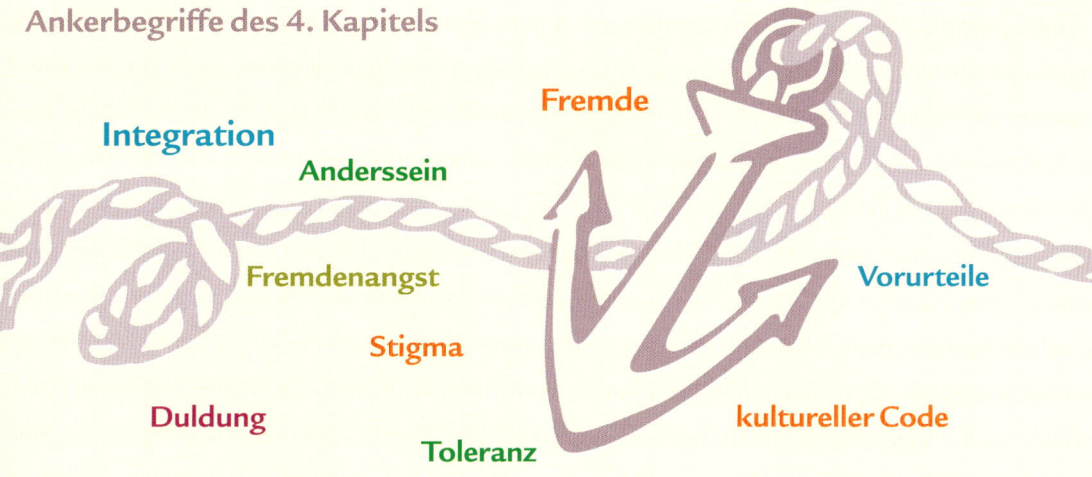

Integration • Fremde • Anderssein • Fremdenangst • Vorurteile • Stigma • Duldung • Toleranz • kultureller Code

Rekonstruiert mithilfe der Ankerbegriffe, wodurch Fremde und Fremdes uns herausfordern und inwiefern darin eine Chance liegt.

Wichtige Gedanken aus dem 4. Kapitel

1. Fremde und Fremdes verunsichern uns, weil sie die eigenen Lebensmuster, die wir ohne langes Nachdenken praktizieren, infrage stellen. Sie wirken wie ein Spiegel, in dem sich das Eigene, die eigene Kultur auf neue Weise zeigt.
2. Häufig werden Fremde und Fremdes aufgrund des ersten Eindrucks oder nach Hörensagen, ohne genaue Kenntnisse beurteilt. Diese Art des Urteils nennt man Vorurteil.
3. Um Vorurteile kann es sich handeln, wenn wir ein Sachurteil (Wahrnehmungen, die man über eine Sache hat) über eine Person oder Sache mit einem Werturteil (was wir persönlich als gut oder schlecht empfinden) koppeln und dabei (für alle Mädchen, Ausländer o. Ä.) verallgemeinern.
4. Es gibt verschiedene Arten von Vorurteilen. Manche sind harmlos, andere brandmarken Menschen. Man nennt diese auch Stigmata, weil sie eine einzige Eigenschaft von Menschen oder Gruppen herausgreifen und den ganzen Menschen auf dieses eine Merkmal reduzieren.
5. Das Zusammenleben mit Fremden erfordert die Überwindung von Ängsten und Vorurteilen, ein bestimmtes Maß an Respekt gegenüber ihren Eigenheiten.
6. Toleranz ist immer dann vonnöten, wenn man das zu Tolerierende (Verhaltensweisen, Eigenschaften, Traditionen) nicht gut findet, es aber Gründe gibt, diese dennoch zu dulden.

Welche Gedanken aus diesem Kapitel findest du wichtig? Schreibe sie auf und begründe, warum gerade diese für dich wichtig sind.

5 Religionen unserer Welt – Judentum, Christentum, Islam

Freunde

Lisa, David und Tarik wohnen in Hannover und gehen in eine Klasse.
An einem schönen Sommertag sitzen sie gemeinsam mit ihren Freunden unter den großen Bäumen auf dem Schulhof.

Marie: Ist das warm! Lasst uns doch am Wochenende baden gehen. Wir könnten mit den Rädern zum See fahren.

Leon: Gute Idee! Morgen ist Freitag. Am besten fahren wir gleich nach der Schule los.

Tarik traurig: Schade, da kann ich leider nicht mitkommen.

Leon: Warum denn?

Tarik Ich bin Muslim. Der Freitag ist unser wöchentlicher Feiertag, da gehe ich mit meinem Vater in die Moschee.

Lisa: Das verstehe ich. Sonntag früh besuche ich mit meiner Freundin Sophie den Gottesdienst, ihr wisst schon, in der Moritzkirche gleich neben der Schule. Wir singen im Kirchenchor mit.

David: Und ich gehe samstags in die Synagoge, der Samstag ist der heilige Tag der Juden.

Marie: Wenn Tarik am Freitag keine Zeit hat, David am Samstag und Lisa am Sonntag nicht kann, was machen wir dann?

Leon: Ganz einfach! Dann gehen wir eben Sonntag am Nachmittag baden, da hat jeder von uns Zeit!

Marie: Das wird bestimmt toll! (Marie nachdenklich) Tarik ist Muslim, David ist Jude und Lisa ist Christin. Das habe ich nicht gewusst. Ich würde gern mehr über eure Religionen wissen.

A
1. Kennt ihr weitere Beispiele dafür, welche Auswirkungen die Religion auf den Alltag der Menschen haben kann?
2. Tragt gemeinsam zusammen, was ihr über die drei Religionen – Judentum, Christentum und Islam – bereits wisst. Schreibt alle Informationen auf große Blätter, eines für jede Religion. Zeichnet ein wichtiges Symbol* dieser Religionen dazu. Wenn es möglich ist, hängt die Blätter in eurem Klassenraum auf. Später könnt ihr dann vergleichen, was ihr neu gelernt habt.

5.1 Religion im Leben der Menschen

Was ist Religion?

Religionen haben ein eigenes Verständnis der Welt und des einzelnen Menschen entwickelt.

„Religion" kann in der lateinischen Sprache zwei Bedeutungen haben:

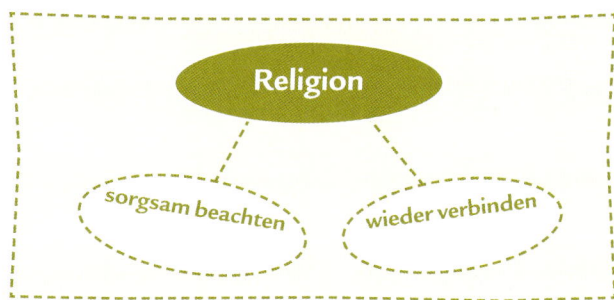

Q **Worauf alle Religionen Wert legen**

Alle Religionen zeigen uns unseren Platz in der Welt. Ihn zu finden heißt, den Sinn des Lebens zu erkennen. Sie tun das, indem sie uns Geschichten über die Welt und Menschen erzählen, die lange vor uns gelebt haben.

Alle Religionen lehren uns, einander zu helfen, wann immer wir können, aufrichtig zueinander zu sein, uns nicht zu schlagen, zu töten, zu bestehlen oder zu betrügen. Sie lehren uns, zu verzeihen und über die Fehler der anderen hinwegzusehen, denn auch wir sind nicht ohne Fehler. Deshalb zeigen sie uns, wie wir von Neuem beginnen können, wenn wir etwas falsch gemacht haben.

Religionen fordern uns auf, unsere Familien zu lieben, unsere Eltern zu achten und neue Familien zu gründen, wenn wir erwachsen sind.

Menschen möchten ihr Staunen, ihre Furcht, ihren Dank und ihr Suchen in passende Worte kleiden. Durch Gebete zeigen uns Religionen, wie wir ausdrücken können, was wir fühlen.

Sie lehren, dass der Tod nicht unser völliges Ende ist. Zwar haben sie von dem, was nach dem Tod kommt, unterschiedliche Vorstellungen, aber alle geben uns Hoffnung und helfen uns, das Leben zu bewältigen und dem Tod entgegenzusehen.

(Frei nach Marc Gellman, Thomas Hartman: Wie buchstabiert man Gott? Carlsen, Hamburg 1996, S. 15 ff.)

A 1. Überlegt gemeinsam, was sich hinter den beiden Bedeutungen von Religion verbergen könnte. Was sollen religiöse Menschen beachten? Womit sollen sie sich wieder verbinden? Schreibt eure Beispiele an die Tafel.
2. Fasst zusammen, mit welchen Themen sich Religionen beschäftigen.

Leben religiöse Menschen glücklicher als andere?

Mit dieser Frage haben sich schon viele Wissenschaftler beschäftigt. Ihre Studien zeigen, dass Menschen, die einer religiösen Gemeinschaft angehören, tatsächlich mit dem Leben besser zurechtkommen und glücklicher als andere sind. Aber woran liegt das?

Stimmen

Für mich ist es besonders wichtig, dass ich mit meinen Freunden zusammen sein und mit ihnen über meinen Glauben offen sprechen kann. In unserer Gemeinde wird niemand ausgelacht, weil er an Jesus glaubt und jeden Tag betet. *(Anne, 11 Jahre)*

Als mein Opa im letzten Jahr gestorben ist, war ich sehr traurig darüber. Bei der Beerdigung sagte der Pfarrer, dass mein Opa jetzt bei Gott ist. Das hat mich ein wenig getröstet. *(Karl, 11 Jahre)*

Freitags gehe ich mit meinem Vater in die Moschee zum Gebet. Wenn wir uns alle gemeinsam vor Gott verneigen, dann merken wir, dass wir zusammengehören und nicht allein sind. Für uns Muslime ist das besonders wichtig, denn in Deutschland werden wir oft wie Fremde behandelt. *(Tarik, 12 Jahre)*

In der Bibel steht, dass jeder Mensch gleich viel wert ist. Also muss ich allen Menschen mit Respekt und Achtung begegnen, auch wenn das ganz schön schwer ist. Das finde ich gut. *(Julian, 12 Jahre)*

Das Wichtigste ist doch, dass mir mein Glaube an Gott sagt, was ich tun darf und was nicht. In den zehn Geboten steht zum Beispiel, dass man nicht lügen und nicht stehlen darf und seine Eltern achten soll. Wenn sich alle daran halten würden, gäbe es weniger Streit. *(David, 12 Jahre)*

Ich finde es besonders wichtig, dass man mit Gott sprechen kann. Wenn ich mal nicht weiter weiß, dann bete ich und erzähle ihm alles, was mich gerade belastet, oder ich bedanke mich, wenn mir etwas Gutes passiert ist. Ich bin ganz sicher, dass er mir zuhört. *(Sarah, 10 Jahre)*

Mir gefällt, dass es feste Rituale wie zum Beispiel das Tischgebet gibt und dass meine Familie jeden Sonntag zum Gottesdienst geht. *(Laura, 11 Jahre)*

1. Sucht aus den Antworten der Schüler heraus, was ihnen an ihrer Religion wichtig ist.
2. Tragt anschließend weitere Beispiele zusammen, wie Religion den Menschen in ihrem Leben helfen kann.
3. Welche Funktionen erfüllt Religion im Leben gläubiger Menschen? Ordnet eure Ergebnisse und haltet sie in einer Übersicht fest.

Ein Gott – viele Götter

Religionen, die an mehrere Götter glauben, nennt man polytheistisch, denn *polys* bedeutet „viel". Dazu gehören auch die alten römischen, griechischen, ägyptischen und germanischen Religionen.

Die Götterwelt des Olymp

Im antiken* Griechenland glaubten die Menschen an viele Götter und Göttinnen, die miteinander Kinder hatten und Familien bildeten. Jede Gottheit war für etwas anderes zuständig. Davon berichten Legenden und Mythen und viele erhaltene Kunstwerke. Die Griechen bauten den Göttern Altäre und Tempel und verehrten sie durch Gebete und Opfergaben.

Zwölf Götter ziehen die Notbremse
Bei Gleisarbeiten an der Athener Stadtbahn wurde vermutlich der sagenhafte Altar der Zwölf Götter entdeckt. Nun streiten eine Bürgerinitiative und die Stadtbahngesellschaft um einen Baustopp.

Auf dem Olymp, dem höchsten Berg, hatten zwölf Götter ihren Sitz:

Hera, Göttin der Familie

Demeter, Göttin der Fruchtbarkeit

Ares, Gott des Krieges

Hestia, Göttin des häuslichen Friedens

Zeus, Göttervater und Herrscher über Himmel und Erde

Hephaistos, Gott des Feuers

Artemis, Göttin des Mondes und der Jagd

Hermes, Götterbote und Gott des Handels

Aphrodite, Göttin der Liebe und der Schönheit

Apollo, Gott des Lichts und der Künste

Athene, Göttin der Weisheit

Poseidon, Gott des Meeres

1. Viele griechische Götterlegenden wurden später von den Römern übernommen. Findet heraus, welche römischen Götter den griechischen entsprechen.
2. Über die griechischen und römischen Götter gibt es unzählige Geschichten. Tragt in Arbeitsgruppen Beispiele dafür zusammen und stellt sie euch gegenseitig vor.
3. In Griechenland protestierten viele Demonstranten gegen die geplante Zuschüttung des Altars wegen Geldmangels. Diskutiert darüber, ob es wichtig ist, die antiken Überreste alter Religionen für die Zukunft zu bewahren.
4. Seit es Menschen gibt, fragen sie, warum es Leid und Schmerz, Not und Unrecht auf der Welt gibt. Eine endgültige Antwort darauf gibt es nicht. Diskutiert darüber, warum es Religionen, die an mehrere Götter glauben, leichter fällt, dafür eine mögliche Erklärung zu finden.

JHWH – Gott – Allah

Religionen wie das Judentum, das Christentum und der Islam, die an nur einen einzigen Gott glauben, nennt man monotheistisch*.

Judentum, Christentum und Islam sind eng miteinander verwandt. Abraham nimmt in diesen Religionen einen wichtigen Platz ein. Die Juden sehen in Abraham den ersten Juden und Stammvater ihres Volkes, die Christen verstehen ihn als Vorfahren Jesu und für die Muslime ist Ibrahim, wie sie ihn nennen, der erste Muslim und der Erbauer der Kaaba in Mekka.

Höre, Israel
Der jüdische Glaube an den einzigen Gott ist im wichtigsten Gebet, dem Schema Israel, zusammengefasst.

Höre, Israel, der Ewige, unser Gott, der Ewige ist einzig.
Darum sollst du den Herrn, deinen Gott, lieben
mit ganzem Herzen, mit ganzer Seele und mit ganzer Kraft.
(5. Buch Mose 6, 4–5)

Vater, Sohn und Heiliger Geist
Die Christen glauben an einen Gott. Er begegnet den Menschen in dreifacher Weise. Jede dieser drei Erscheinungsformen ist Gott. Trotzdem muss man sie unterscheiden, weil jede andere Seiten von Gottes Wesen hervorhebt. Gott handelt in der Welt als Vater, als Schöpfer des Himmels und der Erde. In Jesus Christus* ist er Mensch geworden; und er wirkt durch den Heiligen Geist, die Lebenskraft Gottes. Deshalb spricht man von der Dreieinigkeit Gottes (auch Dreifaltigkeit oder Trinität).

Allāhu akbar
Gott heißt in arabischer Sprache Allah. Allāhu akbar bedeutet „Gott ist groß". Die Muslime glauben, dass Gott die Welt erschaffen hat und in allen seinen Schöpfungswerken erkennbar und gleichzeitig verborgen ist. Gott ist mächtig und allwissend. Er ist dem Menschen fern und gleichzeitig nahe.

1. Überlegt gemeinsam, warum die Juden glauben, dass man den wahren Namen Gottes nicht aussprechen darf.
2. Beschreibe den christlichen Glauben an die Dreieinigkeit Gottes mit eigenen Worten.
3. Im Gegensatz zu den Juden haben die Muslime außer Allah noch 99 andere Namen für ihren Gott. Recherchiert dazu im Internet und beschreibt mit eigenen Worten, was Gott für die Muslime bedeutet.
4. Vergleicht die Vorstellungen der Muslime von Gott mit denen der Juden und Christen. Tragt Gemeinsamkeiten und Unterschiede zusammen.

Die Schöpfung und der Mensch

Für Juden, Christen und Muslime hat die Welt ihren Ursprung in Gott. Sie ist ein Geschenk Gottes, das er den Menschen anvertraut hat. Zwei Schöpfungserzählungen finden wir am Anfang des ersten Buches Mose im Alten Testament der Bibel, das auch Genesis (griechisch „Schöpfung" oder „Entstehung") heißt.

Q Gott sprach

Hör, wie am Anfang Gott Himmel und Erde erschuf. Vorher gab es nichts außer Gott.

Zuerst war die Erde wüst und leer, Dunkelheit lag auf ihr, und Gottes Geist schwebte über den Wassern. Gott sprach: „Es werde Licht." Und es wurde Licht. Gott schied den Tag von der Nacht. Das war der erste Tag, und Gott sah, dass es gut war.

Am zweiten Tag trennte Gott den Himmel von der Erde und das Wasser vom Land und befahl der Erde, dass sie alle Pflanzen wachsen lassen solle. Gott sah, dass es gut war.

Dann machte Gott die beiden Lichter, das größere für den Tag und das kleinere für die Nacht. Und er sah, dass es gut war. Das war der vierte Tag.

Am fünften Tag sagte Gott: „Das Wasser wimmle von lebendigen Wesen, und Vögel sollen über dem Land am Himmelsgewölbe dahinfliegen." Und Gott sah, dass es gut war.

Am sechsten Tag sagte Gott: „Das Land bringe alle Arten von lebendigen Wesen hervor", und er sah, dass es gut war. Dann sagte Gott: „Lasst uns den Menschen machen als unser Abbild nach unserer Gestalt." Gott schuf also den Menschen als sein Abbild. Als Mann und Frau schuf er sie und gab ihnen die Herrschaft über alles Lebendige.

Hannah H., 8 Jahre, Schülerin, „Die Erschaffung der Welt",

Gott sah, dass alles, was er gemacht hatte, sehr gut war.
Am siebenten Tag ruhte Gott.

(Esther Bisset, Martin Palmer: Die Regenbogenschlange, Zytglogge, Bern 1987)

1. In der jüdischen und christlichen Tradition heißt es, Gott hat den Menschen nach seinem Ebenbild erschaffen. Überlegt gemeinsam, was damit gemeint sein könnte. Fertigt dazu eine Collage* an.
2. Schreibt eine „Gebrauchsanweisung" für den Umgang des Menschen mit der Schöpfung.

In der Bibel gibt es noch eine zweite Schöpfungsgeschichte. Sie erzählt, dass Gott den Garten Eden, das Paradies, erschuf und dem Menschen anvertraute.

Paradies und Sündenfall

Der erste Mensch, Adam, wurde von Gott aus Erde geformt, und Gott hauchte ihm seinen Atem ein. Adam gab allen Tieren einen Namen, aber er hatte keinen Gefährten von seiner Art. Gott versenkte ihn in einen tiefen Schlaf, nahm eine Rippe Adams und schuf daraus die Frau – Eva. Sie durften im Garten Eden leben, und Gott sagte ihnen, dass sie von allem essen durften, was sie wollten, nur nicht von den Früchten des Baumes der Erkenntnis von Gut und Böse.

Doch das schlauste Tier, das Gott gemacht hatte, die Schlange, verführte Eva, von der verbotenen Frucht zu essen. Adam und Eva aßen davon, und plötzlich erkannten sie, dass sie nackt waren. Sie bedeckten sich mit Feigenblättern und versteckten sich vor Gott. Doch Gott wusste von ihrer Sünde. Er verfluchte die Schlange und Adam und Eva und vertrieb sie aus dem Paradies. Gott sagte Adam, dass er von nun an in Mühsal und im Schweiße seines Angesichts die Erde bearbeiten müsse, aus der er gemacht worden sei. Dann versperrte Gott den Eingang zum Garten Eden mit einem lodernden Flammenschwert.

(Esther Bisset, Martin Palmer: Die Regenbogenschlange, Zytglogge, Bern 1987)

Lest die entsprechenden Bibelstellen noch einmal im Original.

3. Der Name Adam stammt von „Erde" und Eva bedeutet „Leben". Setzt euch mithilfe einer Schreibmeditation damit auseinander.
4. Die Muslime finden Aussagen über die Erschaffung der Welt durch Allah im Koran (z.B. in Sure 32). Recherchiert dazu und vergleicht sie mit den biblischen Überlieferungen.
5. Lest gemeinsam die erste Schöpfungsgeschichte (1. Ms. 1,1–2,4a). Gestaltet für jeden Schöpfungstag ein Bild oder eine Collage. Schreibt den entsprechenden Text mit euren eigenen Worten dazu. Gestaltet nun jeweils ein zweites Bild bzw. eine zweite Collage als Gegenstück, wie die Schöpfungswerke heute aussehen, wie es der Welt, den Pflanzen, den Tieren und den Menschen heute geht. Wenn ihr wollt, könnt ihr dazu eigene Texte entwerfen. Findet eine Überschrift zu eurem Gesamtwerk und veröffentlicht es als Wandbild oder als Buch.

Jeruschalajim – Jerusalem – Al Quds

Jerusalem ist für Juden, Christen und Muslime gleichermaßen ein heiliger Ort. Man nennt es auch die dreifach heilige Stadt.

„Zehn Maße Schönheit kamen in die Welt herab; neun erhielt Jerusalem und eines die ganze Welt." Dieser Satz stammt aus dem Talmud, einer Sammlung wichtiger jüdischer Schriften. Jeder, der einmal in Jerusalem war, kann diesen Satz sicher bestätigen. Die Kuppel des Felsendoms strahlt golden über der Stadt, die Mauern der Altstadt aus Sandstein leuchten hell, im Hintergrund sind die Hochhäuser der Neustadt zu sehen und man kann weit in die Judäische Wüste schauen.

In ihrem Buch „Theos Reise" schickt die Schriftstellerin Catherine Clément den 14-jährigen Theo auf eine Entdeckungsreise zu den Religionen der Welt. Die Reise beginnt in Jerusalem.

Q **Großartig und zerissen**

„Sag mir wenigstens, warum wir mit Jerusalem anfangen."

„Für mich ist Jerusalem von allen Städten der Welt die heiligste. Die großartigste, die ergreifendste und die zerrissenste. [...] Auf dem Berg von Jerusalem erbaute König Salomo im 8. Jahrhundert vor unserer Zeitrechnung den Tempel für den einzigen Gott. Er wurde mehrmals zerstört und mehrmals wieder aufgebaut, bevor die Römer ihn dem Erdboden gleich machten. Dort, in Jerusalem, zog Jesus ein, um die frohe Botschaft zu verkünden, begleitet von seinen Anhängern, die zu seinen Ehren Palmwedel schwenkten, denn er war der Mensch gewordene Sohn Gottes. Dort, in der heiligen Stadt der Juden, wurde er gefangen genommen, verurteilt und auf einem Hügel gekreuzigt, in Jerusalem ist er von den Toten wieder auferstanden. Und von einem hohen Felsen in Jerusalem erhob sich der Prophet Mohammed mit einem Sprung seiner geflügelten Stute in den Himmel. Genügt dir das?"

(Catherine Clément: Theos Reise. Roman über die Religionen der Welt. Hanser Verlag, München 1997, S. 37)

A 1. Schaut euch im Internet weitere Bilder von Jerusalem an. Panorama-Aufnahmen findet ihr z. B. unter www.jerusalem360.com oder www.3disrael.com/jerusalem, einen virtuellen Stadtplan unter www.sacred-destinations.com/israel/jerusalem-map und die offizielle Homepage der Stadt unter www.jerusalem.muni.il.

Touristen, die an einem Freitag die Altstadt Jerusalems besuchen, können einen Einblick in die religiöse Vielfalt der Stadt gewinnen. Mittags treffen sie Muslime auf dem Weg zum Freitagsgebet in die Al-Aksa-Moschee oder den Felsendom. Am Nachmittag finden christliche Prozessionen auf der Via Dolorosa, dem Kreuzweg Jesu, statt. Pilgergruppen folgen Priestern, die mit einem Megaphon in der Hand die einzelnen Stationen erklären. Wenn die Dunkelheit langsam hereinbricht, sieht man orthodoxe Juden durch die engen Gassen der Altstadt zur Kotel, der Klagemauer, eilen. Nichts kann sie aufhalten auf dem Weg zu ihrem Heiligtum. Und wenn dann der Sabbat begonnen hat, versinkt die Stadt in andächtiger Ruhe, allein die Gebete vor der Klagemauer dringen durch die Stille.

Der Satz aus dem Talmud geht aber noch weiter: „Zehn Maß Leid kamen in die Welt herab; neun erhielt Jerusalem." Im Laufe ihrer Geschichte wurde die Stadt immer wieder zerstört. Auch heute streiten sich Israeli und Palästinenser darum, wem die Stadt gehören soll. Erst, wenn darauf eine Antwort gefunden wird, kann Jerusalem zur „Stadt des Friedens" werden.

Jeruschalajim (Klagemauer, Viertel Mea Shearim)

Al Quds (Felsendom, Al-Aksa-Moschee)

Jerusalem (Grabeskirche, Via Dolorosa)

1. Informiert euch über die Bedeutung Jerusalems für diese drei Religionen. Fertigt dazu eine Übersicht an.
2. Recherchiert zum Nahost-Konflikt. Stellt euch vor, man würde euch zur „Jerusalem-Frage" um Rat bitten. Überlegt gemeinsam, wie eine gerechte Lösung aussehen könnte.

Lest das Buch „Mein Jerusalem – Dein El Kuds" von Roswitha von Benda. Darin geht es um einen palästinensischen und einen israelischen Jungen, die sich durch Zufall im Krankenhaus kennenlernen.

5.2 Höre, Israel – das Judentum

Die Geschichte des Judentums begann vor etwa 4000 Jahren. Damals lebten die einzelnen Familien als Nomaden und zogen mit ihrem Vieh von Ort zu Ort. Jede Familie verehrte ihre eigenen Götter oder Götzenbilder. Der Hebräer Abraham glaubte nur an einen einzigen Gott und wollte, dass seine Nachkommen diesen Glauben beibehalten und fortführen.

Abraham ist der Stammvater des Volkes Israel, also der Juden. Er zog mit seiner Familie nach Kanaan, dem heutigen Israel. Dort schloss Gott einen Bund mit ihm. Er schenkte ihm und seinen Nachkommen das Land und verpflichtete sich, immer für sie da zu sein. Und die Menschen verpflichteten sich, die Gebote Gottes zu befolgen. Davon wird in der Bibel berichtet.

Wer ist Jude bzw. Jüdin?

Die Juden in aller Welt verstehen sich als Nachkommen Abrahams. Jeder ist Teil einer großen verstreuten Familie, des Volkes Israel. Die Juden gehören also nicht nur der gleichen Religion, sondern auch dem gleichen Volk an.

Jedes Kind, das eine jüdische Mutter hat, ist Jüdin bzw. Jude. Aber es gibt auch die Möglichkeit, nach den Regeln des jüdischen Religionsgesetzes zum Judentum überzutreten.

David erzählt von seinem Glauben

Wir glauben, dass es nur einen einzigen Gott gibt, der die Welt erschaffen hat. Gott ist allmächtig, er ist der König der Welt. Aber er ist auch wie ein Vater, gütig und barmherzig. Wir glauben, dass Gott in der Geschichte unseres Volkes immer für uns da gewesen ist und unser Volk „auserwählt" hat. Er hat mit ihm einen Bund geschlossen. Aber deshalb sind wir nichts Besonderes, wir müssen nur mehr Pflichten als andere erfüllen. Dafür hat uns Gott die Tora gegeben, das Gesetz.

Wir glauben an denselben Gott wie die Christen. Aber Jesus ist für uns nur ein jüdischer Mensch, nicht der Sohn Gottes oder der Messias*. Auf den Messias, den Gesandten Gottes, warten wir noch immer. Wenn er kommt, wird auf der Erde Frieden sein.

1. Man nennt das jüdische Volk auch die „Söhne Abrahams, Isaaks und Jakobs". Erklärt, warum. Mehr von Abraham, Isaak und Jakob erfahrt ihr in der Bibel im ersten Buch Mose.
2. Davids Freunde sind neugierig geworden, genau wie ihr sicherlich auch. Welche Fragen würdet ihr David stellen? Schreibt sie auf.

Die Tora – Weisung für das Leben

Das Judentum ist – wie auch das Christentum und der Islam – eine sogenannte Buch- oder Schriftreligion, denn es beruft sich auf heilige Schriften. Sie enthalten alte Überlieferungen, die aufgeschrieben, gesammelt und bewahrt wurden.

Was ist die Tora?

Tora bedeutet „Lehre". Die Tora umfasst die fünf Bücher Mose und enthält die Geschichte des jüdischen Volkes und die Weisungen Gottes. Für streng gläubige Juden gilt die Tora als das Wort Gottes bzw. die Offenbarung Gottes und ist somit heilig und ewig gültig. Andere Juden sehen die Tora als ein Werk, das von Menschen geschrieben wurde, die darüber berichten, welche Erfahrungen sie mit Gott gemacht haben.

Die Tora wird bis heute in den Synagogen in Form einer Schriftrolle aufbewahrt.

Die Torarolle

Die Torarolle besteht aus 40 Pergamentblättern, die sehr sorgfältig von Hand mit einer besonderen Tinte beschrieben werden. Der Text wird in Hebräisch von rechts nach links geschrieben. Es dauert sehr lange, bis ein Mensch so viele Seiten fehlerfrei abgeschrieben hat. Wenn die Pergamentseiten beschrieben sind, werden sie alle aneinander genäht und die beiden Enden auf zwei kleine Stöckchen aus Holz gewickelt, damit man sie aufrollen kann. Je nachdem, welche Stelle gelesen werden soll, werden die Stöckchen dann so gedreht, dass diese Stelle zu sehen ist. Die Torarolle wird mit einer Hülle aus Stoff umgeben, dem Toramantel, der schön bestickt ist. Darüber hängt ein kleines Schild aus Metall, und auf die Enden der Holzstöckchen werden kleine Kronen gesetzt. Das zeigt, dass die Torarolle der wertvollste Besitz einer Gemeinde ist und in Ehren gehalten wird.

1. Die jüdischen Gläubigen freuen sich über die Tora und ihre Gebote. Sie haben sogar ein eigenes Fest dafür. Wie erklärt ihr euch diese Freude?
2. Vervollständigt den Satz: „Die Tora ist für die Juden wie …"

Bastelt gemeinsam eine kleine Torarolle und schreibt einen Abschnitt aus dem Alten Testament ab. Zum Befestigen könnt ihr die Stäbe von zwei Nudelhölzern verwenden. Schmückt eure Torarolle mit Mantel und Krone.

Leben und Handeln im jüdischen Glauben

Die Juden glauben, dass Gott mit ihnen durch die Geschichte geht und ihnen hilft, ein gutes Leben zu führen. Dazu hat Gott ihnen Regeln gegeben, die sie befolgen sollen.

Die Zehn Gebote

Die Stammväter – Abraham, sein Sohn Isaak und dessen Sohn Jakob – lebten nach der Überlieferung als Hirten in Kanaan. Ihre Nachkommen flohen vor einer Hungersnot nach Ägypten. Später wurden sie in die Sklaverei gezwungen. Mose befreite das Volk im Auftrag Gottes und führte es auf dem Weg nach Kanaan, das gelobte Land, durch die Wüste. Auf dem Berg Sinai wurde ihm das Wort Gottes offenbart und Mose erhielt die zwei Steintafeln mit den Zehn Geboten.

Die Zehn Gebote lassen sich in zwei Gruppen einteilen: Die ersten Gebote regeln das Verhältnis des einzelnen Menschen zu Gott, die folgenden das Verhältnis der Menschen untereinander.

Marc Chagall, „Moses empfängt die Gesetzestafeln", 1931

Ich bin der Herr, dein Gott.
Du sollst keine anderen Götter haben neben mir.
Du sollst dir kein Bildnis noch irgendein Gleichnis machen.
Du sollst den Namen des Herrn, deines Gottes, nicht missbrauchen.
Gedenke des Sabbattages, dass du ihn heiligest.
Du sollst deinen Vater und deine Mutter ehren.
Du sollst nicht töten.
Du sollst nicht ehebrechen.
Du sollst nicht stehlen.
Du sollst nicht falsch Zeugnis reden wider deinen Nächsten.
Du sollst nicht begehren deines Nächsten Haus, deines Nächsten Weib, Knecht, Magd, Rind, Esel noch alles, was dein Nächster hat.

(Nach 2. Buch Mose 20, 2–17)

A
1. Fertigt eine Tabelle an (Mensch – Gott; Mensch – Mensch) und tragt die Gebote mit euren eigenen Worten ein. Was verlangt der Bund zwischen Gott und seinem Volk Israel von den Gläubigen (erste Spalte)? Wenn alle Menschen die Gebote der zweiten Spalte einhalten würden, was wäre dann anders?
2. Stellt euch vor, ihr dürft fünf Gebote aufstellen, die für alle Menschen auf der Welt gelten sollen. Welche würdet ihr wählen? Schreibt sie auf und begründet eure Wahl.

Mizwot – gute Taten

Mizwa bedeutet „Gebot" oder „Pflicht". Die Tora enthält insgesamt 613 Mizwot. Dazu gehören zum Beispiel Vorschriften für den Gottesdienst und das Gebet, für Feste und Feiertage, aber auch Speise- und Reinheitsvorschriften.

Ein gläubiger Jude soll sich bemühen, alle Mizwot zu erfüllen. Jedoch manche dieser Weisungen sind heute nur noch schwer zu verstehen, z.B. das Verbot, Kleidung zu tragen, die gleichzeitig aus Wolle und Leinen besteht. Deshalb entscheiden viele Juden selbst, welche Mizwot sie einhalten wollen und können, aber für orthodoxe (strenggläubige) Juden sind diese Weisungen allesamt verbindlich.

Davids Freunde wollen wissen, was es bedeutet, Jude zu sein. Was muss man tun? Was ist verboten? Was ist erlaubt? Wie soll man leben?

David versucht es ihnen zu erklären.

Dieser Junge trägt anlässlich seiner Bar Mizwa die traditionelle Gebetskleidung: die Tefillin (Gebetsriemen) und den Tallit, den Gebetsmantel. Die Kippa, das Käppchen, ist ein Zeichen der Ehrfurcht vor Gott und wird beim Gebet, in der Synagoge, an der Klagemauer in Jerusalem, aber auch auf dem Friedhof getragen.

„Für uns ist nicht nur wichtig, an Gott zu glauben oder zu beten. Es kommt vor allem darauf an, das Richtige zu tun. Dabei hilft uns die Tora. Ihr denkt jetzt vielleicht, dass es ganz schön anstrengend sein muss, so viele Gebote einhalten zu müssen. Aber so schlimm ist das gar nicht.

Wenn ich 13 Jahre alt bin, werde ich Bar Mizwa, das heißt Sohn der Pflicht. Dann werde ich in die Gemeinschaft der gläubigen Juden aufgenommen und bin selbst verantwortlich dafür, die Gebote Gottes einzuhalten. Ich werde zum ersten Mal die Gebetsriemen anlegen und in der Synagoge aus der Tora vorlesen. Von da an zähle ich als vollwertiges Mitglied für einen Gottesdienst. Meine Schwester wird mit zwölf Jahren Bat Mizwa, Tochter der Pflicht. Dann darf sie die Sabbatkerzen entzünden."

1. Bar Mizwa bedeutet „Sohn der Pflicht". Welche Pflichten sind gemeint? Tragt Beispiele dafür zusammen. [A]
2. Informiert euch u.a. im Internet über die jüdischen Speisevorschriften. Entwerft eine Speisekarte oder ein Geburtstagsessen.
3. Jeder Mensch hat in allen Bereichen seines Lebens Verpflichtungen. Überlege, welche Pflichten oder Regeln du erfüllen sollst, z.B. Hausaufgaben machen, im Haushalt helfen, ein Haustier versorgen, ehrlich sein, anderen Menschen helfen usw. Sicher sind manche einfach, andere nur schwer einzuhalten. Schreibe auf, welche Pflichten du gern abgeben würdest und welche Folgen das für dich und andere haben würde. Tragt eure Gedanken zusammen.
4. Sind Pflichten wirklich notwendig? Diskutiert gemeinsam darüber, was dafür und was dagegen spricht. Notiert eure Erkenntnisse an der Tafel.

Der Sabbat – Innehalten und Erinnerung

Der Sabbat („Ruhe", „Aufhören") ist der siebente Tag der Woche. Er erinnert die Juden daran, dass Gott sie aus Ägypten befreit und auserwählt hat, seine Gebote zu halten.

David erzählt von der Sabbatfeier

Am Freitagnachmittag wird bei uns die Wohnung sauber gemacht. Meine Mutter hat schon das Essen vorbereitet, denn am Sabbat ist das Kochen verboten. Der Sabbat beginnt, wenn die ersten Sterne aufgehen, denn im jüdischen Kalender fangen die Tage immer mit dem Abend an.

Meine Mutter legt sich ein dünnes Tuch auf den Kopf und zündet feierlich die zwei Sabbatkerzen an und spricht den Segen über die Lichter.

Wir gehen in die Synagoge und feiern den Einzug des Sabbat. Danach wünschen wir uns Schabbat Schalom, das heißt Sabbatfrieden.

Zu Hause werden wir Kinder vom Vater gesegnet. Mein Vater spricht den Kiddusch, den Weinsegen. Dann segnet er die Sabbatbrote, bricht für jeden ein Stück ab, bestreut es mit Salz und reicht es uns. Danach beginnt die Mahlzeit. Nach dem Essen sitzen wir noch zusammen, trinken Tee, singen gemeinsam, spielen oder lesen.

Am nächsten Morgen findet ein sehr feierlicher Gottesdienst in der Synagoge statt.

Am Abend, wenn die ersten drei Sterne zu sehen sind, nehmen wir Abschied vom Sabbat und sprechen die Hawdala, den Segen. Die Hawdala-Kerze, eine besonders geflochtene Kerze, wird angezündet. Später wird sie mit Wein gelöscht, der Sabbat ist vorüber.

Sabbattisch mit Kerzen, Challahbrot und Wein

1. Tragt zusammen, welche Bedeutung der Sabbat für das jüdische Leben hat.
2. Was unterscheidet den Sabbat von einem Werktag? Was denkst du: Warum ist es wichtig, einen Ruhetag in der Woche zu haben? Begründe deine Antwort.
3. Unser Ruhetag ist der Sonntag. Viele nutzen diesen Tag dazu, um Wohnung, Haus und Garten in Ordnung zu halten oder liegengebliebene Arbeiten nachzuholen. Du hast bestimmt auch schon einmal an einem Sonntag Hausaufgaben gemacht. Formuliere ein „Gebot", das unseren Sonntag zu einem Ruhetag macht.

Jüdische Feste feiern

Die Freunde wollen von David wissen, ob die Juden auch Weihnachten feiern.

David: Nein, denn zu Weihnachten feiern die Christen die Geburt von Jesus. Aber wir haben ein Lichterfest, Chanukka, das im November oder Dezember gefeiert wird.

Leon: Du weißt wohl nicht genau, wann das Fest anfängt?

David: Das weiß ich schon. Aber unser Kalender richtet sich nach dem Mond. Das Mondjahr ist etwa 11 Tage kürzer als das Sonnenjahr. Es gibt einen Schaltmonat, der in bestimmten Abständen eingeschoben wird. Deshalb feiern wir nicht immer zur gleichen Zeit.

Tarik: Wir Muslime haben auch einen Mondkalender, aber einen Schaltmonat kennen wir nicht. Unsere Feste wandern durch das ganze Jahr. Außerdem haben wir eine eigene Zeitrechnung.

David: Wir Juden auch. Wir zählen von der Erschaffung der Welt an, die nach biblischer Zeitrechnung im Jahr 3760 vor unserer Zeit stattfand.

Lisa: Was war denn nun mit dem Lichterfest?

David: Wir zünden jeden Abend ein Licht mehr an, bis alle acht Lichter auf dem Chanukka-Leuchter brennen.

Marie: Und warum gerade acht Lichter?

David: Das Fest erinnert an ein Wunder, das vor mehr als zweitausend Jahren geschah. Damals hatten die Juden den Tempel in Jerusalem nach langer Belagerung wieder erobert. Aber es gab nur noch einen kleinen Krug mit reinem Öl für die Menora, das nur für einen Tag reichen konnte. Doch der Leuchter brannte acht Tage lang, genau so lange, bis neues Öl hergestellt wurde.

Leon: Gibt es bei eurem Lichterfest auch Geschenke?

David: Natürlich, und ganz besonders für uns Kinder. Und wir spielen Trendeln. Dabei wird ein vierseitiger Kreisel gedreht, auf dem die vier Anfangsbuchstaben von „Ness Gadol Haja Schom" stehen, das heißt „Ein großes Wunder ist geschehen dort".

1. Informiert euch in Gruppenarbeit über weitere jüdische Feste, z.B. Rosh Ha-Shana (Neujahrsfest), Jom Kippur (Versöhnungstag), Sukkot (Laubhüttenfest) oder Pessach (Befreiung aus der Sklaverei). Stellt den anderen Schülern eure Ergebnisse vor. In den Medienstellen gibt es auch Filme dazu.
2. Wir feiern Silvester, viele Religionen kennen Neujahrsfeste. Wie würdet ihr das neue Jahr feiern, wenn ihr wählen könntet? Begründet eure Wahl.

Zu Besuch in der Synagoge

Rabbiner Stein hat David und seine Freunde eingeladen, die Synagoge zu besuchen.

Vor dem Eingang verteilt er Kippot, kleine Käppchen, an alle Jungen.

Beim Hineingehen beginnt er zu erklären: „Das Wort Synagoge ist griechisch und heißt übersetzt ‚Haus der Versammlung'. Hier wird gebetet und Gottesdienst gefeiert. Die Erwachsenen können in der Tora lesen und die Kinder lernen die hebräische Sprache. Es gibt sogar Räume, wo wir feiern."

Sie stehen in einem großen Raum und schauen sich um.

„Warum gibt es hier keine Bilder? Unsere Kirche ist viel bunter!", wundert sich Lisa.

„Es gibt ein Gebot, das heißt, man soll sich kein Bild machen. Deshalb gibt es keine Darstellungen von Menschen oder gar von Gott selbst", erklärt David. „Das ist in einer Moschee auch so. Aber es gibt einige Symbole, die in den meisten Synagogen zu finden sind."

„Ja, den Davidstern zum Beispiel. Den kenne ich!", sagt Leon.

Gegenüber vom Eingang sehen die Freunde einen schön bestickten Vorhang. Davor befindet sich ein Podest, auf dem eine Art Lesepult steht. Die Freunde sehen fragend zu David.

Er erklärt: „Das ist der Toraschrein. Dort werden die Torarollen der Gemeinde aufbewahrt. Das Podest nennen wir Bima. Auf das Pult wird die Torarolle gelegt, wenn daraus vorgelesen werden soll."

„Der Toraschrein ist besonders wichtig, denn er ist sozusagen der Hüter der Heiligen Schrift", ergänzt Rabbiner Stein.

Marie steht vor einem siebenarmigen Leuchter. „Und was ist das?"

„Das ist eine Menora", antwortet der Rabbiner. „Die Tora erzählt, dass Mose von Gott die Anleitung zum Bau einer Menora erhielt. Dieser Leuchter war sehr groß und stand später im Tempel in Jerusalem. Als der Tempel im Jahre 70 nach Christus durch die Römer zerstört wurde, ging er verloren. Die kleine Menora in der Synagoge erinnert an den großen Leuchter im Tempel, der Tag und Nacht brannte."

„Dafür gibt es heute das Ner Tamid, das Ewige Licht. Es brennt in allen Synagogen, in denen Gottesdienste stattfinden", fügt David hinzu.

„Und am Sonnabend ist hier Gottesdienst, oder?", fragt Lisa.

„Nicht nur sonnabends, auch in der Woche und natürlich an den Feiertagen. Aber ein Gottesdienst darf erst abgehalten werden, wenn zehn jüdische Männer über dreizehn Jahre anwesend sind", erklärt Rabbiner Stein.

Etwas verlegen fragt Marie: „Ist ein Rabbiner so eine Art Pfarrer?"

„Nicht ganz", antwortet Herr Stein. „Rabbiner oder Rabbi bedeutet so viel wie ‚Lehrer'. Zu meinen Aufgaben gehören nicht nur die Gottesdienste, sondern auch der Religionsunterricht für die Kinder und die Sorge für kranke, traurige oder einsame Gemeindemitglieder. Manchmal werde ich sogar gerufen, um einen Streit zu schlichten."

Zum Abschied gibt Rabbiner Stein jedem die Hand und sagt: „Wenn ihr wollt, kommt doch am Sonnabend mit David zum Sabbatgottesdienst. Ihr seid herzlich willkommen."

Gemeindemitglieder einer jüdischen Gemeinde feiern unter Leitung des Rabbiners das Purim-Fest in der Synagoge.

1. Schaut euch das Bild genau an. Beschreibt, wie dieser Synagogenraum auf euch wirkt. Erklärt, was ihr seht.
2. Vielleicht habt ihr die Möglichkeit, eine Synagoge oder auch einen jüdischen Friedhof zu besichtigen. Erkundigt euch danach. Vereinbart mit dem Rabbiner oder der Gemeindeleitung eine Führung. Vielleicht dürft ihr sogar an einem Gottesdienst teilnehmen.
3. Eine Synagoge soll so ausgerichtet sein, dass sie nach Jerusalem und zum Tempelberg zeigt. Jerusalem ist die heilige Stadt der Juden, aber auch der Christen und Muslime. Tragt Informationen über Jerusalem und seine Bedeutung zusammen. Dazu könnt ihr Nachschlagewerke, Reiseführer, Reiseprospekte oder auch das Internet benutzen.

Bist du immer noch neugierig? Es gibt viele Bücher, in denen du etwas über das Judentum erfahren kannst, zum Beispiel „Mona und der alte Mann" von Noemi Staszewski und „Sascha und die neun alten Männer" von Ruth Weiss.

5.3 Kirche, Kreuz und Vaterunser – das Christentum

Über Jahrhunderte hat das Christentum Europa und seine Menschen geprägt. Die zentralen Aussagen der Bibel, christliche Glaubensvorstellungen, aber auch Feste und Feiern, Riten und Bräuche wurden zum selbstverständlichen Allgemeingut. Bis heute zeugen Kunst und Kultur, Literatur, Architektur und Medien von diesem Einfluss.

Ich lebe in einer christlichen Familie. Samstags gehe ich zur Christenlehre. Wir haben eine tolle Jugendpfarrerin, mit ihr lesen wir die Bibel und sprechen über Jesus. Es gibt immer etwas zu singen, zu basteln oder zu spielen. Wenn ich vierzehn bin, werde ich konfirmiert.
(Anne, 12 Jahre)

Meine Oma geht sonntags immer in die Kirche und manchmal muss ich mitgehen. Aber ich finde das echt langweilig. Wenn es Gott wirklich geben soll, warum gibt es dann Kriege? Warum kommen manche Verbrecher ohne Strafe davon? Aber man kann ja sowieso nicht beweisen, dass es Gott gibt.
(Felix, 12 Jahre)

Die Christen sollen niemandem wehtun. Auch mit Worten nicht. Das finde ich gut. Es wäre schön, wenn sich alle daran halten würden. *(Katharina, 11 Jahre)*

A 1. Sprecht über diese Meinungen. Welche anderen Auffassungen kennt ihr? Was sagt ihr selbst zum Christentum?

P 2. Detektiv-Auftrag: Schaut euch einmal genauer um: Fast jedes Dorf hat einen Kirchturm, auf manchen Autos sieht man den Aufkleber mit dem Fisch, einige Mädchen tragen Kreuze an goldenen Kettchen und wir haben am Sonntag frei. Wo begegnet euch das Christentum? Sammelt Indizien und haltet eure Entdeckungen in einem Protokoll fest.

Die Bibel – Urkunde des Glaubens

Im Deutschunterricht ging es heute um Sprichwörter und Redewendungen. Die Freunde staunten nicht schlecht, als sie merkten, dass viele aus der Bibel stammen. Sie wollen mehr über dieses Buch erfahren.

- Wer nicht arbeiten will, soll auch nicht essen.
- Hochmut kommt vor dem Fall.

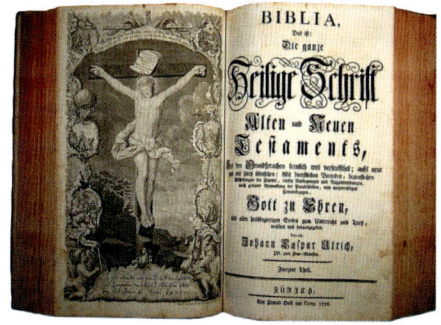

- Wer andern eine Grube gräbt, fällt selbst hinein.
- Wie du mir, so ich dir.

Die Bibel ist für Christen das Wort Gottes, das von Menschen aufgeschrieben wurde. Das Wort „Bibel" stammt aus dem Griechischen und bedeutet „Buch" oder „Bücher". Anfangs wurden die Erzählungen und Geschichten mündlich weitergegeben, erst später schrieb man sie auf. Die Bücher der Bibel sind in zwei großen Teilen zusammengefasst: dem Alten und dem Neuen Testament.

Das Alte Testament enthält die grundlegenden Schriften des Judentums, vor allem die fünf Bücher Mose, die Tora. Es beginnt mit der Erzählung von der Erschaffung der Welt und berichtet von den Glaubenserfahrungen des Volkes Israel.

Das Neue Testament ist ursprünglich in Griechisch geschrieben. Es erzählt die Geschichten von der Geburt von Jesus, seinem Leben und Wirken, seinem Tod und seiner Auferstehung, und berichtet über die Anfangszeit des Christentums.

Die Bibel wurde mit der deutschen Übersetzung durch Martin Luther, die 1534 in Wittenberg erschien, vielen Menschen zugänglich.

Die Evangelien

Jesus hat keine schriftlichen Aufzeichnungen hinterlassen. Viele seiner Worte und Erzählungen über sein Leben und Wirken wurden von seinen Freunden und Zuhörern im Gedächtnis behalten und weitererzählt. Daraus sind die Evangelien entstanden: Matthäus, Markus, Lukas und Johannes. Das Wort Evangelium stammt aus dem Griechischen und bedeutet „gute Nachricht".

1. Es gibt die verschiedensten Übersetzungen und Ausgaben der Bibel. Wenn ihr eine Bibel zu Hause habt, bringt sie mit und vergleicht sie mit den anderen. Was haben alle Bibeln gemeinsam? Welche Unterschiede stellt ihr fest?
2. Frage deine Eltern und Großeltern danach, was heutzutage ein Testament ist. Vergleiche in einer Tabelle das Verständnis vom heutigen Testament mit dem vom biblischen Testament.

Jesus von Nazaret – Jesus Christus

Für den christlichen Glauben und für jeden Christen spielt Jesus Christus* *die* zentrale Rolle. Er ist der Begründer und Namensgeber des Christentums.

Dass Jesus gelebt hat, ist sicher, aber über sein Leben ist nur sehr wenig bekannt. Das meiste wissen wir aus den vier Evangelien der Bibel, in denen seine Worte und Werke überliefert sind. Es gibt nur wenige andere Quellen.

Geburt und Kindheit

Man nimmt heute an, dass Jesus im Zeitraum der Jahre 4 bis 6 vor unserer Zeitrechnung geboren wurde. Das genaue Geburtsjahr ist unbekannt. Seine Eltern Josef und Maria stammten aus der Stadt Nazaret. Sein Vater war dort Zimmermann. Jesus hatte vermutlich vier Brüder und mehrere Schwestern. Er verbrachte seine Kindheit in Nazaret, aber es ist nicht sicher, ob er dort oder in Betlehem geboren wurde. Genauso wenig weiß man den genauen Tag seiner Geburt. Erst seit dem vierten Jahrhundert feiern die Christen die Geburt von Jesus am 25. Dezember.

Jesus Christus:

Turiner Grabtuch (links)

Rembrandt, „Das Abendmahl in Emmaus" (Ausschnitt), 1648 (rechts)

Öffentliches Wirken

Jesus war Jude und glaubte an den einen Gott. Die Bibel berichtet, dass er mit etwa dreißig Jahren in die Städte und Dörfer seiner Heimat ging. Er wollte die Menschen dafür gewinnen, in ihrem Leben volles Vertrauen zu Gott zu haben. Jesus sprach ganz anders von Gott, als es damals üblich war. Anders waren auch seine Taten, die den Menschen damals als Wunder erschienen. Er versammelte viele Menschen um sich, die ihm nachfolgten, darunter auch die zwölf Jünger.

1. Recherchiert zu weiteren historischen Fakten über Jesus.
2. Im Internet findet ihr viele verschiedene Bilder von Jesus. Gestaltet daraus eine Text-Bild-Collage*.

Kreuzigung und Auferstehung

Nicht allen gefielen die Worte und Taten von Jesus. Die römischen Herrscher hielten ihn für einen Unruhestifter. Jüdische Priester und Gelehrte beschuldigten ihn der Gotteslästerung. Sie brachten den römischen Statthalter Pontius Pilatus dazu, Jesus zum Tod zu verurteilen.

Jesus wurde, wahrscheinlich im Jahr 30 unserer Zeitrechnung, in Jerusalem auf dem Berg Golgata (Schädelstätte) gekreuzigt.

Die Christen glauben, dass Gott Jesus wieder zum Leben erweckt hat, und feiern am Ostersonntag seine Auferstehung.

Jesus Christus – der Messias*

Die Christen in der ganzen Welt sehen in Jesus Gottes Sohn, der von Gott

Matthias Grünewald, „Isenheimer Altar", 1512–1516

gesandt wurde, um die Menschen zu retten. Nach christlicher Lehre hat Jesus durch seinen Kreuzestod die Menschen erlöst. Das Kreuz steht seither als Symbol des Christentums. Mit der Auferstehung Jesu am Ostersonntag ist die Macht des Todes gebrochen und die Menschen dürfen auf ein Leben nach dem Tod hoffen.

Deswegen wird Jesus von Nazaret auch *Jesus Christus* genannt. „Christus" ist ein griechisches Wort und bedeutet „der Gesalbte". Wenn früher einer König wurde, salbte man ihm Kopf und Hände. Die Juden erwarteten und erwarten noch heute den *Messias*. Der Messias ist ein König, der gerecht regiert. Die ersten Jünger vertrauten darauf: Jesus ist dieser erwartete Messias! Andere Juden meinten, das könne doch nicht sein, da Jesus doch umgebracht wurde und nicht herrlich auf einem Königsthron saß. Wir Christen sagen: Jesus ist doch ein König, aber eben ganz anders, als wir uns Könige und ihre Reiche vorstellen. Nicht Macht und Prunk stehen im Vordergrund, sondern Liebe und Vergebung.

(Georg Schwikart: Gott hat viele Namen. Kinder aus aller Welt erzählen von ihrem Glauben. Patmos, Düsseldorf 2000, S. 58 f.)

1. Recherchiert zu kirchlichen Bräuchen für Karfreitag und Ostern. Untersucht ihre symbolische* Bedeutung.
2. Begebt euch mit dem Fotoapparat auf Spurensuche. Wo begegnen euch im Alltag Kreuze? Gestaltet aus euren Fotos eine Collage* oder einen Bildband.

Die Botschaft des Jesu von Nazaret

In seinen Reden sprach Jesus von einer Welt, in der es friedlich und gerecht zugehen wird. Er forderte seine Zuhörer auf, mitzuhelfen, dass das Reich Gottes Wirklichkeit werden kann.

Jesus sprach vor allem zu den einfachen Menschen und vermittelte seine Botschaft oft in Form von Erzählungen, die Gleichnisse genannt werden.

Besonders wichtige Aussagen sind in der sogenannten Bergpredigt zusammengefasst. Sie ist im Neuen Testament im Matthäus-Evangelium (Kapitel 5-7) überliefert.

Welches ist das wichtigste Gebot?

> Du sollst den Herrn, deinen Gott, lieben mit ganzem Herzen, mit ganzer Seele und mit all deinen Gedanken. Das ist das wichtigste und erste Gebot.
> Ebenso wichtig ist das zweite:
> Du sollst deinen Nächsten lieben wie dich selbst.
> *(Matthäus-Evangelium 22, 37–39)*

Von der Feindesliebe

> Ihr habt gehört,
> dass gesagt ist:
> Du sollst deinen Nächsten lieben und deinen Feind hassen.
> Ich aber sage euch:
> Liebt eure Feinde und bittet für die, die euch verfolgen, damit ihr Kinder seid eures Vaters im Himmel.
> *(Nach Matthäus-Evangelium 5, 43–44)*

Rembrandt van Rijn (1606–1669), „Heilung der Schwiegermutter des Simon Petrus", um 1650–1660

1. Das bekannteste Gleichnis vom barmherzigen Samariter steht im Lukas-Evangelium 10, 25–37. Lest es und erklärt, was Jesus damit sagen will.
2. Eine solche Begebenheit kann sich auch heute noch zutragen. Sicher fällt dir ein Beispiel dazu ein. Zeichne deine Geschichte als Comic.
3. Jesus sprach davon, dass man sogar diejenigen lieben soll, die man eigentlich nicht gern mag oder die einem Böses wollen. Wie steht ihr selbst dazu? Tauscht eure Gedanken darüber aus.

Nächstenliebe beginnt heute

Die Goldene Regel fasst die christliche Ethik in einem Satz zusammen. Andere Religionen, z.B. das Judentum und der Islam, haben ein ähnliches Gebot.

> **Alles, was ihr also von den anderen erwartet, das tut auch ihnen!** *(Mt. 7, 12)*

Was soll ich tun?

Ich wünsche nicht, dass andere mir Unrecht tun; daher füge ich andern kein Unrecht zu.

Ich wünsche nicht, dass mich andere verleiten, Böses zu tun; daher verleite ich andere nicht, Böses zu tun.

Ich wünsche nicht, dass mir andere in der Not ihre Hilfe versagen; daher will ich meine Hilfe anderen nicht versagen, wenn sie sie benötigen.

Ich wünsche nicht, dass andere mir lieblos begegnen; daher will ich gegen andere nicht lieblos sein.

Ich wünsche nicht, dass andere meinen Leiden gegenüber gleichgültig sind; daher will ich den Leiden anderer gegenüber nicht gleichgültig sein.

(Nach T. C. Cheng. In: Adel Theodor Koury (Hg.): Die Weltreligionen und die Ethik. Herder, Freiburg 1993, S. 106 f.)

Ich bin doch nicht Jesus!

Leon: Schön und gut, aber was kann ich denn schon tun? Ich kann kein Wasser in Wein verwandeln und ich kann auch keine Kranken heilen. Ich bin doch nicht Jesus!

Lisa: Du kannst deinen kleinen Bruder trösten, wenn er hingefallen ist und sich wehgetan hat. Du kannst mit Kathi Mathe üben, damit sie nicht wieder eine Sechs bekommt. Du kannst Laura im Krankenhaus besuchen und ihr ein spannendes Buch mitnehmen. Und du, Leon, kannst den ersten Schritt machen und dich endlich wieder mit Paul vertragen.

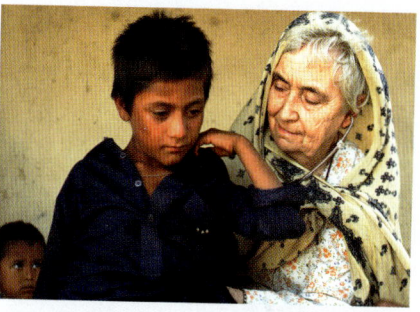

Die katholische Ordensschwester Ruth Pfau (1929–2017) arbeitete in Pakistan als Ärztin und widmete ihr Leben dem Kampf gegen Lepra.

1. Was kannst du tun? Vervollständige die Überlegungen des chinesischen Juristen T. C. Cheng mit Beispielen aus deinem Alltag.
2. Bestimmt habt ihr euch auch schon einmal mit jemandem gestritten. Überlegt gemeinsam, wie Leon auf Paul zugehen könnte.
3. Informiert euch in Gruppenarbeit über wichtige Persönlichkeiten, die ihr Leben nach dem christlichen Glauben gelebt haben, z.B. Dietrich Bonhoeffer, Martin Luther King, Albert Schweitzer, Mutter Teresa oder Frère Roger. Stellt sie einander vor.
4. Überlegt gemeinsam, ob die Botschaft Jesu von der Nächstenliebe und Vergebung auch für Nichtchristen von Bedeutung sein könnte.

Die Kirche – Begegnung und Andacht

Das Wort „Kirche" hat verschiedene Bedeutungen. Einmal meint es die Gesamtheit aller Christen, zum anderen eine einzelne christliche Gemeinschaft oder auch das Gebäude, in dem sich die Christen zum Gottesdienst versammeln.

Die Kirchengebäude

Jesus Christus* ist für die Christen das Licht der Welt. Deshalb befindet sich der wichtigste Teil der Kirche mit dem Altar im Osten, wo die Sonne aufgeht. Der Altar ist der Ort der Begegnung der Christen mit Gott, denn dort wird das Abendmahl bereitet. Das Kreuz auf dem Altar oder darüber erinnert an den Tod Jesu. Es ist aber auch ein Zeichen der Hoffnung, denn Jesus ist nach seinem Tod wieder auferstanden.

Das steinerne Taufbecken ist während der Taufe mit Wasser gefüllt. Von der Kanzel wird oft aus der Bibel gelesen und der Pfarrer hält von dort seine Predigt. Die Orgel begleitet den Gesang vom Kirchenchor und der Gemeinde. Manchmal werden auch Konzerte gegeben.

In einer katholischen Kirche findet man noch weitere Gegenstände. In der Nähe des Eingangs gibt es kleine Schalen mit Weihwasser. Beim Betreten der Kirche bekreuzigen sich die Gläubigen damit. Weil Maria, die Mutter von Jesus, von den katholischen Christen besonders verehrt wird, gibt es ihr zu Ehren einen eigenen Altar. Der Beichtstuhl wird oft benutzt, wenn ein Gläubiger mit einem Priester über die Fehler, die er gemacht hat, sprechen möchte. Der Gläubige bekennt seine Schuld und der Priester spricht ihn im Namen Gottes von seinen Sünden los. Man nennt das auch Absolution.

 1. Kirchenfenster sind etwas Besonderes, denn sie bestehen aus buntem Glas. Sie haben wunderschöne Muster, zeigen wichtige Personen aus der Geschichte des Christentums oder erzählen sogar richtige Geschichten. Zeichne dein eigenes Kirchenfenster.

 2. Gibt es in der Nähe eurer Schule eine Kirche? Vereinbart mit dem Pfarrer einen Besuch und schaut sie euch an. Sammelt Informationen über diese Kirche, ihre Geschichte, ihre Besonderheiten und die Menschen, die zu dieser Gemeinde gehören. Wenn ihr die Möglichkeit habt, solltet ihr auch Fotos machen. Gestaltet für diese Kirche ein Informationsblatt für Touristen und Besucher.

Christliche Feste im Jahreslauf

Pfarrer Gerbers: Als Kirchenjahr bezeichnet man die Abfolge der christlichen Feste im Laufe eines Jahres.

Leon: Also vom 1. Januar bis zum 31. Dezember?

Pfarrer Gerbers: Nein, das Kirchenjahr beginnt mit dem ersten Advent und endet mit dem Ewigkeitssonntag. Es richtet sich nach dem Wochenschema. Der Sonntag ist der erste Tag der Woche. Dieser Tag ist für die Christen ein Feiertag, weil Jesus am ersten Tag der Woche auferstanden ist. Er ist wie der jüdische Sabbat ein arbeitsfreier Tag, und das schon seit dem Jahr 321. Christen besuchen am Sonntag den Gottesdienst.

Leon: Hat das Kirchenjahr auch Monate?

Pfarrer Gerbers: Nein. Das Kirchenjahr wird durch mehrere Festkreise unterteilt. Wir kennen den Weihnachtsfestkreis und den Osterfestkreis, es gibt aber auch einen Pfingstfestkreis.

Leon: Welche Bedeutung haben diese Feste für Christen?

Pfarrer Gerbers: Zu Weihnachten feiern wir die Geburt von Jesus Christus*. Ostern ist das älteste christliche Fest. Während der Passionszeit, die am

Aschermittwoch beginnt, gedenken wir der Leiden Jesu. Der Höhepunkt der Passionszeit ist die Karwoche, die Woche vor Ostern. Sie erinnert an die Ereignisse der letzten Tage von Jesus. Am Ostersonntag feiern wir die Auferstehung von Jesus Christus. Zu Pfingsten feiern wir die Ausgießung des Heiligen Geistes, denn nach der Apostelgeschichte wurden die Jünger von Jesus an diesem Tag mit dem Heiligen Geist erfüllt. Außerdem gibt es noch viele weitere Feste, in der katholischen Kirche beispielsweise Allerseelen, das Gedächtnisfest für die Verstorbenen, Marienfeste und Heiligenfeste. Die evangelischen Christen feiern zum Beispiel das Erntedankfest, den Reformationstag zum Gedenken an Martin Luther und den Beginn der Reformation, den Buß- und Bettag, den Tag der Buße und innerlichen Einkehr, und den Ewigkeits- oder Totensonntag zum Gedächtnis an die Verstorbenen.

1. Gestaltet einen Kalender für das Kirchenjahr, tragt die Festkreise und die einzelnen Feste ein. Hilfe findet ihr im Internet. [A]
2. Veranstaltet in eurer Schule oder in eurer Stadt eine Umfrage: Warum feiern wir Weihnachten, Ostern und Pfingsten? Wertet die Ergebnisse aus.
3. Stellt euch vor, es gäbe keine solchen Feiertage mit ihren Bräuchen und Traditionen. Was wäre anders? Würden sie euch fehlen? Sprecht gemeinsam darüber.

5.4 Allah ist groß – der Islam

Der Islam ist die zweitgrößte Glaubensgemeinschaft in Deutschland. Ihr werdet auch in eurer Umgebung Spuren des Islam entdecken. Ihr verwendet Wörter, die aus dem Arabischen stammen, zum Beispiel Orange und Banane, Jacke und Mütze, Gitarre und Trompete, Karussell, Limonade und Sirup, Kaffee und Schach. Erinnert ihr euch an die Märchen aus 1001 Nacht? Esst ihr gern Döner? Habt ihr euch schon einmal darüber gewundert, dass manche Frauen ein Kopftuch tragen? Habt ihr schon einmal mit Eltern in islamischen Ländern wie der Türkei, Ägypten oder Tunesien Urlaub gemacht?

Tarik hat Lisa ein Buch über den Islam geborgt. Der Autor, Tahar Ben Jelloun, wurde 1944 in Fés, Marokko, geboren und lebt heute in Paris. In seinem Buch „Papa, was ist der Islam?" erklärt er seinen Kindern seinen Glauben.

Papa, was ist der Islam?

Im Wort Islam steckt das Wort Salam, und das bedeutet Frieden. Der Islam ist die Unterordnung unter Gott, das Symbol* des Friedens. Es handelt sich um eine Unterordnung unter einen einzigen Gott, einen Gott, dem man Gehorsam, Treue und Loyalität* schuldet.

(Tahar Ben Jelloun: Papa, was ist der Islam? Gespräch mit meinen Kindern. Berlin Verlag, Berlin 2002, S. 25)

Wer ist Muslim?

Muslim ist, wer einen muslimischen Vater hat. Man kann aber auch Muslim werden, wenn man sich vor mindestens zwei muslimischen Zeugen zum Islam bekennt und das Glaubensbekenntnis spricht.

Ein Muslim lässt sich ganz auf den Willen Gottes ein und gehorcht ihm bedingungslos. Auf diese Weise findet er inneren Frieden.

Muslime glauben an Gott, seine Engel, an die heiligen Schriften und die Gesandten (Propheten) Gottes. Sie glauben an den Jüngsten Tag, an dem Gott Gericht über die Menschen hält und sie mit dem Paradies belohnt oder mit der Hölle bestraft. Sie glauben an die Bestimmung von Gut und Böse durch Gott.

Glaubensbekenntnis des Islam, in arabischer Schrift auf Saudi-Arabiens Flagge: „Es gibt keinen Gott außer Allah, und Mohammed ist sein Prophet."

1. Was wisst ihr bereits über den Islam? Tauscht euch darüber aus.
2. Beobachtet eine Woche lang ausgewählte Medien (Fernsehen, Zeitungen, Internetseiten). Was berichten sie über den Islam? Welches Bild entsteht dabei? Entspricht es dem Wesen des Islam?
3. Begebt euch auf Spurensuche. Wo begegnet euch persönlich der Islam?

Der Koran – das Wort Gottes

Das arabische Wort Koran bedeutet „Lesung". Der Koran ist die heilige Schrift der Muslime. Sie glauben daran, dass er dem Propheten Mohammed durch den Engel Gabriel offenbart wurde.

Unser heiliges Buch

Tarik erzählt seinen Freunden über den Koran: „Zweimal in der Woche gehe ich in die Koranschule unserer Moschee. Dort erfahren wir etwas über den Koran.

Der Koran besteht aus 114 Kapiteln, die man Suren nennt. Die Suren sind wiederum in Verse unterteilt. Die Suren sind nach ihrer Länge geordnet, die längste Sure steht am Anfang, die kürzeste am Ende des Koran.

Nach der jüdischen Tora, den Psalmen und den Evangelien ist der Koran das letzte und endgültige Wort Gottes. Wir glauben, dass der Koran schon vor der Erschaffung der Welt bei Gott war.

Wenn wir den Koran lesen, fühlen wir uns Gott ganz nah. Ein Prophetenausspruch sagt: ‚Die Besten unter euch sind die, die den Koran lernen und lehren'. Deshalb bemühen wir uns, viel vom Koran auswendig zu können. Im Koran stehen Geschichten von den Propheten und Verse über Gottes wunderbare Schöpfung. Der Koran sagt uns, wie wir beten, fasten und uns zu Hause und in der Gemeinschaft richtig verhalten sollen.

Weil der Koran zuerst auf Arabisch geschrieben wurde, lernen wir ihn auch auf Arabisch und deshalb ist es für uns eine besondere, heilige Sprache. Der Koran ist in viele Sprachen übersetzt worden, auch ins Deutsche. Die Übersetzungen können jedoch das arabische Original nicht ersetzen.

Am Anfang des Korans steht die Fatiha. Das heißt übersetzt die ‚Öffnende' oder die ‚Eröffnung'. Sie ist das Hauptgebet der Muslime und wird mehrmals täglich gesprochen."

Fatiha

Im Namen des barmherzigen und gnädigen Gottes.
Lob sei Gott,
dem Herrn der Menschen in aller Welt,
dem Barmherzigen und Gnädigen,
der am Tag des Gerichts regiert!
Dir dienen wir,
und dich bitten wir um Hilfe.
Führe uns den geraden Weg,
den Weg derer,
denen du Gnade erwiesen hast,
nicht den Weg derer,
die deinem Zorn verfallen und irregehen!

(Koran. Sure 1)

1. Vergleiche die Fatiha mit dem christlichen Vaterunser und dem jüdischen Schema Israel. Welche Gemeinsamkeiten, welche Unterschiede stellst du fest?
2. Recherchiert im Internet zum Koran. Dort findet ihr Bilder, deutsche Online-Übersetzungen und Videos mit Lesungen in arabischer Sprache.

Mohammed – der Gesandte Gottes

Im Islam gilt Mohammed als letzter einer Reihe von Propheten, die Gott zu den Menschen geschickt hat. Jesus (Isa) war der unmittelbare Vorgänger Mohammeds und genießt bei den Muslimen besondere Wertschätzung. Doch sie glauben nicht daran, dass er der Sohn Gottes war.

Nach Mohammed tritt nach islamischem Glauben kein Prophet mehr auf. Deshalb gilt Mohammed als „das Siegel der Propheten".

Mohammeds Heimat

Der Islam entstand Anfang des 7. Jahrhunderts auf der arabischen Halbinsel. Dort lebten neben Wanderhirten (Nomaden) nur wenige sesshafte Bauern und Handwerker. Die Menschen in den wenigen Städten betrieben Karawanenhandel. Sie verehrten viele Gottheiten, brachten ihnen Opfer dar und pilgerten zur Kaaba in Mekka, einem würfelförmigen Steinbau, in der damals viele Götterbilder und Statuen standen.

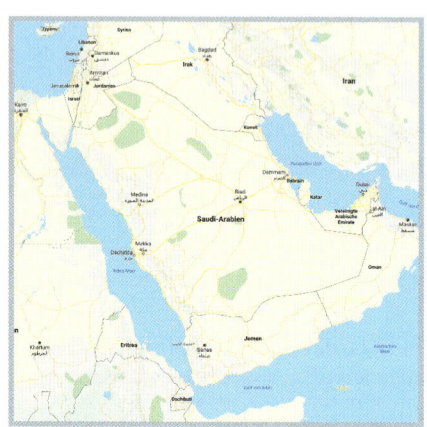

Kindheit und Jugend

Mohammed wurde um 570 in der Stadt Mekka geboren. Sein Vater starb schon vor seiner Geburt, sechs Jahre später auch seine Mutter. Er wuchs zunächst bei seinem Großvater auf und nach dessen Tod bei einem Onkel. Mohammed begleitete ihn auf Handelsreisen und Kriegszügen. Mit fünfundzwanzig Jahren wurde Mohammed Karawanenführer der reichen Kaufmannswitwe Chadidscha, die er später heiratete. Er wurde ein angesehener Kaufmann und gewann an Einfluss in Mekka.

Die Offenbarung

Immer öfter zog sich Mohammed in die Einsamkeit der Berge in der Umgebung von Mekka zurück. Mit vierzig Jahren empfing er in einer Höhle am Berg Hira die erste Offenbarung. Ihm erschien der Engel Gabriel, der ihn aufforderte, die Botschaft Gottes an die Menschen weiterzugeben. Danach sprach der Engel Gabriel immer wieder zu ihm. Diese Offenbarungen wurden später im Koran zusammengetragen.

Mohammed sprach zu den Einwohnern Mekkas. Er forderte den Glauben an einen einzigen Gott, der die Menschen am Ende der Welt nach ihren Taten richten wird. Er richtete sich gegen Wucher, Habsucht, Hartherzigkeit und Falschheit und trat für die Waisen und Armen ein. Damit schuf er sich viele Feinde, vor allem unter den reichen Händlern, die ihn und seine Anhänger verfolgten.

Mohammed in Medina

Im Jahr 622 musste Mohammed seine Heimatstadt Mekka verlassen und zog mit seinen Anhängern in die Oase Yathrib, das spätere Medina („Stadt des Propheten").

Mohammed wurde freundlich aufgenommen. Durch seine Klugheit und seine große Ausstrahlungskraft wurde er bald zum Anführer einer schnell wachsenden Gemeinschaft, der Umma. Aber die Streitigkeiten zwischen den Einwohnern Mekkas und Mohammed und seinen Anhängern gingen weiter. Immer wieder kam es zu kriegerischen Auseinandersetzungen.

Eine Legende erzählt:
Eines Tages, als der Prophet bei Medina im Schatten einer Palme ausruhte, näherte sich ihm Durfur, ein Krieger aus Mekka. Der Klang der Schritte weckte

Die Ankunft Mohammeds in Medina

den Propheten aus seinen Träumen. Er blickte empor und sah den Krieger mit gezücktem Säbel vor sich stehen. Ein Araber erschlägt aber seinen Gegner nicht, ohne ihm vorher seine Verachtung ausgedrückt zu haben. „O Mohammed", rief auch Durfur, „wer kann dich jetzt vor mir, dem Krieger Durfur, retten?" Mohammed blickte ihn gelassen an und antwortete: „Gott." Da stürzte sich der Krieger voll Wut auf den Propheten. In seiner Hast stolperte er aber über einen Stein, und der Säbel entglitt seiner Hand. Blitzschnell ergriff der Prophet den Säbel, schwang ihn über dem Kopf Durfurs und rief nun seinerseits: „O Durfur, wer kann dich jetzt retten?" Und der Krieger erwiderte voll Demut: „Mich kann niemand retten." – „So lerne von mir, gnädig zu sein", sagte der Prophet und entließ den Krieger.

(Hans-Christian Huf: Himmel, Hölle und Nirvana. Die großen Erlöser: Buddha, Jesus, Mohammed. Gustav Lübbe, Bergisch Gladbach 1999, S. 194)

Erst 630 zog Mohammed als Sieger in Mekka ein, besuchte die Kaaba und beseitigte dort eigenhändig die Götzenbilder und Statuen. Er wurde zum Führer der arabischen Halbinsel, der Islam wurde zur Religion der arabischen Stämme. Ein Jahr später unternahm er mit etwa 90000 Gläubigen die erste Wallfahrt nach Mekka, die seither als Vorbild für die muslimischen Pilger gilt.

Am 8. Juni 632 starb der Prophet in Medina, sein Grab wird auch heute noch von Pilgern besucht.

Nach Mohammeds Tod
Zunächst drohte die Gemeinschaft auseinanderzubrechen. Aber Mohammeds Gefährten wie Abu Bakr und Omar wurden seine Nachfolger und bewahrten sein Vermächtnis. Man nannte sie Kalifen. Sie festigten die Gemeinschaft der Muslime und errichteten ein neues Großreich, das schon nach wenigen Jahrzehnten von Mittelasien bis Spanien reichte.

1. Notiere aus den Texten die wichtigsten Lebensdaten des Propheten.
2. Lest noch einmal die Legende über Mohammed. Tragt zusammen, wie der Prophet darin beschrieben wird.

Leben und Handeln der Muslime

Für die Muslime ist das Bekenntnis zu Gott besonders wichtig. Aber das allein reicht nicht. Der Muslim soll glauben *und* handeln, also seinen Glauben in seinem alltäglichen Leben verwirklichen. Deshalb soll der Gläubige fünf Pflichten erfüllen, um dem Willen Gottes zu gehorchen. Man sagt, dass diese fünf Pflichten wie Säulen sind, die den Islam tragen.

Die fünf Säulen des Islam

Schahada	Salat	Saum	Sakat	Hadsch
den Glauben bezeugen, indem man das Glaubensbekenntnis spricht	fünfmal am Tag zu festen Zeiten das Gebet verrichten	im siebenten Monat des islamischen Jahres, dem Ramadan, von Sonnenaufgang bis Sonnenuntergang fasten	von seinem Einkommen einen bestimmten Anteil als Almosen (Spende) geben	einmal im Leben die große Pilgerfahrt nach Mekka vollziehen

 Wie wir beten

Netice, 16 Jahre alt, Muslimin: Die Gebetszeiten sind genau festgelegt: vor Sonnenaufgang, zur Mittagszeit, am Nachmittag, nach Sonnenuntergang und vor Einbruch der Nacht. Die verschiedenen Gebetshaltungen drücken aus, wie wir Gott verehren. Wenn wir ganz dicht nebeneinander stehen, spüren wir, dass wir zueinander gehören. Abgesehen vom Pflichtgebet gibt es noch das persönliche Gebet. Wir sprechen es immer dann, wenn wir uns Gott anvertrauen, wenn wir traurig sind und Trost brauchen oder wenn wir Gott für etwas danken wollen.

Unser Prophet hat erklärt, warum wir beten sollen: „Stellt euch vor, jemand hätte vor seinem Haus einen Fluss und würde fünfmal am Tag darin baden, würde dann etwas von seinem Schmutz an ihm bleiben?" Seine Gefährten antworteten: „Nichts würde von seinem Schmutz bleiben." Da sagte der Prophet: „Genauso ist es mit den fünf Gebeten. Gott löscht durch sie die Sünden aus."

(Monika und Udo Tworuschka: Der Islam Kindern erklärt. Gütersloher Verlagshaus, Gütersloh 2003, 12)

1. Erklärt, warum die fünf Säulen nicht nur das Leben des einzelnen Gläubigen regeln, sondern auch für die Gemeinschaft aller Muslime wichtig sind.
2. Gibt es im Judentum und im Christentum ähnliche Pflichten und Aufgaben? Nennt Gemeinsamkeiten und Unterschiede.
3. Die Gebetszeiten richten sich nach der Sonne. Deshalb ändern sie sich von Tag zu Tag und sind auch nicht für alle Orte gleich. Für die Muslime in Hannover und Umgebung galten zum Beispiel diese Gebetszeiten: 29. Juni 2018: 2:49 Uhr, 4:59 Uhr, 13:26 Uhr, 17:50 Uhr, 21:48 Uhr und 23:48 Uhr. Diskutiert darüber, welche Auswirkungen das auf die Gläubigen und ihr alltägliches Leben hat.

 Schaut euch eine Dokumentation über die Pilgerfahrt nach Mekka an. Ihr könnt sie in der Medienstelle ausleihen.

Die Festtage der Muslime

Tarik: Wir Muslime haben einen Mondkalender. Deshalb wandern unsere Feste durch das ganze Jahr. Zum Beispiel der Fastenmonat Ramadan. 2018 fiel er in den Mai/Juni. Dann ist das Fasten schwer, weil die Tage länger sind als im Winter. Am Ende des Ramadan feiern wir das Fest des Fastenbrechens. Wir nennen es auch Zuckerfest. Es ist eines unserer wichtigsten Feste und dauert drei Tage. Mutter bereitet schon Tage vorher leckeres Essen vor und alle helfen, das Haus zu putzen. Am ersten Tag gehen wir am Vormittag gemeinsam in die Moschee zum Gebet. Zu Hause gibt es dann ein festliches Essen. Wir schenken uns Süßigkeiten und andere Kleinigkeiten. Meist besuchen wir auch Freunde und Verwandte.

Lisa: Fast wie bei uns zu Weihnachten! Gibt es das bei euch auch?

Tarik: Nein. Wir feiern den Geburtstag des Propheten Mohammed. Und den Neujahrstag. Dann denken wir an die Hidschra, die Auswanderung Mohammeds und seiner Anhänger von Mekka nach Medina im Jahr 622. In diesem Jahr beginnt auch unsere Zeitrechnung. Jetzt haben wir gerade das Jahr 1433.

Tariks Vater: Hast du schon vom Opferfest erzählt? Es hat mit dem Propheten Ibrahim zu tun. In der Bibel heißt er übrigens Abraham. Er hatte zwei Söhne, Ismael und Isaak. Gott wollte ihn auf die Probe stellen. Er sollte seinen Sohn Ismael opfern, aber im letzten Moment hielt Gott ihn zurück, denn er hatte gesehen, dass Ibrahim ihm vertraute.

David: Moment mal, die Geschichte kenne ich aber ganz anders! Ich dachte, Abraham sollte Isaak opfern?

Tariks Vater: Da hast du recht, so steht es in der Bibel. Oder in deiner Tora. Wir Muslime glauben aber, dass Ismael geopfert werden sollte.

David: Und wie feiert ihr das Opferfest?

Tariks Vater: Wir schlachten ein Schaf. Das Fleisch wird in drei Teile geteilt: ein Drittel geben wir den Nachbarn, ein Drittel bekommen die Armen und ein Drittel behalten wir für uns. Daraus wird ein Festessen bereitet und die ganze Familie trifft sich.

Vorfreude auf die Süßigkeiten, Kinder in traditioneller arabischer Kleidung zum Zuckerfest

1. Untersucht die Bedeutung von Abraham bzw. Ibrahim in Judentum, Christentum und Islam genauer.

2. Informiert euch über das Fasten und fertigt dazu eine Mindmap* an (Begriff; Wer fastet? Warum wird gefastet? Worauf wird verzichtet? ...). Überlegt, auf welche Dinge ihr eine Zeitlang verzichten könntet und auf welche nicht.

Zu Besuch in einer Moschee

Tarik hat seine Freunde eingeladen, gemeinsam mit ihm seine Moschee zu besuchen. Auf dem Weg dorthin erklärt er ihnen, dass das Wort Moschee übersetzt „Ort des Niederwerfens" heißt. Hier versammeln sich die Muslime, um gemeinsam zu beten.

Schon von Weitem sehen sie die hellblaue Kuppel in der Sonne leuchten und an der Seite einen schlanken Turm mit einem kleinen umlaufenden Balkon.

„Das ist das Minarett", erklärt Tarik. „Von dort ruft der Muezzin, der Gebetsrufer, die gläubigen Muslime zum Gebet."

Durch ein großes Tor betreten sie einen Innenhof. Zuerst fällt ihnen ein Brunnen auf.

Tarik erklärt: „Wir Muslime sollen uns vor jedem Gebet waschen."

„Du meinst, die Hände waschen, oder?", will Leon wissen.

„Nicht nur die Hände, sondern auch Gesicht, Arme und Füße. Die Reihenfolge ist genau festgelegt und es sind bestimmte Gebete vorgeschrieben."

„Und wenn es kein Wasser gibt? Zum Beispiel in der Wüste?", grinst Leon Tarik an.

„Dann ist es auch erlaubt, sauberen Sand zu nehmen."

„Ganz schön schwierig", findet Leon.

Plötzlich ruft Marie: „Da stehen lauter Schuhe vor der Tür! Darf man mit Schuhen nicht hinein?"

„Nein", antwortet Tarik. „Eine Moschee muss unbedingt sauber sein. Deshalb ziehen wir die Schuhe aus und stellen sie hier in diesem Regal ab. Aber man sagt auch, dass die Schuhe ein Zeichen für Reichtum und Macht sind. Wenn also alle die Schuhe ausziehen, dann heißt das, dass alle Muslime vor Gott gleich sind."

„Da darf man aber kein Loch im Socken haben", murmelt Leon nachdenklich vor sich hin.

Die Freunde haben ihre Schuhe ausgezogen und betreten den Innenraum. Auf dem Boden liegen Teppiche. An den Wänden sehen sie blumenartige Muster und arabische Schriftzeichen. Genau wie in der Synagoge gibt es keine

Bilder. An einer Seite sehen sie eine halbrunde Nische in der Wand, die besonders schön verziert ist.

Tarik erklärt: „Das ist der Mihrab, die Gebetsnische. Sie zeigt nach Mekka, denn dorthin wenden wir uns beim Gebet."

„Und diese Treppe daneben?", will Marie wissen.

„Das ist der Minbar. Von dort hält unser Imam am Freitagmittag seine Predigt."

„Was ist ein Imam? Ein Pfarrer?", fragt Leon.

„Nein. Der Imam ist der Vorbeter der Gemeinde. Das ist aber kein Beruf, den man lernen oder studieren kann. Alle Muslime der Moschee fragen denjenigen, der den Koran am besten kennt und die Regeln des Koran in seinem Leben am besten verwirklicht, ob er Vorbeter dieser Moschee wird."

„Ich habe gelesen, dass das Gebet Freitagmittag für alle Jungen und Männer Pflicht ist. Und was ist mit den Frauen?", fragt Lisa.

„Die Mädchen und Frauen dürfen natürlich auch am Freitagsgebet teilnehmen, aber sie müssen nicht. Sie beten in einem gesonderten Raum oder hinter den Männern. Und sie müssen ihren Kopf bedecken.", antwortet Tarik.

„Hier ist es sehr ruhig. Gibt es bei euch auch Musik wie in Lisas Kirche?", möchte Marie wissen.

„Nein. Während des Gottesdienstes wird nicht gesungen und auch keine Musik gespielt."

1. Zeichnet eine Moschee. Schreibt die einzelnen Bestandteile und deren Aufgaben dazu.
2. Begebt euch auf einen virtuellen Rundgang durch die Al-Aksa-Moschee in Jerusalem unter www.360tr.net/kudus/mescidiaksa_de/index.html.

Im Internet findet ihr noch weitere Bilder und Videos anderer Moscheen. Vielleicht habt ihr auch die Möglichkeit, gemeinsam eine Moschee zu besuchen.

3. Diskutiert darüber, warum es den Angehörigen anderer Religionen erlaubt ist, in Deutschland nach ihren religiösen Gesetzen zu leben und Gotteshäuser zu bauen.

5.5 Zusammenleben mit Andersgläubigen – Beispiel Islam

In Deutschland leben etwa 4 Millionen Muslime. Die meisten leben nach den Regeln ihres Glaubens, was für uns ungewohnt erscheinen kann. Manche Menschen reagieren darauf mit Ablehnung oder sogar Verurteilung. Vor allem das Kopftuch, die Rolle* der Frau und das Zusammenleben in großen Familien führen oft zu Vorurteilen.

Das Kopftuch zum Wohlfühlen

Jalda ist zwölf Jahre alt, in Deutschland geboren und Muslima*. Vor drei Monaten ist die Familie nach Hamburg gezogen. Jalda kam an ein neues Gymnasium.

„Ich war sehr aufgeregt", erzählt sie über ihren ersten Schultag. Was würden die anderen Kinder zu ihrem Kopftuch sagen? Bis dahin hatte sie nämlich keines getragen, doch pünktlich zum Schulanfang wollte sie sich eines umwickeln. Die neuen Mitschüler sollten sie gleich mit Tuch kennenlernen.

„Sie soll anziehen, was sie möchte", sagt ihr Vater. Ihre Mutter, die selbst Kopftuch trägt, wollte ihre Tochter lieber ohne Tuch sehen. Sie hatte Angst, dass Jalda in der Schule Probleme bekommen oder von Mitschülern gemobbt werden könnte. Auch fürchtete sie, dass Lehrer Jalda dann benachteiligen. Jalda dachte mehrere Monate über die Bedenken der Mutter nach und erklärte dann: „Ich fühle mich wohl, wenn ich Kopftuch trage."

Jalda betont, dass sie selbst entschieden habe, wann und ob sie ein Kopftuch umlegen will: „Jeder sollte das freiwillig machen." Sie findet es blöd, wenn Leute glauben, bei allen Muslimen sei das so mit dem Zwang: „Das sind schlimme Vorurteile."

In Jaldas Klasse trägt niemand sonst ein Kopftuch. Wenn sie von den anderen gefragt wird, warum sie ein Kopftuch trägt, sagt sie: „Ich halte mich an Gottes Gesetze, die im Koran stehen." Dazu gehört für sie das Kopftuch. Aus dem Koran lesen viele Gläubige, dass sich Frauen nicht unbedeckt vor Fremden zeigen sollten.

Beim Sport macht Jalda mit, mit einem speziellen Kopftuch, das nicht verrutschen kann. Sie liebt Turnen und Leichtathletik. Nur Schwimmen will sie nicht. Denn genauso wenig, wie sie sich unbedeckt vor Fremden zeigen will, möchte sie die Jungs aus der Klasse in Badehose sehen. „Wahrscheinlich würde ich nur zu Boden gucken", sagt sie. Vom Schwimmunterricht möchte sie sich deshalb befreien lassen.

Ohne Kopftuch aus dem Haus gehen, ist für Jalda undenkbar. „Ich würde mich sehr unwohl fühlen", sagt sie. Das Tuch nimmt sie nur ab, wenn kein fremder Mann im Zimmer ist, zum Beispiel zu Hause.

Das umstrittene Kopftuch

Während das Kopftuch für Jalda lediglich Zeichen ihrer Religion und ein Moment ihres persönlichen Wohlbefindens ist, sehen andere darin weit mehr. Für viele Menschen verkörpert es ein ganz anderes Zeichen: Wenn sie Frauen mit Kopftuch sehen, dann finden sie das befremdlich und unverständlich.

Sie sehen im Tragen des Kopftuches ein Symbol* für die Unterdrückung der Frau im Islam. In einigen muslimischen Ländern werden Mädchen und Frauen nämlich dazu gezwungen, sich zu verschleiern. Besonders umstritten ist die Burka*. In einigen europäischen Ländern ist das Tragen der Burka in der Öffentlichkeit per Gesetz verboten worden.

Auch in Deutschland leben muslimische Familien, die ihre Töchter nicht ohne Kopftuch aus dem Haus gehen lassen und die Mädchen gar nicht nach ihrer Meinung und ihren Wünschen fragen. Deshalb reagieren manche Menschen ablehnend, wenn sie Mädchen mit Kopftuch sehen.

Auch die Politiker streiten sich über das Thema Kopftuch. Zum Beispiel darüber, ob Lehrerinnen im Unterricht eins tragen dürfen. Einige Politiker finden das vollkommen in Ordnung. Sie sagen, das gehöre zur Religionsfreiheit, die für jeden in Deutschland gelte. Andere meinen, dass Kirche und Staat getrennt seien und staatliche Schulen ein weitgehend ideologiefreier Raum und Lehrer Vorbilder sein müssen. Deshalb sollten sie keine spezielle Religion vorleben.

In Deutschland gibt es auch viele Musliminnen, die kein Kopftuch tragen. Zwei von Jaldas Schwestern zum Beispiel.

„Ich brauche kein Kopftuch, um gläubig zu sein", sagt eine von ihnen.

(Frei nach einer Idee von Katrin Elger, Anne-Katrin Schade. In: Der SPIEGEL, 11/2010, S. 10–14)

1. Jaldas Mutter hatte Angst, dass ihrer Tochter durch das Kopftuch Nachteile entstehen könnten. Aber es gibt auch christliche Mädchen, die nur Röcke tragen, und jüdische Jungen, die mit Kippa zur Schule gehen. Überlegt gemeinsam, woran es liegen könnte, dass sie oft anders behandelt werden als ihre Mitschüler.
2. Im Jahr 2013 fällte ein Gericht in höchster Instanz das Urteil, dass auch muslimische Schülerinnen verpflichtet sind, am Schwimmunterricht in der Schule teilzunehmen. Recherchiert das Urteil und führt dazu eine Pro-Contra-Diskussion durch.
3. In einigen deutschen Großstädten gibt es inzwischen Sportkurse und Schwimmbadzeiten für muslimische Frauen. Das führt nicht selten zu Protesten von nichtmuslimischen Menschen, die sich eingeschränkt oder ausgegrenzt fühlen. Diskutiert darüber, ob Respekt* und Toleranz gegenüber Andersgläubigen Grenzen haben.
4. Stellt euch vor, ihr werdet von Politikern eingeladen, euch an einer Gesprächsrunde zum Thema „Kopftuch in der Schule" zu beteiligen. Tragt Argumente zusammen und stellt euren Standpunkt z. B. in der Schülerzeitung vor.

Bilder erschließen

Kunstwerke können viel mehr ausdrücken als ein geschriebener Text. Sie enthalten eine verschlüsselte Nachricht, die es zu entdecken gilt. Um ein Bild zu verstehen, muss man sich intensiv damit beschäftigen. Dafür gibt es verschiedene Methoden. Bewährt haben sich u.a. diese Fragen:

1. Was siehst du?
Schau dir das Bild in Ruhe an. Geh mit deinen Augen im Bild spazieren. Was fällt dir spontan dazu ein?

2. Wie ist das Bild aufgebaut?
Beschreibe die Farben, die Formen und die Aufteilung des Bildes. Hat der Künstler Symbole* verwendet? Sind Personen und Gegenstände abgebildet?

Angela Kohns, „Wer Gott sucht, findet Freude", 2004

3. Wie wirkt das Bild auf dich?
Welche Gedanken und Gefühle bewegen dich bei der Betrachtung des Bildes? Woran erinnert es dich?

4. Was bedeutet das Bild?
Welchen Titel trägt das Bild? Welches Hauptmotiv ist abgebildet? Was bedeuten die einzelnen Bildelemente? Wer war der Künstler? Welche eigenen Erfahrungen hat er verarbeitet? Zu welcher Zeit ist das Bild entstanden?

5. Wo findest du dich im Bild wieder?
Kannst du in das Bild „eintauchen"? Mit welcher Figur kannst du dich besonders identifizieren?

1. Probiert diese Schritte am Bild oben aus. Notiert eure Überlegungen. Schreibt anschließend eine Bildbeschreibung in einem zusammenhängenden Text.
2. Ein berühmtes Gemälde ist „Das Abendmahl" des italienischen Künstlers Leonardo da Vinci (1452–1519). Erarbeitet in Gruppen eine Bildbeschreibung. Sucht anschließend im Internet nach modernen Interpretationen des Bildes und vergleicht sie mit dem Original. Stellt eure Entdeckungen den anderen vor.

Zusammenfassung

Ankerbegriffe des 5. Kapitels

Allah, Mohammed, Bibel, Jesus Christus, monotheistische Religion, JHWH, Synagoge, Koran, Moschee, Muslime, Zehn Gebote, Moses, Religiöse Vielfalt, Tora, Sabbat, Kreuz, Fünf Säulen des Islam, Nächstenliebe, Vaterunser

Rekonstruiert mithilfe der Ankerbegriffe grundlegende Gemeinsamkeiten und Unterschiede der drei monotheistischen Weltreligionen.

Wichtige Gedanken aus dem 5. Kapitel

1. Judentum, Christentum und Islam sind monotheistische Religionen. Sie sind miteinander verwandt, als Stammvater aller drei gilt Abraham.
2. Nach jüdischem Glauben schloss Abraham einen Bund mit Gott. Demnach schenkte Gott ihm und seinen Nachkommen das Land und Abraham verpflichtete sich, Gottes Gebote zu befolgen. Das Volk Israel gilt daher als das *erwählte Volk*.
3. Ebenso wie die Christen, glauben die Juden an einen Messias. Jedoch sie erwarten ihn erst in ferner Zukunft. Dann wird er die Juden in aller Welt aus der Diaspora nach Hause (nach Israel) rufen.
4. Das Christentum ist aus dem Judentum hervorgegangen. Als sein Begründer gilt Jesus von Nazaret, der dem Beinamen „Christus" trägt und der Religion ihren Namen gab.
5. In Jesus sehen die Christen den Messias, der durch seinen Tod am Kreuz die Menschheit erlöst hat. Das Kreuz steht deshalb als Symbol des Christentums und als Ausdruck der Hoffnung auf ein Weiterleben nach dem Tod.
6. Die wichtigste Botschaft, die Jesus Christus den Menschen verkündet hat, ist die Botschaft der Liebe.
7. Der Islam ist weltweit die zweitgrößte und jüngste der semitisch-prophetischen Religionen, die im Nahen Osten entstanden sind.
8. Im Islam gilt Mohammed als letzter Prophet, den Gott zu den Menschen sandte. Seine Botschaft besitzt daher – nach islamischem Glauben – einen besonderen Stellenwert.
9. Muslimen sind bestimmte Pflichten auferlegt. Diese werden als die „Fünf Säulen des Islam" bezeichnet. Hierzu gehören: das Glaubensbekenntnis, das tägliche Gebet, das Fasten im Ramadan, das Geben von Almosen und die Pilgerfahrt nach Mekka, die jeder Muslim ein Mal im Leben absolvieren soll.

Welche Gedanken aus diesem Kapitel findest du wichtig? Schreibe sie auf und begründe, warum gerade diese für dich wichtig sind.

Glossar

Anonym bedeutet ohne Nennung des Namens.

Antike bezeichnet die Zeitepoche des griechischen und römischen Altertums, etwa von 1100 v.u.Z. bis zum Untergang des Römischen Reiches im 5./6. Jahrhundert. Kulturell gesehen steht die Antike für einen Höhepunkt der europäischen Kultur. Bis heute beeinflusst sie das europäische Geistesleben.

Bei einem **Akrostichon** werden die Buchstaben der Hauptaussage so untereinander geschrieben, dass zu Beginn einer jeden Zeile ein Buchstabe steht. Dann werden zu jedem Buchstaben neue Wörter bzw. Aussagen gesucht, die einen Bezug zum Thema haben und mit dem Buchstaben am Zeilenanfang beginnen.

Burka, auch Ganzkörperschleier genannt, ist ein Kleidungsstück für muslimische Frauen, das den gesamten Körper und seine Konturen verhüllt.

Christus ist ein griechisches Wort und bedeutet „der Gesalbte". Es ist eine Übersetzung des hebräischen Wortes „Messias" und im Christentum ein Ehrentitel für Jesus von Nazaret.

Cluster siehe Mindmap

Code, kultureller
Aus dem Französischen kommend, bezeichnet das Wort „Code" ein Gesetzbuch. Der kulturelle Code kann daran angelehnt als das Gesetz der jeweiligen Kultur verstanden werden, zu dem es eine Chiffre, einen Zugangsschlüssel, gibt, mit dessen Hilfe Traditionen und Bräuche dieser Kultur erschlossen werden können.

Eine **Collage** ist ein Klebebild. Unter Verwendung von Bildern aus Zeitungen und Zeitschriften oder eigenen Zeichnungen werden verschiedene Bildelemente so angeordnet, dass sich eine neuartige Gesamtaussage ergibt. Die Bildelemente können durch kurze Texte zu Text-Bild-Collagen werden, wobei die Texte die Bildaussagen unterstreichen sollen.

Ehrenamt ist ein freiwilliges öffentliches Amt, das nicht auf Geldverdienst ausgerichtet ist, sondern unentgeltlich ausgeübt wird. Möglichkeiten der ehrenamtlichen Arbeit gibt es z. B. in der Telefonseelsorge, bei der Freiwilligen Feuerwehr, in Sportvereinen oder bei der Übernahme von Patenschaften.

Essstörungen sind Verhaltensstörungen, die in der Regel mit gesundheitlichen Schäden einhergehen. Menschen, die an einer Essstörung leiden, beschäftigen sich gedanklich und emotional ständig mit dem Thema „Essen". Sie essen zu wenig oder zu viel und sind nicht in der Lage, ihr Verhalten zu steuern. Bekannte Essstörungen sind die Magersucht, die Esssucht und die Ess-Brechsucht. Essstörungen können in verschiedenen Therapieformen geheilt werden.

Fehlen An dieser Stelle wird das Wort in einem heute weniger gebräuchlichen Sinne benutzt. Es steht für „einen Fehler begehen" bzw. „etwas fasch machen".

Fiktiv ist etwas (eine Geschichte, ein Talk oder Abenteuer), wenn es nicht echt, sondern frei erfunden ist, aber so gut erfunden, dass er echt sein könnte.

Frommen ist eine veraltete Bezeichnung für „nutzen".

Fünf-Schritt-Lesetechnik
1. Schritt: Der Text wird lediglich überflogen, damit man einen Überblick bekommt.
2. Schritt: Der Text wird nun gründlich ein zweites Mal gelesen. Wichtige Gedanken werden markiert, Fremdworte geklärt.
3. Schritt: Der Text wird in Sinnabschnitte unterteilt und jeweils mit einer sinntragenden Überschrift versehen.
4. Schritt: Die Kerngedanken jedes Abschnittes werden mit eigenen Worten zusammengefasst.
5. Schritt: Fragen zum Text werden mithilfe der Unterstreichungen beantwortet.

Glaubenssätze sind innere Gewissheiten, die Menschen auf der Grundlage ihrer Erfahrungen verinnerlicht haben und die tief in ihrem Unterbewusstsein verankert sind. Glaubenssätze beeinflussen das Denken, Fühlen und Handeln von Menschen. Daher sollten problematische Glaubenssätze hinterfragt werden.

Globalisierung bezeichnet die weltweite Verflechtung der Kapital- und Finanzmärkte, die damit verbundene Auflösung nationalstaatlicher Volkswirtschaften, die Öffnung und Deregulierung von Waren- und Arbeitsmärkten.

Ideelle Wünsche sind Wünsche, die auf geistige Werte wie Frieden, Gerechtigkeit ... gerichtet sind. Diese stellen keine konkreten Gegenstände dar, die man an fassen kann.

Kirgisien ist ein Land in Zentralasien. Es grenzt u. a. an China, Usbekistan und Kasachstan.

Kontrahenten sind Gegner bzw. in einem Konflikt die Gegenparteien.

Loyalität kommt aus dem Lateinischen und bedeutet Treue oder Ergebenheit.

Materielle Wünsche Materiell ist das Gegenteil von ideell oder immateriell. Materielle Wünsche richten sich auf Dinge, die stofflich vorhanden sind wie beispielsweise ein Paar Sneaker oder ein Haus.

Mediation ist ein Verfahren zur Streitschlichtung. Dabei versucht ein Mediator als Gesprächsleiter zwischen den Konfliktparteien zu vermitteln.

Messias ist hebräisch und bedeutet „der Gesalbte". Die Juden erwarten den Messias als König des zukünftigen Reiches Gottes, in dem es weder Krieg und Ungerechtigkeit noch Armut oder Hunger geben wird. Für die Christen ist Jesus Christus der Messias.

Migranten (von Migration = Wanderung) sind Menschen, die aus ihren Heimatländern fortgegangen sind, um in der Fremde zu leben.

Mindmap wird auch als Ideenspinne, **Cluster** oder Gedankenlandkarte bezeichnet. Sie verkörpert eine Methode, um komplexe Zusammenhänge sichtbar zu machen. Im Mittelpunkt der Darstellung steht, eingekreist, das Thema. Um das Thema herum werden passende Wörter oder Wortverbindungen angeordnet. Durch Linien, Pfeile oder Verästelungen wird dargestellt, wie die Begriffe mit dem Thema zusammenhängen. Eine Mindmap kann eingesetzt werden, wenn es gilt, einen Einstieg in das Thema zu finden, oder auch zum Abschluss der Thematik, wenn es darum geht, die gewonnenen Erkenntnisse zu ordnen.

Mobbing bedeutet, andere Menschen ständig oder wiederholt zu schikanieren, zu quälen und seelisch zu verletzen. Das kann z.B. durch die Verbreitung von Unwahrheiten geschehen. Eine besondere Form des Mobbings ist das Cybermobbing, bei dem andere mittels des Internets diffamiert oder schikaniert werden, indem z.B. Fotos oder Gerüchte über soziale Netzwerke verbreitet werden.

Monotheismus kommt aus dem Griechischen von „mono" = „allein(iger)" und „theos" = „Gott" und fasst die Religionen zusammen, die an einen einzigen Gott glauben, z.B. Judentum, Christentum und Islam.

Muslima Weibliche Angehörige des Islam werden als Muslima oder Muslimin bezeichnet.

Parallelgesellschaften bezeichnet das Nebeneinander unterschiedlicher Kulturen innerhalb einer Gesellschaft/eines Staates, ohne dass diese sich berühren. Jede Kultur stellt eine in sich geschlossene Gesellschaft dar, sodass kein Austausch und keine gegenseitige Beeinflussung der Kulturen möglich ist.

Philosophie ist eine Wissenschaft, die der Frage nachgeht, warum die Dinge sind und warum sie so sind wie sie sind, in welchem Zusammenhang die einzelnen Erscheinungen der Wirklichkeit zueinander stehen. Philosophie ist zudem eine Denkmethode, bei der das Selbstverständliche in Zweifel gezogen wird, was ihr mitunter den Vorwurf einträgt, aus „einer Mücke einen Elefanten zu machen". Philosophieren heißt querdenken, Gewissheiten hinterfragen. Ein Philosoph ist ein Mensch, der den Dingen auf den Grund gehen will und daher das scheinbar Fraglose hinterfragt.

Ping-Pong ist ein Argumentationsspiel, bei dem die Argumente zwischen zwei Spielern bzw. Mannschaften schnell wie ein Ping-Pong-Ball hin und her „fliegen". Es kommt darauf an, dass der Austausch der Argument nicht abreißt.

Polytheismus wird von den griechischen Wörtern „polys" = „viel" und „theos" = „Gott" abgeleitet und bezeichnet Religionen, die viele Götter verehren. Zu ihnen gehören der Hinduismus, aber auch germanische oder römische Religionen.

Pygmäen kommt aus dem Griechischen und bedeutet eigentlich „Fäustling". Das Wort bezeichnet Angehörige einer kleinwüchsigen Bevölkerungsgruppe, die in Afrika, Südostasien und Neuguinea beheimatet ist.

Respekt bezeichnet die Achtung, die man anderen, ihren Rechten, Ansichten und Interessen entgegenbringt.

Ringparabel Eine Parabel ist eine gleichnishafte kurze Erzählung zu einem moralisch relevanten Thema, die zum Nachdenken anregen soll. Bei der Ringparabel von Gotthold Ephraim Lessing nutzt Nathan der Weise einen Ring als Symbol, um die Frage zu beantworten, welche der drei monotheistischen Religionen die eigentliche oder die einzig wahre sei.

Robinson Crusoe lautet der Titel eines Romans von Daniel Defoe, der 1719 erstmals erschienen ist. Darin wird die Geschichte des Seemanns Robinson erzählt, dessen Schiff strandet und der viele Jahre seines Lebens auf einer unbewohnten Insel verbringen musste. Nach Jahren des Alleinlebens findet er in Freitag, einem jungen Eingeborenen, endlich einen Gefährten.

Rolle, soziale Unter einer sozialen Rolle versteht man die in einer bestimmten Gemeinschaft (z.B. in einer Familie) existierenden Vorstellungen vom richtigen Verhalten des Individuums in der jeweils eingenommenen Position (z.B. als Mutter oder als Bruder).
Diese Vorstellungen zeigen sich in den Erwartungen, die an das Verhalten des Individuums gestellt werden, und münden in Pflichten und Regeln ein, denen der einzelne in seiner Rolle (z.B. als Tochter) nachkommen muss.

Sokrates war ein griechischer **Philosoph**. Er lebte von 469–399 v.u.Z. Er verwickelte die Menschen auf dem Marktplatz in Gespräche, bei denen er ihre Anschauungen hinterfragte. Die davon abgeleitete Sokratische Methode ist eine Methode der Gesprächsführung. Durch kluge Fragen werden bisher erlangte Gewissheiten infrage gestellt und neue Antworten gesucht.

Symbol (griech. = das Zusammengebundene) bezeichnete in der Antike in zwei Teile zerbrochene Tontafeln, die als gegenseitiges Erkennungszeichen genutzt wurden. Die Tontafel besaß also eine versteckte Bedeutung. Bis heute bestehen Symbole aus einem sichtbaren und einem unsichtbaren Teil. Der sichtbare verweist den, der ihn zu deuten weiß, auf den unsichtbaren. Ein Autoaufkleber mit einem Stock, um den sich eine Schlange windet, der sogenannte Äskulapstab, verrät, dass hier ein Arzt im Einsatz ist.

Tugend bezeichnet eine besondere moralische und sittliche Haltung oder Eigenschaft eines Menschen.

Twi ist eine in Ghana/Afrika beheimatete Sprache.

Wahrhaftigkeit bezeichnet die Aufrichtigkeit und Ehrlichkeit, mit der man anderen Menschen bei persönlichen Begegnungen gegenübertritt, dass man sich nicht verstellt, sie nicht belügt oder zu täuschen versucht.

Bildverzeichnis

Cover: Kerstin Spohler; S. 6: bowdenimages/istockphoto; S. 8: Ami-Rian/iStockphoto; S. 9: Edyta Linek/panthermedia; S. 10: Harald Jeske/panthermedia, Highwaystarz-Photography, Wavebreakmedia, Schnapps2012/istockphoto (3x); Markus Bormann/Fotolia; S. 11: Grischa Georgiew/panthermedia; S. 12: JKR, Jesse Richards, Paula Modersohn-Becker, Andreas Nilsson/bilderna.it, A. Wittmann; S. 13: Chalabala//iStockphoto; S. 14: radwa_samir/istockphoto; S. 15: Lisa Young/123rf; S. 16: Henrik Weis/istockphoto; S. 18: Beltz Verlag, Weinheim und Basel; S. 19: Arseniy Rogov/istockphoto; S. 22: Dietmar Senf; S. 23: Chalabala/istockphoto; S. 24: Elena Elisseeva/panthermedia; S. 25: Marco Baass/panthermedia; S. 26: Uta Wolf, atelier up, Leipzig; S. 27: Antoine de Saint-Exupéry; S. 28: Dietmar Senf, Kerstin Spohler; S. 29: bowdenimages/istockphoto; S. 30: totalpics, p_ponomareva, toxawww, violettenlandungoy/istockphoto; S. 31: Kerstin Spohler; S. 32: Tony V3112, MariaDubova, Shelly Perry/istockphoto (3x), Sven Lüders, Mike Witschel/MEV Verlag (2x); Arne Trautmann/panthermedia; S. 34: travnikovstudio/istockphoto; S. 35: Daniel Kocherscheidt; S. 36: oneinchpunch/istockphoto; S. 37: YakobchukOlena/istockphoto; S. 38: vadimguzhva/istockphoto; S. 39: Elenathewise/istockphoto; S. 40: picsfive/Fotolia; S. 41: Sergey Yakovlev/Fotolia; S. 42: Andrea Petrlik/Fotolia; Aldo Murillo, Anatoliy Samara, YiorgosGR/istockphoto (3x), Elena Elisseeva, Ilka Erika Szasz-Fabian, Ullrich Gnoth, Patrizia Tilly/panthermedia (3x); S. 43: Andrea Petrlik/Fotolia; Chepko, kerdkanno, anopdesignstock, Studio-Annika, fermate, liubomirt, LoPeix, wrangel, AlexRaths, Photo_Russia, dayice/istockphoto (11x); S. 45, 46: Dietmar Senf; S. 47: Iris Woldt/panthermedia; S. 48: AC0010213-MEV-Verlag, Germany; S. 49: Adiroot Komsawart/panthermedia; S. 50: Jens Brüggemann_123rf, AVAVA, chaoss, AlexBrylov/istockphoto (3x); S. 51: bowdenimages/istockphoto; S. 52: Christian Schwier/panthermedia; S. 53: Rebecca Meyer; S. 54: janushka, AWesleyFloyd/istockphoto (2x); S. 55: dolgachov/istockphoto; S. 56: cupidvoice/istockphoto; S. 57: StudioBarcelona/istockphoto; S. 58: Sven Frotscher Archiv, Halle; S. 59: Natascha Kreibich/Fotolia; S. 60: fotokostic/istockphoto; S. 61: Elena Elisseeva, Simon Alvinge/123rf (2x); S. 62: gbh007, wojciech_gajda, Robert Mandel/istockphoto (3x); Anne Heine/panthermedia; rgbspace/Fotolia; S. 63: TOM, Freehandz/Fotolia; S. 64: Andrius Repsys, Phovoi R., Nick Fingerhut, Ralph Mats/panthermedia (4x), KenTannenbaum, fashionmystiquemodeling/istockphoto (2x); S. 65: Chepko Danil, Jürgen Fölchle, klickerminth, Chepko Danil, VyacheslavKharkin/Fotolia (5x); S. 67: luissantos84/istockphoto; S. 68: Alex Koch/123rf; S. 69: Danielll/photocase; S. 70: Christoph Kemper, Christian Colista/panthermedia (2x); S. 74: Highwaystarz-Photography/istockphoto (l); Dieter Möbus/panthermedia; S. 76: Dietmar Hoepfl/123rf; S. 78: Rawpixel/istockphoto (ol); Christian Schwier/panthermedia (o); time./photocase (or); JackF/istockphoto (l); Susanne Güttler/panthermedia (mr); Yuri Arcurs/panthermedia (um); Cathy Yeulet/panthermedia (u); Hanns-Joachim Recksiek/panthermedia (HG); S. 80: Uta Wolf, atelier up, Leipzig; S. 81: Rainer Sturm/Pixelio; IndigoBetta/istockphoto (r); S. 82: Cabania (ol); Jean-nicolas Nault (m); michaeljung (ur), istockphoto (3x); S. 84: Marie Marcks; S. 85: HultonArchive/istockphoto; S. 86: dedmazay/panthermedia; S. 87: Uta Wolf, atelier up, Leipzig; S. 88: Tomasz Trojanowski/Fotolia (ol); simazoran/istockphoto (m); PIKSEL/istockphoto (or); Kuzma/istockphoto (ur); S. 89: Samuel Wernain (Pixel-68)/istockphoto; S. 90: IPGGutenbergUKLtd (Mike Watson Images Limited)/istockphoto; S. 91: k74/photocase; S. 93: Harald Lüder (Harald007)/istockphoto; S. 94: eyelab/photocase (HG); vektorisiert/Fotolia (Verbotsschilder); S. 95: Rebecca Meyer; S. 96: fuzznails/istockphoto; S. 97: Taylor Hinton, Gpoint Studio Stadtratte/istockphoto (3x); S. 98:Songbird839/istockphoto; S. 99: Artem Povarov/123rf; S. 101: SKOTIA, Wlodzimierz Poznanski/istockphoto; S. 102: maximp/123rf; S. 103: antonbrand/ istockphoto; S. 104: eyezoom1000/Fotolia; 105: Uta Wolf /atelier up, Leipzig; S. 106: Georgiew; S. 107: Barsik /istockphoto; S. 109: endopack/istockphoto; S. 110: Ioan Florin Cnejevici/panthermedia (o); Eric Simard /Fotolia (u); S. 111: Stephanie Hofschlaeger/ Pixelio; S. 112: klickerminth/Fotolia; 116: stm/photocase (HG); Ralf Thielicke, Leipzig; S. 117: Ralf Thielicke, Leipzig; S. 119: SbytovaMN/istockphoto; natulrich/panthermedia; S. 120: iVOOK/istockphoto; S. 121: fotoDESIGN, Paul Parzych Hemer/Fotolia (ol); Kadir Barcin/istockphoto (om); Martin J. Small/SoulStealer.co.uk (r); Gerhard Redmann/Pixelio (u); S. 122: Kampagne Alltagsrassismus, Antidiskriminierungsbüro Sachsen e.V. 2006/ Foto: Betty Pabst; S. 123: Christian Colmer/istockphoto; S. 125: Uta Wolf, atelier up, Leipzig; S. 126: Ralf Thielicke (ol); Pegrei/Pixelio (or); Dmitriy Shironosov/panthermedia (ul); Wolfgang Dirscherl / Pixelio (ur); S. 128: Juriah Mosin / 123rf (l); foodandmore / 123rf (m); Bartlomiej Senkowski / 123rf (r); .marqs / photocase (HG); S. 129: Dai Fotografie / Fotolia (o); Harry Hautumm/Pixelio (um); Aloysius Patrimonio / 123rf (ur); S. 130: Dietmar Senf; S. 131: 20100 / Wikipedia; S. 134: server / 123rf; S. 135: SergiyN/istockphoto; S. 137: Kirsty Pargeter / panthermedia; S. 139: Mykhailo Chuvilo / 123rf; S. 140: Dietrich Pietsch /panthermedia; S. 142: Daniele Pietrobelli / Fotolia; S. 143: Nifoto / Wikipedia; S. 144: Imagesbybarbara /istockphoto; S. 145: Jürgen Günther / about pixel.de; S. 147: Steindy / Österreich (o); karandaev / Fotolia (unten: v.l.n.r.); barol16 / istockphoto; L.Klauser / Fotolia; design56 / istockphoto; S. 148: Uta Wolf, atelier up, Leipzig; S. 150: Stahlkocher / CC BY-SA 3.0 (ol); Ayazbayev / istockphoto (or); Ariy / istockphoto (mr); Rabanus Flavus (u); Yunna Gorskaya/ 123rf (HG); S. 151: Alexandru Chiriak / panthermedia (o); Paul Prescott / Fotolia (m); jahmaica / Fotolia (u); CAROL 33 / Fotolia (HG); S. 152: Uta Wolf, atelier up, Leipzig; S. 153: Natalia Sheinkin / panthermedia; S. 155: Rursus; S. 158: Dejan Gileski /Fotolia; S. 159: I. Friedrich /Pixelio (o); Jonny B. / Pixelio (m); ullstein bild / Waizmann (u); S. 160: Michael Zimberov / Fotolia; S. 162: Marc Chagall / VG Bild-Kunst, Bonn 2025 (ol); S. 163: Joel Carillet / istockphoto; S. 164: photovs /istockphoto; S. 165: Golden Pixels LLC / istockphoto; Roland Scheicher; S. 166: David Berkowitz, New York, NY, USA; S. 167: imago/Lutz Winkler; S. 168: Thomas Butsch (ol); Marco Barnebeck / Pixelio (or); Michael Klug / Fotolia (mr); S. 173: Rolf Bauerdick /DAHW; S. 174: Tobias Düsterdick / Pixelio (l); Hans-Joerg F. Karrenbrock / karrenbrock.de/Pixelio; S. 175: Eibner/imago; S. 181: PaulCowan / istockphoto (o); Sukikaki / istockphoto; S. 182: DXfoto. com /Fotolia (Muezzin); Karl-Heinz Liebisch/Pixelio (Moschee); Katharina Wieland Müller/Pixelio; S. 184: orhancam / istockphoto; S. 185: BCFC / istock-photo; S. 186: ma_rish / istockphoto; S. 186: Angela Kohns

(o = oben; m = mitte; u = unten; l = links; r = rechts; ol = oben links; or = oben rechts; ul = unten links; ur = unten rechts; om = oben mitte; um = unten mitte; HG = Hintergrund)

Alle übrigen Abbildungen: Archiv Militzke Verlag. Sollte es uns, trotz größter Sorgfalt, nicht in allen Fällen gelungen sein, den richtigen Rechteinhaber der Abbildungen zu ermitteln, werden berechtigte Ansprüche selbstverständlich über die üblichen Vereinbarungen abgegolten.